U0839748

养老人说养老

“养老江湖”人物访谈录

贾筱珊◎著

华龄出版社

责任编辑：林欣雨　李英卓
责任印制：李未圻

图书在版编目（CIP）数据

养老人说养老 / 贾筱珊著 . -- 北京：华龄出版社，2019.7

ISBN 978-7-5169-1445-8

Ⅰ. ①养…　Ⅱ. ①贾…　Ⅲ. ①养老—服务业—产业发展—研究—中国　Ⅳ. ① F726.99

中国版本图书馆 CIP 数据核字（2019）第 135599 号

书　　名：养老人说养老——“养老江湖”人物访谈录
作　　者：贾筱珊

出 版 人：胡福君
出版发行：华龄出版社
地　　址：北京市东城区安定门外大街甲57号　**邮　　编：**100011
电　　话：58122246　**传　　真：**58122264
网　　址：http://www.hualingpress.com

印　　刷：北京市大宝装璜印刷厂
版　　次：2019年7月第1版　2019年7月第1次印刷
开　　本：710 × 1000　1/16　**印　　张：**22
字　　数：330千字
定　　价：68.00元

版权所有　翻印必究
本书如有破损、缺页、装订错误，请与本社联系调换

多彩人生，养老江湖

（自序）

想过千百句话，真正提笔的时候，仿佛都卡住了；花式点赞这种事儿，还是应该用在嘉宾那儿、写在专稿里！作为品牌人、营销推手，为养老江湖写点什么并不难；但此刻，却只想说些“真话”：“行千里路，读万卷书“，翻译在一个三十岁从地产转型的青年养老人身上，就是多跑项目、多听前辈的话；我只是借《养老江湖》专访的名义，找喜欢的大咖、前辈请教，恳请他们为我和养老小伙伴们答疑解惑。两年多时间，成功约访六十多位养老前辈、专家，每个人背后的时光都很惊艳，每一段为养老付出的过去都很幸福，时光不会骗人，付出不会骗人，确实没有谁的光环来得随随便便。

养老江湖的稿子，多是二半夜熬出来了，因为白天有工作，更因为白天心烦躁。在此，先向二半夜审稿、改稿的嘉宾们，道一声：“辛苦了！谢谢大家，愿意包容任性的小编！”养老江湖的嘉宾彼此之间都很熟，是朋友或是朋友的朋友，一人之内必相识，可以理解为养老圈子不大，“一个人的距离”都能认识；也可以夸大点说，养老主战场中最耀眼的明星多被小编给访了。可以肯定的是，听完他们的话、看完他们的故事，你对中国养老市场就有了最真实的感观，不是盲人摸象，不是坐井观天，不是夜郎自大，不是奇思妙想。

现在养老行业确实很热，每天都有新人拥入，每天都有同行沉默。一年里，你的养老朋友圈翻新过半，也没什么稀奇。这个行业的水很深、坑很多，不清不楚地进来，洒下一腔热血，然后就没有然后了——太多人带着最真挚的情感、最善良的心念投入，却被凄风冷雨吹落，好人好心却没有好的结果；

尽管如此，仍然有大批大批的人进来重新轮回。每一份的付出都值得尊重，每一个为养老打拼过的勇士都值得歌颂，不管成败与否，不管未来如何，他们的过去、他们的遭遇是我们最应该汲取的内容。避一个坑也好，早一天止损也好，重样的伤感没有必要经历第二次。所以，即使有些人，悄悄退隐了，养老江湖的合集中仍保留着他们的传说，山一程，水一程，小编相信某年某月，一定会和他们再相逢。

从没有想过，人生的第一次书是访谈合集，但这种意想不到，来得更为惊艳。想想过去，在咖啡馆、酒店大堂、小会议室里，大咖们告诉我的话，心里暖暖的，眼里涩涩的；有幸拜得几十位老师，有幸和他们进行最坦诚的交流，有幸将《养老江湖》结集成册，小编有许多感谢想要说，有许多感谢羞于说，我想，只能用以后更努力的工作、更快乐的文字来回报大家。想想公众号里，默默支持、期期跟读、一起成长的小伙伴们，小编觉得充满勇气、能量多多；听到养老江湖要结集出书，有好朋友开心地告诉我："本来打算把往期稿子打印出来，将嘉宾们的观点整理一下，梳理一套养老理念的空间构架，出书了，就不用按篇打印了，能省很多事，真好！"；公众号后台小伙伴留言说："总是抽空看一期，老怕会漏掉哪位大咖的专稿，集结成书了，可以一次看过瘾，还能将大咖们的观点横向对比，收获会更大！"听到如此真实、正能量的反馈，想到《养老江湖》对正在养老行业打拼的同事们如此有用，小编特别开心！对于即将进入养老行业的新朋友而言，小编不知道，这本书能为大家带来具体的什么，可能很多，也可能有限，权且把《养老江湖》当作进入养老行业前，送给自己的入门礼物吧！未来的路，小编和您一起走！愿每次相遇都是久别重逢，愿每家企业发展都顺风顺水，愿每位养老同人都大展鸿图！

作者

2019 年 5 月 15 日

目录

CONTENTS

第一篇：时间的声音

第二篇：奋战蓝海的那些人

第三篇：温暖前行的力量

第一篇

时间的声音

吴玉韶
树立积极老龄观，全民老龄教育正当时

（2019 年 4 月 30 日）

题记：吴玉韶先生关注了小号，小编兴奋了好久。获得约访的信息，小编更是开心得无以复加。带着好奇与问题，前往全国老龄办大楼，秉承“谈必有果、谈必有稿”的原则，小编整理了当天的约访内容。本想征求吴老师意见，怕一向严谨的吴老师看不上小编写的东西，更怕征求意见之后就不让发了。现将整理的约访内容偷偷分享给养老圈的小伙伴们。啥都不说了，上稿！

情牵养老，坚持付出

众所周知，吴老师是位老民政，热血青春、最美好的记忆全在民政工作线上。2005 年，他将老龄工作作为研究关注的核心主题，每年大量时间都在各地走访调研，先后发表了超过 100 万字的论文论著。吴老师走访过那么多养老企业，小编特别想打探那些优秀的养老企业有没有必须具备的“成功共性”。

回顾过去，吴老师表示，养老是一个很容易让人爱上的行业，刚接手老龄工作时，许多人还分不清“老龄”与“老干”的两个概念，想推广老龄工作、加大宣传，还得四处呼吁，“求”媒介们多关注，工作可谓筚路蓝缕、举步维艰。直到最近几年，老龄事业形势才逐步转好，行业氛围不断升温，不管何种场合提及“老龄”“养老”大家都纷纷侧目，媒介对老龄工作更是密集关注、频频报道，老龄工作的环境才有所改善。不知不觉，这么多年过去了，经历了许多波折、看过了许多地方、完成了许多任务，有劳碌、有辛苦、有成就、有自豪，若再要追述一个“坚持老龄工作”的理由，竟只剩下“热爱老龄工作”“喜欢干”这两个最朴实的词了。

众多养老人把身家性命，甚至整个家族的未来全都压在养老事业中；他们很少关注政府政策、市场需求，像个孩子一样全身心付出，不亦乐乎，偶尔同行分享时，提及现实辛酸，会伤感挥泪，转过身之后，擦干眼泪，还和昨天一样，依旧热情地投入工作。吴老师感叹，或许有为老情怀、热爱养老、带着浓厚情感、坚持付出才是他们获得成功最重要的原因吧！

养老是一个特殊的行业，有专业的内容、有社会事业的个性与工作年限，工作量增长的时候，情感的东西也在同步积累。十几年中，有过选择的机会，但最终还是留了下来。坚持十几年之后，对养老的体悟别有一番滋味。养老事业中有家有国，既是中国的也是世界的，付出之外是静心、安心，投入所有之后，仍旧不离不弃。养老是一件干着放心、干得尽心，越干越喜欢的事业，很难形容养老在心中有什么样的意义，想来最多是因为发自内心的挚爱吧！

乐观投入，迎难而上

小编十分好奇，吴老师如何让自己的观点主张务实、接地气？吴老师表示，不管在何种岗位，大家对养老的情感、情怀、执行都是一样的，所以更愿意聆听养老人、从业者最真实的表达，了解他们的艰辛、不易；特别在行程安排中，划分出一块，定期去看基层情况，并定期约一线从业者进行内部沟通，进行线下交流；更希望自己的工作可以让从业者有所改变，进一步改变行业环境和产业未来。

老年人的需求很难通过调研问卷“问”出来，往往需要进一步“试错”，用服务测试出他们真实有效的需求。比如，填写调研问卷时，老人们会因为“便宜、方便”勾选助餐、清洁类的项目，表面上看需求很高，待到企业项目真实落地后，会发现真正来办卡“吃饭”“请保洁”的老人不足原来需求数据的零头。分析需求背后的内容，研究需求，精准分类，筛选可持续、可买单的、具有商业价值、能进行转换的需求十分重要。在此方面，对于老年人的需求要进行仔细甄别。关注社区居家养老的企业进入市场之前，应该积极寻找需求的逻辑、市场的逻辑，从中理出社区居家业务的逻辑，顺应逻辑、顺应需求做事情。

中国的养老服务业发展既需要政府主导和扶持，也需要真正发挥市场在资源配置中的决定性作用。目前政府与市场的责任边界划分还不够清晰，特别哪些是基本养老服务、非基本养老服务，哪些是养老公共服务、市场性养老服务，养老公共服务保障哪些人群，保障哪些服务项目，保障到什么水平，这些最基本的东西还不是很清晰。另外，养老服务放管服改革还有空间，一些制约养老服务业发展的制度性、体制性、政策性障碍仍然存在，社会力量进入养老业还有一些实际困难和问题，比如各地普遍遇到的许可和消防问题等。但从政策导向和发展趋势看，对社区居家板块而言，业务发展的环境会更加的趋于利好，有意投入此方面的企业也应抱以乐观的态度，积极投入，相信必能获得良好的发展。

树立积极老龄观，全民老龄教育正当时

大家都说，养老产业是一片蓝海，发展机会多多。小编一直很纠结，这个说法到底是不是真的？我们期待的机会啥时候才会出现？鼓起勇气向吴老师求证。吴老师表示，对比过去，现在的养老产业已有了很大的发展与进步，但距离真正意义上能形成产业化效应的养老产业，还需要经历五年到十年的发展时间。一方面，中国的长照制度从试点到建立，政府购买服务以及养老支付环境的改变还需要一定的时间。中国老年人有自己的消费特性，对于补贴的应用更为谨慎、珍惜，以"钱"补贴养老服务，对改善老年人生活、拉动老年人消费的效果十分有限，实施"服务兑换式"养老补贴是未来的发展方向。另一方面，老年人群也在发生变化。现在的老年人多是20世纪四五十年代生人，经历过苦难岁月，他们的观念很难改变，大多数人宁留遗产给子孙，也不舍得花钱让自己过得好些。外国人"大房"换"小房"，保障舒适晚年生活的做法，在现在老年人身上很难实现。

小编曾私下猜想，在老龄战线工作多年，干了半辈子养老工作，待吴老师老了，他会变成什么样的老人？听到这个问题，吴老师笑了，和小编分享，等他老了，最感兴趣的事依旧是老龄工作，估计会做一些与养老相关的事，比如教老年人们积极养老，用同等的钱或少花钱更好养老；比如去当为老服务的志愿者，到最基层去服务老人；希望自己可以更长时间过上"散养"的养老生活，身体健康时居家养老，身体不能自理时进养老院。

吴老师认为，中国老年人对"老"文化的认知比较少，积极参与的理念也比较薄弱，不太喜欢"折腾"，不太愿意参与，子女们意识中的"孝"观念，也制约了老人们走出来，去"折腾"。老人们缺乏健康老龄化、积极老龄化的理念，许多人都将"养生"作为老年岁月的最大"事业"，社会上大量地出现过度"养生"现象，有调查显示，我国约有一半老人营养不良，盲目吃保健品、添加剂、吃素、减肥，瘦到皮包骨头，越是刻意，越难如意。

联合国老年人原则倡导独立、参与、照顾、自我充实、尊严的五项原则，倡导积极乐观、独立自强的老年生活观。研究表明，专注力是对抗岁月的力量，工作、学习、参与是最好的养生养老。

2018 年 2 月 26 日，全国老龄办召开人口老龄化国情教育专题新闻发布会，发布了《全国老龄办等 14 部门关于开展人口老龄化国情教育的通知》，决定将面向全体公民开展连续三年的人口老龄化国情教育工作；虽不解决具体养老问题，但与解决每一个养老问题息息相关，是应对老龄化基础性、全局性的文件，一经发布，便引发了全社会的广泛关注。

吴老师表示，在十九大报告中，明确要构建“养老、敬老、孝老”政策体系和社会环境，这个“社会环境”里面非常重要的一项内容就是人口老龄化国情意识理念。尽管老龄化已经 20 年了，但是我们绝大多数机构，包括党政机构、社会组织、企事业单位、全体公民，其实对老龄化的认知非常有限。国家进入人口老龄化社会 20 年，但是我们的思想观念意识还停留在“成年型”社会，没有进入到老龄化社会，面对人口老龄化，社会大众看挑战的多，讲机遇的少。普遍把老龄化问题理解为老年人养老问题，把老年人养老问题又理解成养老服务问题，把人口老龄化看成是部门工作、业务工作；把养老看成是政府的事，看成是老年人自己的事，甚至是把老年人看成是社会的负担和包袱。

知名作家周大新出版了一本关于养老的畅销书，讲到“其实在世界上存在三种人，已经变老的人（老年人）、即将变老的人（中年人）和终将变老的人（少年儿童），所以老年是我们每个人都绕不开的一段路，这一段路的风景不想看都不行”。更多时候，大家应该积极看待老龄社会、积极看待老年人、积极看待老年生活。老年群体的积极老龄观教育要从进行生命历程和老年期新理念的教育、树立科学健康管理新理念、“治共病”新理念教育、“积极养老”新理念教育、进行科学养生观的新理念教育、树立“积极康复”新理念教育、“老年宜居环境”新理念教育、进行临终关怀新理念教育做起。

国际上关于积极老龄观有几个重要的理念，一个是世界卫生组织提出、得到联合国第一次老龄问题世界大会确认的“积极老龄化”和“健康老龄化”。“积极老龄化”包括“健康”“保障”“参与”，其中最重要的是“参与”。“健康老龄化”包含三要素：身体健康、心理健康、社会适应良好。现时所有老龄事业与老龄产业发展过程中很多问题追根溯源都是我们的理念与思想有问题，应对人口老龄化应当理念先行，因为理念决定思路，思路决定出路。

每次听吴老师解读“积极老龄观”，小伙伴们都会对老龄工作有更深一层的了解；每次吴老师的演讲，都使养老小伙伴对自己的未来工作信心更足。小编常常想，前辈尚且如此敬业工作，努力拼搏，我们年轻的养老人更应奋马扬鞭，方不算辜负前辈的谆谆教诲，才不算误了养老好时光！最后，代表所有养老小伙伴向吴老师致敬。

吴玉韶先生

全国老龄工作委员会办公室党组成员、副主任
中国老龄协会副会长

1962年生人，北京师范大学社会保障专业博士。1983年到民政部工作，2005年到全国老龄工作委员会办公室工作。除从事行政管理工作外，对社会保障、救灾救济、社会福利、社会救助、社会工作和老龄工作有一定的研究，发表论文和论著150余万字，获得“中国老年学研究杰出贡献奖”。

陈宏
我心中的养老事业

（2017 年 4 月 7 日）

题记：4 月很有意思。小编第一次在台下听陈宏总的演讲是 4 月，小编第二次在办公室听陈宏总的“专场”演讲也是 4 月。

不同的是，去年 4 月小编还是养老业界的“青”粉丝，今年 4 月小编已成晋升为“80 后”养老宣传官、养老自媒体圈里“铁笔”小编、四处闲逛的失业青年（请不要过度解读这一句）。而陈宏总却还是陈宏总，没有什么大的变化。

如果非要找出一点变化的话，小编只能说他从养老前辈范儿变身回养老青年派啦！用时髦点的话说，就是充盈着年轻的气息，使人眼前一亮！于是，小编悄悄地调整了采访提纲。

从不同的渠道，你会听到不一样的陈宏总：全经联副主席、全经联养老住区委员会主任、友松国际总裁、央企养老机构专家顾问、国企总裁、地产圈大佬……

诚然，陈宏总有很多标签，很多身份。作为养老自媒体的代表，小编担负着一项特殊的使命，试图通过本次专访，穿透层层光环，为小伙伴们还原作为养老行业拓路前辈、资深养老人、最真实的陈宏先生。

说情怀：和青春在一起

2016 年初，在国企工作数十年、在养老行业组织从事养老工作近十年、

曾帮助蓝卡、太阳城、亲和源、燕达、康乃馨等一线品牌运营操盘N轮的陈宏总，决定深入养老实体企业运作中，享受一把亲手主持、操盘养老品牌的感觉。在众多橄榄枝中，他选择了好朋友马友松，加盟了友松国际。

小编小心地问陈宏总，为什么选择友松，而不是其他品牌？陈总回答很简洁：受到老朋友的真诚邀请，希望在友松企业转型升级的关键节点，为他加一把力。感叹作为国内最早的养老品牌——友松国际过去十几年中坚守《心连心》公益文化品牌的同时，并让企业顽强存活的生存哲学，被其中的文化沉淀所打动。同时，欣赏作为成熟养老品牌——友松国际运作过程中，面对新事物、新理念，坦然接受、勇于创新，进行企业转型升级的处世方式，被企业表现出的魄力、发展希望以及企业家精神所感动。

陈宏总眼中友松国际三大特色

友松以老年人为唯一的重心及经营重点，制定经营策略与方针，符合政府要求、市场需求；以健康养老与精神文化养老为前提，倡导健康养老，强调“精神”与“文化”在养老事业中的重要性，并提出健康养老概念，推出“吃住行学游乐医尊”系列服务。

友松以精神文化养老为核心，为老人提供一种生活方式，强调老年人在老年生活中要获取一技之长，打造属于自己的粉丝圈。

友松提供边缘化的扩充内容服务，建设自有安养基地、自主开发主题旅居线路（如红色旅居）、中西医照护服务、爸爸妈妈商店，并在过程中加入企业元素，设置企业参观、游学等环节，让老年人在游学过程中，感受中国经济的发展，找到过去辉煌的印记，主动帮助老年人进行退休生活的重新定位。

在陈宏总的眼中，小编看到了“理想”“热情”“执着”的影子。陈宏

总说，一家企业把老年人作为唯一的重心、经营重点，是值得赞美的。企业向全社会倡导“健康养老＋精神文化”养老，为老年人提供退休后健康、快乐、幸福的生活方式，为他们打造属于自己的粉丝圈，并将这些倡导与理念在自身业务中予以实践，率先为同行拓路、树立榜样精神，更为难得。在主流服务的体系之外，加入代表“50后”“60后”的主题元素，为年龄已属老年、身体仍在处于壮年的低龄老年人群，建立与中国国家经济发展、文化发展关联的纽带，期待通过他们在养老路上体验养老、主动参与养老的过程，影响他们同龄人的养老观念，吸引年轻一代人更客观、更温暖地面对“现下父母之老”“未来自己之老”。这是现下的养老行业为未来的养老行业送出的一份长效献礼。

陈宏总表示，卸下过去来自体制内的无形压力，以打磨自己、让自己变得更出彩为出发点，重新为自己加压、进行自我要求是一段追求的过程，和养老事业发展的过程一样快乐而痛苦。在友松国际和一群年轻人共事，他时常感觉自己和年轻人一样，有激情、有活力，目标更坚定、责任更坚定。

谈版图：和未来在一起

对于友松国际现在所做的事，陈宏总有自己的看法。他认为，友松国际是通过食疗、旅游、群体互动等方式，让老年人在快乐、健康、幸福的状态下生活，为他们的生活带来更多愉悦感、幸福感，从而提高他们的健康质量、健康指数，很好地延伸他们的健康时长，能很大程度地节约老年人的医疗药品支出，利国利民，是企业践行社会责任感的一种表现。友松国际在长达十几年时间中，致力于提高老年人健康质量，并明确未来仍会在这个领域坚守，会以更丰富的形式、更好的服务，继续为老年人付出。

这些于企业自身而言，是商业模式成功的见证，是持续经营的必要动作。于整个社区而言，则具有更加深远的意义。从细节考量，这是企业为节约医保所做的贡献。从广义方面审视，这是一家企业通过自身努力影响更多企业，联手为降低社会公共资源浪费而做出的努力。在现在，在未来，这都是一件了不得的大事业。这就是友松现在做的、未来还将继续进行的“养老大事业”。

谈到未来，陈宏总认为，2016 年是全国养老大发展之年，2017 年将会是养老大整合之年，许多养老品牌都将面临大洗牌、再排位。中国的养老市场正在面临一场大风暴，无论是从事投资、建设的重资产企业，还是从事服务、外延产业、细分领域的轻资产企业，都得对下阶段市场即将发生的变化有一个清晰的认知。直面客观现实，以主动接受的心态进行自我革新，并积极地准备适合自身企业的应对方案。既要谨慎，又要大胆；既要有战略眼光，又要有较强的落地性，不仅要着眼现在的竞争环境，更要为未来的竞争进行战略布局。以己之长，找准定位，将企业自身的优势资源、特长发挥得淋漓尽致，找到适合自身企业的发展路线。倘若做不到这一点，未来市场的风暴会让养老企业措手不及，难以应对，甚至命丧其中。

作为友松国际的总裁，陈宏总很早就开始着手企业未来5-10年的布局计划，并在一年前顺利启动。未来，友松国际会成立两个军团：友松安养健康老年产业投资公司（投资公司）以及友松互联网文化传媒公司（传媒公司）。

其中，投资公司负责友松安养基地的建设运营工作，焦聚老人活动服务、会员卡售卖及会员管理工作、老年用品销售、旅居延展服务，促进友松国际传统业务的升级。

而传媒公司则是以友松国际精神文化方面的强势资源为出发点，进行四大布局：计划推出老年大学输出业务，成为国内代表性的老年教育品牌供应商。强化“心连心”大型活动品牌、《老友报》品牌在国内老年文化活动市场的领跑地位。与CCTV、BTV等优质媒介合作，筹划《绽放夕阳》《大健康》等多档老年电视节目，形成自有老年文化品牌，多角联动；创造友松特色大数据平台，聚集流量的同时，进行业务转化；推出老年在线金融产品及相关业务。在四大布局的基础上，打造行业内容服务运营商的产业链条，以内容、服务为经营重心，进行轻资产运作，进而形成行业标准，输出行业标准。

陈宏总表示，一家优秀的、能够代表行业领先水平的养老企业必须要有超前的市场研判思维，进行超前的公司战略布局，保持企业的战略优势。在具体的业务推进方面，要和政府方面、政策导向一致，最大力度地整合政府资源与市场资源，有重点地对接利于企业发展的各方面力量。在竞争激烈的养老环境中，有时候需要考虑绕道而行的可能性，尽可能地避免与巨头企业进行正面竞争，在企业自身资源、专业的特长中，寻找市场机遇，发掘属于企业自己的发展之路。在这些方面，友松国际及他们的团队已经在用实际行动为业界同行进行先期拓路。友松在老年文化、老年旅居等方面已走在了行业前列，接下来的路，是要进行超越自己、超越时代的创新与实践。

关于友松国际下阶段业务规划，陈宏总还讲了许多，比如汇聚养老全产业“IPHONE”“华为”品牌的创新养老产业大会，教育老年人同时影响年轻人的友松老年大学模式等，鉴于许多业务尚处于筹划阶段，需要商业保护，小编就不进行过多的提前剧透了。在友松国际未来规划里，小编对他们如何保障这个庞大的商业计划推进实施最感兴趣，最直接的问题就是“钱够吗？”

陈宏总淡定地告诉小编，友松国际已经完成了天使轮融资，正在进行A轮融资；友松传媒也有望在今年同步启动天使轮和A轮融资。听到这里，小编震惊了！业界都在关注亲和源、汇晨、健租宝的时候，友松悄悄地行动了，悄悄地又开始了第二轮行动！

谈及没有对外释放消息的原因，陈宏总说，一方面，不管是亲和源，还是汇晨，都经过了十几年的积累，友松国际作为国内最早期养老企业、最早成熟的养老品牌代表，受到资本市场追捧，并不意外；相对地，友松国际更希望以业务突破、业绩飞跃的信息示众。另一方面，友松国际认为融资是企业与资源、资本的对接，重点是融资源、融文化，其次才是融钱；因而在选择合作的对象时，友松更强调对方的合作与加入，寻找志同道合的、拥有与友松相近的养老认知的合作方。友松国际一直在寻找更多的利于公司发展壮大、利于公司竞争力的提升、利于公司上市的、可以互补共赢的合作伙伴，非常期待未来更多的合作。

寄语年轻养老人

作为创新的力量，“80后”、“90后”年轻人的加盟，可以为养老行业融入更年轻的认知，会带来养老事业更大幅度的延展，以及商业模式的二次、再次打磨。同时，也希望年轻的养老人们深入了解当代“50后”、“60后”老年人的真实想法。从务实角度出发，以更坚定的心、更多的耐力、更强的信心投入养老行业。

中国养老正处于高速发展阶段，对比国外养老产业的发展，还存在许多差异与缺失。国外养老模式与中国文化基础不同、大环境不同、社会基因不同，想要硬生生地植入国内市场十分不妥，能被国内老年人接受的可能性也不高。陈总认为文化是撬动健康老年人消费的核心，他本人不推崇将国外的养老模式进行粗暴拷贝的“简单拿来主义”。国外养老的一些模式与特色，很难学得像，我们应该定制属于中国人自己的养老方案。

年轻人更有冲击力，可以对现在的养老短板进行冲击，比如说在智慧养老、驿站等方面，找出服务差异，进行服务创新。养老产业需要务实创业，只要肯干实干、吃透政策、抓住机会、脚踏实地、贴近实地地做养老，年轻养老人大有可为，未来发展不容小觑。

陈宏总表示，他很欣赏年轻养老人活力、向上、创新的特质，也很看好他们在共享资源、产业延伸、养老创新等领域的创新与创业。年轻养老人的介入，会为养老行业带来很多正能量与积极的变化；他本人与友松国际都很乐意与年轻人（比如“80后”养老事业联盟等新生代养老人）共事合作！

陈宏先生

全国房地产经理人联盟副主席兼任养老住区委员会主任

友松国际老年产业集团总裁

2010 年加入全经联，任全经联副主席、养老住区委员会主任，现任友松国际老年产业集团总裁，拥有 25 年企业高管经验，曾就职于百盛集团、鹏润地产、中交投资等名企。2011 年，其创立的“友松国际”是国内首批开创旅居养老模式的内容提供商与服务商，打造了集健康养生、教育培训、文艺演出和休闲旅游于一体的全新旅居养老模式，为老人提供点对点的全程保姆式安养服务。2018 年他多次带队走进全经联合作城市，协同推动城镇康养产业的新发展。

时间留言： 时间过得匆忙，不知不觉已过两年，回顾 2017 年和小编讲的许多事，2019 年全都落地实现，养老产业是一个充满希望的领域，养老事业和青春在一起，和未来在一起，是值得付出一生心血的伟大事业。不管市场如何发展，只要坚定自己的立场，在这行业中坚守住，一切理想都会实现。

周燕珉
乐龄游戏，为老设计

（2017 年 6 月 22 日）

题记：有周燕珉教授的活动，小编总要想办法挤进去。听着周燕珉教授演讲与分享，在手机、录音笔做的各类听课笔记中，小编一点一点积累自己的养老知识。能和周教授面对面聊天，是小编从未有过的奢望。

2017 年 4 月清华养老论坛，周教授发布了“2017 全国乐龄游戏创意设计大赛”启动的消息，养老界为之一震。6 月初，周教授与乌丹星教授共同发起养老专题义讲，激活了养老同行们对乐龄游戏大赛的第二波关注。“80 后”的养老小伙伴们纷纷表示想学习、想参与、想贡献一份自己的力量。在张劲松老师的引荐下，周教授接受了小号的专访，答应聊一聊“2017 全国乐龄游戏创意设计大赛”这个话题。

乐龄游戏，为爱设计

早前，曾听周教授分享“西藏拉萨社会福利院”案例，她说养老院房间未必要全南向，养老院建筑未必是“只能三层”，做养老设计要灵活，要因地制宜。记住因地制宜的同时，小编不仅感叹清华的“大教授”原来这么亲和！后来，在泰客讲堂，听周教授分享她为父母设计的适老家居案例，记住六个设计原则的同时，小编很惊讶我们眼中的“大专家”对家人这么细腻。

在小伙伴们的印象中，周教授是养老设计领域中的专家、领袖。细心的小伙伴们发现，她最近发起的“2017 全国乐龄游戏创意设计大赛”与适老设计似乎不是一回事。大家纷纷猜测周教授是不是跨界开发游戏啦？带着疑问，

小编走进了周燕珉工作室。

周教授没有直接回答小编的问题，和小编分享了她参观日本梦之湖的一些感想。在梦之湖的门口竖着一块写着“人生的现役养成道场”的牌子，向前来活动的老人们传达“哪怕身体存在障碍，也要依靠自己重新站起来，继续为家人奉献自己的力量”的理念。他们设置了 200 多种老年游戏，鼓励老人们在愉快“玩”的过程中，挑战自我，保持对生活的信心。在那里，老人们的生活状态深深地感动了周教授。她开始思考，假如愉快是一种能力，更多中国的老人们则正在渐渐地失去这种能力，他们能感受到这种来自精神的愉悦越来越少。

周教授认为，老龄化是一个社会问题，需要提高大众对老人的认知，向全社会倡导关注老人、关爱老人的理念。中国老人缺少玩的东西，看电视、打麻将、跳广场舞是中国老人仅有的几种娱乐活动。对比国外，我们在老年游戏这个领域比较落后，这种现象急需改变。随着时代的发展、城市化进程不断加快，生活节奏越来越快，年轻人接触老人、陪伴老人的时间越来越少，年轻人对老年人的理解也越来越少。而事实上，无论从社会责任角度，还是从家庭情感维系层面来看，年轻人都有与老人接触、了解老人的迫切需求。社会需要创造一个话题，建立一条可以连接老人与年轻人的纽带，使年轻人有机会接触老人，让他们在表达亲情、关爱的同时，学会另一种形式的感恩。

于是，周教授萌生了推动各届人士为老人设计游戏的想法，很快就获得了清华大学几大院系的赞同。4 月，周教授与清华大学建筑学院美术学院、社会科学学院、公共管理学院联合发起了首届“乐龄游戏创意设计大赛”（即“2017 全国乐龄游戏创意设计大赛”，以下简称“乐龄游戏大赛”），期待借助公益活动的力量，引导敬老爱老的社会风气，使年轻人、孩子们有更多的机会接触老人、陪伴老人、了解老人，并进一步理解为老工作。

小编也曾疑惑，为什么周教授没有选择从她最擅长的、资源最丰富的、效果更理想的设计领域着手，而是选择在老年游戏方面发起活动呢？周教授表示，作为学者，她关心学术研究实践，但也有责任，必须要做一些能进行养老推广普及、提升社区养老认知的事。她期望通过乐龄游戏大赛设计游戏、试玩、分享等环节实施，唤醒年轻人与老人之间的亲情线索、宣传为老服务，产生“广而告之”的社会影响，鼓励更多年轻人关注老人、关爱老人、多一点时间陪伴老人。

为老设计，由心而发

提到游戏，周教授和小编分享了她小时候玩“狼吃羊”游戏的一段记忆。她愉快地回忆：那时候，为了赢得对手，常常练心练脑，琢磨游戏规则，几块小石子、几个小格子可以开心地玩很久；即使这么多年过去了，来自“狼吃羊”的快乐仍使她感到欣慰。在日本，有许多为老年人设计的游戏，这些游戏十分尊重老年人内心的感受，目标很清晰，鼓励老年人尽情地发挥生命的余热，希望激发老年人跳出身体之外去活动、去互动。周教授表示，对于老年人而言，好的游戏是一种有参与要求的情感沟通，注重集体互动，能进行有效率的交流，是可以调动老人们克服身体不便的欢欣。

乐龄游戏大赛组委会鼓励年轻人、大学生、中学生、为老服务工作者参与比赛，共同为老人们设计简单、易操作、有趣、有益的游戏。

参赛游戏的定义也十分广泛，可以是手工小游戏，可以是老少互动道具小活动，可以是锻炼身体的简易康复操，也可以是老年手机小程序等，不同的参赛人员可以在自己最熟悉的领域进行游戏设计。

乐龄大赛规定参赛者所提交的资料有规则、试玩视频、不少于800字的设计者与老人试玩心得等，要求参赛者还原游戏设计、试玩、设计者与老年人在游戏中体验愉悦的整个过程。

小编一直认为游戏设计是一种非常“高大上”的工作，只有专业人士才有机会涉足。听了周教授对乐龄游戏大赛解读后，小编改变了自己的想法，工作在为老服务一线的社工、照护师、社区养老工作者、居家养老服务人员与老人们接触的时间最长，最熟悉老人们的喜好，他们每天都在和老人交流互动，进行着各种形式的“游戏”。假如他们把身边最常用的、老人最喜欢的小游戏加以设计，按照大赛要求进行梳理，获奖的概率一定很高！梦想必须得有，万一实现了呢！小编认为，小伙伴们机会来了！

周教授表示，过去的时光里，老人们用他们的青春建设社会、关爱子女，把他们所有的爱都无私地给予了下一代、第三代；关爱老人、陪伴老人是全社会的责任，希望更多的年轻人、孩子们参与到乐龄游戏大赛中，换一种角色、换一种方式，以感恩、回馈的心，像老人曾经的付出一样，陪伴他们、了解他们、关爱他们。目前，乐龄游戏大赛已经获得了许多养老企业以及大学生社团的支持，下阶段希望更多的中学、小学的学校团队也可以参与进来，大家共同为老人们的生命增添欢乐。

作为周教授的忠实粉丝，小编和小伙伴们时常幻想，能与周教授工作室发生点“合作”关系。在此，小编特别地与大家分享，周教授工作室在自主科研、参与建设部及地方政府标准化建设的基本职能之外，会定期推出一些专业书籍、行业文章面向社会进行养老普及宣传，同时还会承接少量的项目的咨询工作。小伙伴们看到工作室有咨询业务，千万不要太兴奋哦！周教授认为工作室重要的职能是开展以引导、推动养老行业发展为主要目的的科研工作，承接项目咨询是为了更好进行科学研究。她有明确规定，对工作室所接的项目、企业要进行严格筛选，禁止团队成员跟风 “捡黄金”式地承接咨询业务。她希望工作室打造出更多有意义的、有趣的、有创意的好项目，用专业的力量影响中国养老行业的发展。

访谈前，周教授曾声明，她是一个严谨的人，每个字、每个细节都会思考再三，叮嘱她的访谈稿必须要客观、真实，要对行业、对社会负责任。听完周教授的一席话，小编内心很复杂。之前准备的许多恭维话，似乎都卡在了喉间。

在此，代表养老圈的小伙伴，向周教授致敬！

周燕珉教授

清华大学建筑学院教授、博士生导师

国家一级注册建筑师

时间留言：作为一名老年建筑设计师，我们关注为长者提供舒适安全的环境，更要关注如何为他们带来快乐健康的陪伴。2017 年，我们发起了第一届乐龄游戏创意设计大赛，收到数百份作品，评选出了近百个奖项，全国老龄办、民政部的领导更是亲自为获奖者颁奖。2018 年是“乐龄游戏”发芽成长的一年，我们成立中国首家专注于乐龄游戏的公益组织，通过自主研发和国际引进，形成“WISH GAME 乐游体系”，受到养老业界、广大老年朋友的热烈欢迎。2019 年再次启动第二届中国乐龄创意设计大赛，第二届赛事的主题是“有笑陪伴”，希望社会各界人士，提出日常陪伴长辈、为长辈带来快乐的“金点子”或“乐龄游戏作品”。

刘巧玲
养老服务精神与商业模式创新

（2019年4月12日）

题记：刘老师接受了小编的专访请求，小编感觉十分意外！中国保健协会机构养老分会会长，这么高级别的大人物，就这么答应了一个非著名公众号的采访请求！小编追大咖的虚荣心获得了极大的满足。

访谈前，小编在家认真做访谈功课。不查不知道，一查真是吓得颤抖不已！试想一下，一个非专业、自媒体新兵、养老业界初入行小鸟（刚脱离菜鸟称呼没几月）要去采访一位《人民日报》出身的媒介前辈、品牌策划营销界一姐、北大特聘教授，怎能不颤抖。

颤抖之余，还是忍不住地窃喜，相当于北大教授要给小编讲一堂专场养老课了！瞬间，小编决定，将采访对象的称呼由“刘会长”改为“刘老师”。具体兴奋指数，小伙伴们懂得！

刘老师作为唯一受中央领导接见的女性策划专家，在经济、市场、农业、休闲、健康、旅游、文化、创意、品牌策划、公共关系、企业发展等领域都有很高的个人成就，著书近十部，成功案例不计其数。

小编很好奇，刘老师为什么将大部分精力放在健康养老方面？只是因为中国保健协会、机构养老分会平台的因素吗？一定还有更深层面的内容！中国保健协会是代表政府、政策、大中型企业通道的平台，多界会长均由国家部委领导担任，而机构养老分会成立近三年时间，对外曝光的动作并不多，十分低调。这中间，一定有许多小伙伴想了解却无从获知的内幕！带着若干个疑问，小编踏上了追寻大咖之路！

为什么做养老？

小编到达约定地点，看到刘老师站在小院门前、花树下向我挥手。那景象，真是一幅田园初春图。进门，获知刘老师在家中接受小编的访谈。小编内心更澎湃了。

小编首先向刘老师汇报了小号（第六十三种颜色）、养老江湖、小编本身的情况，顺带也汇报了“80 后”养老事业联盟最近的进度。刘老师仔细地听取小编的汇报内容，并对小编以及联盟工作提出一些指导意见（此处涉及商业内容，不进行公开呈现）。

忍了许久，小编将最想问的问题引了出来：刘老师已然功成名就，是什么样的原因，使她将现阶段的精力集中在健康养老领域呢？刘老师在短暂思考后，表示，此前并没有留心梳理进入养老行业的原因，可以先和小编分享一些职场往事。

刘老师是恢复高考后的第一届大学生，毕业后分配至大学执教，担任本专业——地质学的授课教师。回想那段时光，刘老师说，除了工作，最多想起的是母亲。她是家中六兄妹中最小的一位，大学毕业时，母亲已近八旬高龄。她时常催促自己，要好好奋斗、快快成功，好尽早为母亲做点什么、早点尽孝。

1992 年，由中国策划界鼻祖——崔秀芝老师的引荐，刘老师调入《人民日报》公共关系部。与崔秀芝老师一起工作，进而成为公共关系学会、公共关系协会的专家委员，对接中央、政府及社会关系的同时，还着手大量的社

会调研工作，以媒体工具、媒介力量帮助许多地方城市、企业完成多个大型项目策划与推广，一时间声名鹊起，风光无限。然而，工作的顺风顺水，并不能很好地缓解刘老师心底对母亲牵挂的那份情愫，她还是没有条件能将母亲接到身边照顾。

1995 年，刘老师已在策划业界拥有一定地位，她开始着手筹建自己的策划公司。在当时策划业界“点子”横行的时期，刘老师及她的团队将策划提升至科研课题——“策划学”的高度，创新提出“策划之道”的复合型思维方式及全新理念，并确立以孙子兵法“以正和、以奇胜”哲学为核心的策划执行体系以及最大限度整合资源的策划方略。

“策划学、策划之道”的概念一经面世，便引起了策划业界轰动，采用“策划之道”进行运营的案例相续获得了空前的成功。一时间好评如潮，刘老师与她的团队很快就稳定了国内一线策划公司的前位排序。

一年后，终于如愿将母亲接到身边照顾。刘老师常说，一个一个案例的成功，一个一个奖项、荣誉的到来，作为唯一女性策划专家在人民大会堂被国家领导接见，远远比不上每天早上醒来、晚上下班，看到母亲的开心笑容，让她觉得更加愉快！

2003 年非典后，90 岁高龄的母亲要求回到有父亲墓地的老家生活。即使万分不舍，刘老师还是遵照母亲的意愿，送母亲回到老家生活，从此，刘老师开启了每月从北京往返老家、看望母亲的模式。

一年后，母亲入住了老家的养老院，在那里度过了她人生的最后时光。不能违背母亲的意愿将她接回身边，眼看着那个活泼、爱干净的老人家在小小的养老院、贫瘠的环境里、粗糙的服务下，一点一点，燃尽生命，走向终点。

回忆那几年，刘老师表示，每每想起母亲坐在养老院院子里的表情，都会泪流满面；再多的成就、再多的荣誉、再多的钱，都无法改变母亲遭遇的养老之殇。刘老师决心寻找一个合适的机缘，投入养老事业。她说，将来要建一批优质的养老院，让天下所有的老人都能得以安养。

2014 年，刘老师受命于中国保健协会机构，担任机构养老分会会长，正式开启了她的养老之路。小编似乎明白了，盛名之下、众多可能之中，刘老师选择养老的原因了。

养老服务精神与商业模式创新

刘老师表示，大学所学的专业——地质学，让她懂得尊重大自然规律，人与自然和谐相处之道；对大自然有所感恩、有所畏惧，使她拥有了区别与其他人的、更为广阔的、科学的思维模式。处理事情、进行决策之前，必定要展开充分的、深入的调研工作，讲求科学依据，坚持创新、创意的原则。这是她一生最大的财富。

接手中国保健协会机构养老分会（以下简称机构养老分会）时，刘老师认为养老是一个崭新的课题，也是一个新兴的产业，新兴的行业，高度关注国家政策、社会概况的同时，更需要站在国际视野的高度，客观审视中国老龄化社会，寻找最合适、最顺应时代的养老解决方案。

基于此，中国保健协会机构养老分会召集了一批计划进入养老行业的国内实力企业代表，遍访日本、韩国、英国、瑞典、新西兰、希腊、意大利、澳大利亚、荷兰、塞浦路斯、马来西亚等国家，在两年多时间中，对百余家养老机构进行了实地调研；随后，在国内的上海、安徽、湖南、湖北、河南、河北等 20 多个省市，展开深入的养老发展现状调研。

两年后，刘老师重新梳理了国内养老产业的线条。她认为，养老产业的核心是养老服务精神，为老人服务、还原老人尊严生活的初衷不容忽视。比如，针对现下十分热门的老年旅居行业，刘老师提出“居”“养”融合的新观念，她认为应该强调时间对老人的作用因素，应该摈弃那种粗暴的“旅游 + 酒店临宿”的短线做法，给予 1–3 月，甚至更长的时间，使老人能在自然环境中安静感受，在文化氛围、服务中舒适享受，这才是养老服务的初心坚守，这才是养老服务的精神实践。

不忘初衷，遵循养老服务精神的指引，才能进一步谈养老商业模式与盈利。养老服务是对人品格的重新磨炼的过程；在这个过程不仅需要专业知识、专业技能的应用，更需要搭建人性化的、适合老年身心特色的、确保老年人有生活尊严的服务体系。

考察了十几个国家、近百个养老机构之后，刘老师对养老商业模式进行重新梳理。除了传统的社区居家、机构养老外，刘老师向国内业界推荐了森林养老（德国・巴登）、寺庙养老（韩国・首尔・曹溪宗）、失能老人康复（日本・梦之湖)、文化养老（韩国・东医宝鉴）、政府主导养老(韩国・光州)等创新养老模式。

这些养老模式大多强调精神与灵魂的融合，将医学治疗与康复、疗养结合成为一种新养老体系，具有更强的落地性。刘老师认为中国资源更丰富、文化沉淀更深厚，现下养老政策环境趋于利好，如能聘用专业的团队，以合适的运营理念进行项目执行推进，获取项目成功、产业盈利指日可待，未来发展空间不可限量。

2016 年 9 月，首届机构养老国际论坛在青岛召开，来自 12 个国家和地区，近 500 名机构养老业界精英到场参会。中国保健协会机构养老分会提出“绿色生态养老”概念，一时间引发全球养老同行对中国保健协会机构养老分会的高度关注。业界同行纷纷向中国保健协会机构养老分会以及刘老师本人探寻，使机构养老分会几天内，在国内外养老业界扬名立万的原因。

听刘老师分享了她在国内外考察的见闻，日本梦之湖失能老人康复院、韩国光州老年康复中心、德国巴登森林疗养老等许许多多细节，那里的老人、那里的服务、那里的体验等。小编有点明白了，在如今这么浮躁的社会环境下，刘老师与中国保健协会机构养老分会团队愿意花两年多时间，走遍全球，走遍中国，实地踏勘、亲身体验，了解全球养老之后，回归中国养老。他们对养老事业的态度、用心做事的精神，养老业界少有、全社会少有。他们的论坛成功、他们的概念引爆业界，一点也不意外。

关于“机构养老”这个词，刘老师有自己的理解。她认为，养老机构的定位是为养老服务业提供服务、产品、资源、支持企业的总称；而不仅仅是养老机构本身。

看过全球那么多养老项目之后，刘老师总结提出：我们需要学习国外养老为老人服务的精神，参照他们服务的理念与做法，引进国外先进的适老用品及辅具。国外养老也需要向中国人学习“孝”道文化；在养老这个领域，彼此学习，彼此借鉴，互取其长。

养老是广泛性问题，关注城市高端老人养老品质的同时，也需要关注农村老人、失独老人等弱势老人群体以及他们的养老解决方案。中国传统的孝道文化也需要被泛化释义与传播，养老从业者及社会群体需要将“孝”的观念泛化，由孝敬自己的父母，泛化为孝敬天下父母，成为大孝、大爱。

刘老师表示，机构养老分会的定位是学习传达中央有关机构养老事业的政策法规，推动参与中国机构养老事业发展壮大，培育推广好的品牌养老机构、优质的好产品、好用品及好服务，并执行落实中国保健协会所赋予机构养老分会的工作职责和任务。作为会长，刘老师本人推行专业、专注、行业专家式的管理手法；希望分会能做到不忘初心，影响养老行业、养老从业者建立积极的养老价值观，以照顾父母为标准，像爱自己的孩子一样去服务老人。

首创“绿色生态养老”概念

调研德国巴登森林疗养项目，引发了刘老师的深度思考。在德国，人们看西医的诊疗费用、做有益于身心健康疗养项目的费用，同样可以实施医保体系报销。有许多亚健康人群、老年人在巴登进行个性化疗养。

当患者、老年人进入巴登地区时，会有专业工作团队对其进行统一体检，医生会开具西医诊疗处方，地形师会为他们定制一张与西医治疗相配合的森林疗养处方。两张处方并用，形成一张综合处方。

人们在接受西医治疗的同时，还要进行大自然疗养。走近自然、改变生活方式，变成治疗、疗养、康复的辅助内容，森林成为了促进人们健康、帮助人们康复的重要工具及必要环境。

巴登·威利斯赫恩 & 克奈圃疗法

巴登·威利斯赫恩因克奈圃疗法而声名大噪。那里有 15 万公顷的市有林，专门用于提供森林疗法。疗养者到访巴登·威利斯赫恩后，首先要接受克奈圃疗法医师的诊断，制定包括食物疗法、运动疗法、植物疗法、水疗法、顺势疗法等多种内容森林疗法方案。

疗法师会编制为期 3 周的克奈圃疗法课程，根据疗养者的症状，指定不同森林疗法路线，而地形疗养师会基于医师处方指导疗养者做森林疗法。巴登森林疗法步道总长度超过 100 公里，既有短距离平缓路线，也有长距离的坡路，能够满足疗养者的多样需求。

访客上午会跟医生或理疗师做治疗，下午和晚上能够在树荫下散步、在公园里午休、看看书或在咖啡馆喝一杯，夜晚到音乐剧场听音乐。疗养地的自然环境被当作“药”来用。“疗养地联盟”均会制定疗养地核心条件——自然环境如温泉、海水、泥巴和气候质量的质量标准。有些质量标准还被各州以法律形式规定下来。如果想成为疗养地，申请地的相关设施和自然环境质量都必须接受严格的审查。

刘老师认为，国内能提供的养老绿色生态资源不止有森林，湿地、山地、湖岛等都是很好的疗养环境。中国的绿色生态资源更为丰富，假如将“森林康养”扩充为“绿色生态养老”概念引入中国，一定会是件多方有利的大好事。

刘老师率先提出“绿色生态养老概念”，倡导五感疗养体验（视觉、嗅觉、听觉、味觉、触觉）配合医疗康复，以绿色生态资源开发为主要内容，融入旅游、休闲、医疗、度假、娱乐、运动、养生、养老等健康服务理念，形成一个多元组合、产业共融、业态相生的商业综合体，将健康、养老、旅居几种模式进行重组。绿色生态养老是我国大健康产业的新模式、新业态、新创意，也是养老产业发展的新方向。

刘巧玲女士

中国绿色康养联盟主席
中国保健协会机构养老分会会长
欧洲养老产业联盟主席
世界绿色气候机构亚洲区支援议长
北京大学特聘教授

中国著名生产力策划专家、品牌与营销专家、公共关系与社会活动家，以公益倡导绿色气候、环保地球、推广自然农耕食品和干净饮水。整合社会各方面资源，致力于中国养老服务产业，致力于老年人生活得健康快乐、少病痛、有尊严而奔走于中国及世界各地。

已与韩国、意大利、以色列等国家达成战略合作协议，引进国际先进的养老理念、产品、用品及服务，并向世界推广中国养生养老的精粹文化理念与服务。首创森林养老新理念，对预防、疗养老年慢性病等进行探索创新研究及实践。

时间留言：随着中国老龄社会的发展，中国的养老服务业已经进入了规模化、高质量的发展阶段，提高养老服务业的质量是发展的趋势，势在必行。目前，中国保健协会机构养老分会已经在全国各地设立了实践基地、合作基地和合作的单位，虽然不直接做养老机构，但希望可以规范行业质量发展。中国2030规划纲要是健康，在中国2030规划纲要政策指引之下，相信中国的养老产业一定会快速地、更高质量地走入国际化的现代服务业行列之中。

徐国英
养老机构院长启示录

（2017 年 3 月 24 日）

题记：开公号以来，小编最想采访的对象就是徐国英老师。如果你问小编具体原因，小编还真答不出来。就是单纯地想了解这位国内第一批的养老从业者，和她一步一步晋级一线品牌养老院长的经历与故事。我想把这些经历与故事分享给业界的小伙伴们。希望大家和小编一样，被徐老师影响、鼓舞、感动。

小编有幸与徐老师共事过一段时间，工作中大家叫她"徐老师""徐院长"，私下里我们称她"徐妈妈""徐奶奶"。于公，她是老师，是院长，会从专业角度指导大家提高技能，会从管理角度安排调度工作；于私，她更像"妈妈"，许多学生从学校毕业、进入养老行业，跟着她一点一点成长，他们和徐妈妈相处的时间，远远超出了家人，在工作中、在生活里，徐老师更像一位妈妈，关心爱护着每一个人。

如今，徐老师进入养老行业已五年多，她工作过的养老机构已成为业内标杆品牌，最初跟着她的那批学生大都晋升为资深照护长、进阶管理层，大家敬佩她的专业、信服她的为人，更多时候、更多场合，大家对徐老师的称呼，渐渐地也变成了"徐奶奶"。徐奶奶，不老，也不魁梧，但她却用专业与耐心在一批又一批养老人从业的路上，树起了一块温暖的里程碑。

谁最有可能做院长

现在养老行业空前火热，许多实力企业纷纷涉入，现下的养老市场是不缺钱、不缺地、不缺物业，建好房子、完成装修、采买好设备、选准了盈利模式、确定了运营方式，讲到服务落地时，人就往往会成为最大的难题。找院长、建团队！大家都愁。常有人说千军易得，一将难求，为了找一个合适的院长，人力资源部的大佬们真是操碎了心。

养老行业起步总共也不超过五年，成熟的院长大多打着某企业、某品牌的标签，想要挖过来为己所用，难度实在太高。这一点，做过人资的小伙伴们更有发言权。很多时候，大家只能在备选团里，找最有可能成为院长的人。见到徐老师，小编最想问的问题就是："什么样的人具备当院长的可能性，更值得企业相信和培养？"

听了小编的话，徐老师笑了。她坦言："更多时候院长是干出来的，要想培养出来，很难。"

作为养老机构的掌舵手、灵魂人物，养老机构的院长需要具备一定先天基因:一是要有一定的学历基础,比如本科起;同时还要具备一定的专业背景，最好是医疗、护理或老服专业出身。二是要有一定的管理基础，在机构管理的过程仅靠一腔热血、积极的态度远远不够，一定的管理技巧、管理手段必不可少。三是要发自内心地热爱养老事业，人品过硬，有能够带动整个团队的人格魅力，自己保持学习、不断提升的同时，带领整个团队同步地提升。

小编问，三个条件中，哪个是首要因素？徐老师思考片刻，表示：热爱养老事业、人品过硬是首要因素，是判别一个人能否成为院长的判别因子；学历基础与专业背景、管理水平是第二层条件；要想成为院长，三者缺一不可！

回顾"院长"那些年

60 岁，徐老师从医疗体系退休，在一堆返聘机会中，她收到了一份特殊的邀约。她的好朋友邀请她进入养老行业——一起筹备一家医养结合型养老机构。想着自己已经步入 60 岁，在传统意义上也是老人了，未来养老是一个不可回避的问题，本着为自己将来养老好好筹划、打造一份理想的养老解

决方案、为自己而干的初衷，徐老师接受了这份工作邀约，从医疗体系正式转入养老体系。得益于很好的事业伙伴、团队的支持，五年里，徐老师从培训部主任、照护部主任，后期晋升机构执行院长。

谈及过往，徐老师表示，能够参与并见证一个品牌机构从无到有、从无名到业界标杆的过程，自己觉得很骄傲、很有成就感。现阶段，她已结束了院长的使命，光荣卸任，开启了新的“工作模式”。她与她的事业伙伴们一起开展养老培训业务，担任培训总监，为多家养老相关企业提供顾问服务。

小编发现，如今徐老师换了一种状态，云淡风轻，比过去还年轻许多。想来近 300 位老人的养老重托与信任的确沉重。对于徐老师近四年时间的坚守，小编再次表示佩服，使命在身，小编再次向徐老师求教“如何做一个合格的院长”。徐老师从三个层面阐述她的观点。

首先，做个好院长，要体会员工的感受、体会服务对象——老人的感受，并在照顾老人感受与照顾员工感受之间找到一个平衡点。不管曾经多么的风光，每个人最终都会走到老年、走到需要服务的那个阶段；老人的今天就是我们的明天，为老服务是个良心活；徐老师本人一直奉行“老人无过错，生活要有尊严”的原则，常常教育新入行的员工：“你们眼前的老人，他们的昨天都比你们的现在要风光许多，他们值得我们尊敬和理解。作为为老服务的从业者不要忽视老人感受、不要怕麻烦，要将心比心、要有耐心。养老服务的过程中并无对错可言，更多时候是需要强调感情与服务。作为养老从业者既然选择了这个行业，就要直面现实，用百分之二百的热情去付出、去给予。”

其次，是带团队的能力，做个好院长，要有一颗理解、包容之心，帮助团队成员们建立对养老行业的正确认知，引导员工、指导员工，培训出一支专业的、有温度的养老服务团队。现在，越来越多年轻的养老从业者、老服专业毕业的学生加入养老队伍，他们大多是独生子女，或者双子女家庭的孩子，即使有一部分来自农村、小城市，但他们在家里都是小宝贝，根本没有吃过苦。年轻人能够选择养老服务专业、选择从事为老服务工作，已是难能可贵。作为养老机构、养老团队的灵魂人物——院长，面对这样一群年轻的养老人，更要以宽容、包容之心去对待他们。承认他们年轻有朝气是行业未来的希望，也要接受他们是年轻人，允许他们犯错误，给他们提供改过的机会，一点一点地引导他们改正做法，调整状态。徐老师从事养老院管理工作时，曾倡导“不良事件无惩罚”的管理模式，允许员工犯错误，只要不涉及原则问题，都可以对员工进行教育与引导。

像这样的细节方面，徐老师讲了许多许多，受篇幅影响，这里不再一一列举。具体细节，只能由院长、准院长们在工作的过程中，自己细细参详了。

第三，评判一任院长好与不好的硬性指标是经营数据，比如入住率、退住率、员工流失率、满意度（员工满意度、老人满意度）等。徐老师在任期间，入住率近百，退住率控制到了最低值（自然去世情况外，最少退住人数），员工流失率由 38% 降至 14% 以内（除机构清退情况外，最少员工流失），满意度高达 85% 以上。

小编也曾多次追问徐老师，她是如何做到的？徐老师仅以“真诚的品质、守信的性格是做好院长的第一步”回答了。

是啊，五年多的管理实践，怎么可能几句话、几段话说明白呢！小编也有问徐老师，未来是不是会考虑将自己养老数年的经验和感悟整理成书或发行小手册？徐老师表示，工作量太大，至少现阶段，没有精力去做。

说到现阶段，她正在做的培训、顾问的工作。徐老师表示，她现在做的事是将自己过去的经验进行升华与分享，是以另一种方式，为更多养老从业者提供帮助。小编也只好隔空求蹭课了！

养老培训四个快问快答

近年，国内养老人才缺口逐年增大，仅依靠专业院校的老服专业输送养老人员，远远不能满足现在市场养老的人才需求。养老行业势必要从各行各业吸引一些非专业人才流入。养老服务从业人员需要有一定的专业技能，不管是一线的从业者，还是中高层的管理人员，都需要进行一定的专业培训才能上岗。

如今，市场中的养老培训可谓是五花八门，小编作为业内人也有点蒙圈。以下将小编与徐老师关于养老培训的快问快答记录，分享给养老圈的小伙伴们，为大家培训的选择提供参考。

问 1：我是养老准新人，应该如何选择培训呢？

答 1：选择养老培训正常逻辑是了解养老行业的发展形势、明确自己在养老行业的定位或者未来业务的定位、带着问题与目的去寻找对位的培训。

问 2：现在市场中的养老培训可以分为几类？

答 2：可以从两个维度对养老培训分类。

第一个维度是根据培训对象的类别分类。一类是一线人员培训，强调可落地、实用性；另一类是管理者培训（也可以细分为 CEO 培训、中层管理人员培训）。

第二个维度是根据服务对象及培训功能来分类，比如失能老人护理、自理老人护理、失智老人护理等。

问 3：选养老培训，主要看哪些方面？

答 3：首先，要看师资、课程设计、技能实用性；其次是被培训人员的收获、理解以及个人进步。

问 4：什么是甄别养老培训产品的最真标尺？

答 4：用人单位是鉴别培训产品的最真标尺。

徐老师和她的学生们

徐老师正直、认真、有责任心，做事目标明确，总能够把握和应用最新思想和理念，是一位养老的先行者、拓路人。她对老人事无巨细、无微不至，对年轻人引导不遗余力，是我最尊敬的一位老师。徐老师是我的养老导师，我一毕业就跟着徐老师，她带领着我和小伙伴们一路成长、进步，在她身上我看到了年轻人都未有的努力。徐老师有自己的想法，努力、勤奋，做事情不会一成不变，我从徐老师身上学习到了许多优良传统。如果用一句话来说，就是跟着徐老师做养老，我无怨无悔。

徐老师是我养老道路上的启蒙老师，她像妈妈一样，带着我一步一步成长。我眼中的她，永远充满朝气，热爱生活，总能够发现美的东西，喜欢拍照，常常开心地笑，是一位生命不息、奋斗不止、令人敬佩的养老前辈。从她身上，更多的时候我看到的是学习，我们的同龄人大多时间用于手机、游戏，往往会忽略了专业知识的学习及其他方面的成长。她带给我最大的影响就是保持学习的姿态。

徐老师每天早上都会去各楼层看望老人。每每有新入住的老人，第二天院长必会带行政团队去看望，询问老人入住的感受、叮嘱各部门照顾好老人。楼层的老人总说，他们来养老机构的第一时间就感觉到了自己很被重视，在这里找到了家人般的关心。离开楼层快两年了，当初徐老师教会我的那些知识：老人沟通技巧、护理操作要点、四无六洁五关七知道等，到现在都还能记得一清二楚。在不在那个环境，有没有人监督已不再重要，这些知识与技能将会伴随我的往后养老生涯，十年二十年应该都不会变。

徐老师寄语年轻养老人

已经在行业里取得了一些成绩、成长为资深照护长的年轻人，可能会面临上升通道变窄的问题，会对未来发展产生短暂的迷茫。

徐老师想对大家说，养老事业的未来肯定要靠年轻人，行业应该给予年轻人更多的机会。已从业数年的深资照护师、照护长们，也要勇于挑战自己，争取有机会向照护部主任、执行院长晋升。相信自己、勇于挑战、坚定信心的同时，还要保持学习的状态，定期提升自己的专业素养、管理水平，全面提升自己的综合素质。要想成为照护主任、执行院长，就要先以照护部主任、执行院长的职业标准去要求自己，待机会来临之时，才有可能抓得住机会。养老行业很有前途，未来发展不可限量，希望你们可以坚守岗位、坚定养老事业，坚持走下去。

徐国英

优护万家培训总监，首席讲师

毕业于北京大学护理学院护理专业，后于北大光华管理学院完成护理管理MBA课程；副主任护师，从事护理工作43年，在北京大学人民医院工作近30年，先后任消化科、儿科、急诊护士长、总护士长、护理部主任；在护理领域撰写论文近20篇，参与和著书6本。2012年退休转入养老行业，从事养老服务工作8年，先后任和熹会老年公寓培训部主任、执行院长以及优护万家任培训及运营管理总监；主持优护万家学历教育体系建设，打造《老年服务与管理专业》的大专17门专业课程教学体系。设计了《医养结合照护师》《医院病患陪护员》《家政服务的保洁员》《养老服务运营管理实务精品班》等多项短期培训课程，受训人数超千人。主持编著《生活照料》（待出版）、《医养结合照护师（初级）》《医养结合照护师（中级）》（待出版）等多本养老行业实用书籍；参与《养老机构院长实务培训》《养老护理师》等5本养老行业培训教材。担任北京市养老机构老年人生活自理能力评估员、中国社会福利协会老年人能力评估员、海淀区居家养老失能护理互助保险服务评估师；多次参加人社部、北京劳动保障学院、北京养老护理师等专业培训教学工作。

时间留言：从医疗行业转战养老，是我职业生涯的延续，也是我第二人生的开始！为了更好地服务老人、管理团队，我更新知识、更新管理理念，将医院的管理经验和现实的养老状态结合起来，探索和梳理了一套机构养老服务的管理模式，得到领导和长者的肯定。一路走来，酸甜苦辣咸五味俱全，但看到长者的幸福笑容、员工的开心成长，我的成就感油然而生！我虽然已成为医疗养老复合型管理人才，工作已过半百，但为了养老事业的发展，我将永远前行在养老的路上。

曹苏娟
告年轻养老人书

（2018年2月27日）

题记：有人说，坚持一件事五年，才有资格说“做过”；坚持十年，才有资格说“了解”，坚持二十年以上，才有资格说“懂得”。曹苏娟老师在养老行业工作了三十年，身上散发着一种气质，令人感到温暖，坐在她身边，人会不自觉地变得安宁。关于曹老师的报道很多，涉及“一福”“五星级”“标准化”“养老市场化”“失智照护”等多方面内容，热点很多、新闻也很多，但这些都不是小编探究的答案。

时间缓缓流淌

1988年，北京成立北京市第一社会福利院（以下简称“一福”）的时候，国内养老行业尚处于几乎一片空白的状况。那时候，“养老”是新鲜词。“养老”要怎么定位、怎么干都是未知的。不久，一福提出“医养结合”的思路，以“老年病医院”带动养老服务，并成功引进很多专业技术人才，成就了国内“医养结合”首个成功案例。

三十年前，曹老师护理专业毕业分配到一福工作。当时一福正处于建设初期，是北京市的窗口单位，服务对象多数是曾为国家建设做出突出贡献的老年人，优抚色彩浓厚。早期员工以医护院校毕业生为主，没有护理员，清洁、照护、餐饭、康复都得专业人员自己做。与分配在医疗单位工作的同学们对比，虽然专业一样，但工作的状况、福利待遇差别巨大。面对与学校、医疗机构切实的现实落差，一福专业人员的归属感变得有些虚无，许多同事

很长一段时间，都不太能接受“养老人”的身份。一些人渐渐流失了，流转回医疗行业，或去了其他行业。留下来的人一件事一件事实实在在干着，对业务越来越熟悉，反而沿着护士、护师、主管的职业发展路径，渐渐走上了管理岗位；在职业和专业两方面都收获了较大的成就感。

小编好奇，能坚持在养老行业工作三十年，内在动力是什么？曹老师说，有大时代、大环境的因素。那时市场化因素少，大家挣得都不多，收入差异不明显，干部身份、事业编制还是会对大家的职业选择产生一定影响，但对养老事业的热爱其实更加重要。

相比医疗，养老行业有着自身鲜明的特点，从业的专业护理人员拥有更多的比较优势。曹老师多年后回望，当年转入医疗行业的同学，除个别超级优秀的，大多数都在护理主管、主任的层面止步了，进入高级管理层的寥寥无几。反观留在养老行业的，大多已是院长、大区主任。

究其原因，一是接受职业道德、社会科学、医护培训的专业人才，职业表现更为严谨、对疾病的观察更为敏感、对风险的防控更为全面，在综合素质表现方面有着不可比拟的优势，与普通从业者、短期培训人才有明显区别。二是因为医疗是成熟性行业，以“医”为主，“护理”是非主角的岗位。对护理人才而言，发展必须冲破诸多制约，有着明显的天花板。而养老行业则不同。无论是三十年前的萌芽期，还是近三四年的起步期，中国养老行业一直处于发展初期，是典型的成长型行业，专业人才的发展空间必然更大一些。第三是因为无论是小微机构、长照机构，还是其他型的养老企业，专业护理人员都是当仁不让的专业主角，自带光环并能胜任稀缺型岗位，这样的护理人才的发展空间大更是必然。

标准化之外

对于老年人而言，疾病是伴随他们生命后期如影随行一般的存在。由于年迈后功能退化以及疾病后身体机能下降，他们有较强照护需求，因此选择入住养老机构。作为服务老年人的载体，无论是精神、饮食还是生活需求，在整体服务体系的各个部分植入健康服务理念，实现专业服务都是养老机构的工作重心。但同时，也不能过度地强调护理，将服务控制在合适的尺度之内，避免陷入过度医疗、过度服务的怪圈，这对养老企业的发展至关重要。

谈及服务的尺度把控，同业们往往会联想到“标准化”“星级”等关键词。曹老师在一福工作多年，主导参与了一福“标准化”“五星级”建设的整个过程。对于这些概念，曹苏娟有着自己的理解。

她认为，所谓的标准体系是多年运营机构的沉淀与积累，看得见的是框架和条例的部分，然而，许多事情不可一概而论。在市场环境下，养老行业没有固定的模式可套用，控制试错成本和关键节点十分重要。比如，机构开业初期，初入住的一至二个月，老人们身上隐性的情感因素很容易反映在身体和生活状况中，是老人最易发生意外的时间，管理者要有强烈的风险意识，予以高度重视。即使面对再强势的投资方，开业第一年必须要严控收住老人的进程、不能盲目追求入住率，要给团队和配套服务系统足够的准备及过渡空间。在框架和文字之外，标准化其实还有更多的内容和人本身相关、和团队相关、和温情相关，有血有肉、有温度、发自内心的感受更为重要，这些都是标准化的隐性部分，体现着时间作用的力量，是难以外显的标准化的核心内容。没有这些软性的建设，为了晋星而“标准”，究其本质而言，对于提升服务的作用是十分有限的。

中国的养老行业刚刚起步，借助外国的行业经验，有了比较高的起点。过去的许多年里，以公办机构为代表的养老人，一直在钻研如何筹办适合中国的养老机构，摸索适用于完全自理到完全失能不同阶段老年人的服务

标准，沉淀养老服务精细化管理的方式，提炼高效提升服务的方法。随着养老行业的快速发展，经常有企业和社会组织参观公办机构，但大家眼中往往只看到公办机构已经外显的成绩与优势，对于公办机构数十年的软性积累却不太重视。

曹老师认为，不做事，不知做事难，实践出真知。比如大家知道一福以“医养结合”为特色，却很少知晓在一福的价值体系中，专业护理仅是业务功能，是在服务中锦上添花的部分，而并非主体。相对护理，一福把关注老年人放在更重要位置上，更强调与老人的沟通、对老人的情感关注。再比如，一福认为关注为老服务与关注员工同等重要，注重业务标准化建设的同时，为员工设立了提升培训、员工帮助、轮岗历练等一系列关爱计划，还定期为员工进行缓压和情感关注。这些不为人知的软性积淀其实恰恰是更为重要的。

养老从业者是一群长期深度付出、难以收到对等回应的职业人群，特别是长期服务半失能、失能老人的工作人员更是如此。时间长了，难免会产生消极的情绪。机构在指导员工与老人沟通，分析老人状态，学习服务工作方法的同时，还应该针对不同类型的养老员工设置不同层面的减压与情感关怀计划，使员工保持积极、愉快的工作状态。

许多时候，为老服务都呈现出个性化的特征，不能只用“讲理”“合规”而应对。在养老服务管理方面，“二八原则”也很适用，往往 80% 的精力都被用来服务 20% 的人。要讲求管理的科学和管理的文化，必须选对时间、选对方式，美上添美要有，雪中送炭也要有。对于事业而言，该严必须严。面对老人则不同，既要关心他们内心的需求，又要讲求方式方法。要做到这些，养老院的管理团队需要更走心。

小编很好奇，到底养老服务的核心是什么？曹老师思考片刻，回答说，养老服务并不难，但为什么这么多人都做不好呢？究其原因，一方面，大部分人只关注浮于表面的光鲜亮丽，不愿意沉下心来，深入养老的“田间地头”；另一方面，一部分人对养老所知有限，凭着一股“无知者无畏”的鲁莽，在自己的想象中徘徊，一直没有真正地走到服务中去。养老服务的核心是一对一的直观感受，服务只是养老的一部分。技能是融入行业、保持敬畏、坚守底线之后的层面，可以通过短期培训快速成长起来，是养老服务最表层的、最易构建的部分。想要做好养老服务，还要有爱心、静心、耐心，让自己慢慢地融入进去，保持对老人的敬畏、对职业的敬畏，坚守住作为服务者的底线。

人人都会老去，不管是何种身份背景的老人，他们都有需要我们伸出援手的时候，会令行业中的每个从业者都感知到“被需要”的心情。为老人付出，不管多少，都能收获到满满的成就感。如果缺少信仰，将法律、道德作为人与人之间最起码的标准、起点来权衡关系，许多人内心就容易丧失底线。幸而，随着经济的发展，社会文明程度也在提高，已有很多人意识到，做慈善、反哺社区、关注有需要的人群，可以是每天都做的事。曹老师说，从长远来看，养老这个行业，必须也一定会越来越好！

真挚爱，不糊涂

小编读曹苏娟老师与薛晓萍老师关于老年痴呆照护实例的书——《糊涂的爱》，热泪盈眶，被行文间的温情深深感动，为书中“妈妈”的故事所吸引。借访谈之机，也特地向她求教，希望得到失智症照护及未来发展的一些建议。

曹老师微笑着说，大多数人都有把失智症“妖魔化”的嫌疑。目前，已有确切数据可以证明，随着人类平均寿命的不断增长，老年失智的人数、比例都会相应增长。可以说，失智是社会发展、卫生保健条件改善的附加品。中国养

老市场很大，失智症老人照护属于细分市场中的一类，数量庞大，但失智往往附着其他疾病，单一存在的可能性不大。失智常常与半失能、失能混在一起，很难进行简单的区分，因此，针对失智老人的服务要有综合性考量。

更多时候，老年人的失智是一种状态，一般要求单间居住，又要保证较大的公共活动区域集中看护，因此在建筑布局上，要考虑这种“单间”加“组团”的特殊养护形式来进行设计。生活照料方面则更关注细节，保障老人安全。要保障老人精神失常而不自伤，必须还得有医疗的支撑，以安全的护理手段开展有利的活动，控制疾病可以延缓失智期的发展。针对失智老人深层次的需求，专业且有温度的情感干预尤为重要，家庭、亲人的参与和支持也很重要。很多时候，老人们会忘记他们自己是谁，但他们的情感是不会变的，对亲人、对熟悉的照护人员形成惯性的依赖是不会变的。专业社工的介入带来的干预性的、更丰富、更深层次的服务，对他们的生活治疗十分有益。若家人与专业团队合力而为，必能让失智来得慢一点、再慢一点，使失智老人的身体退化周期长一些、再长一些，让更多老人从中受益。

作为国内最早一批养老人、国内最早推进养老市场化的代表人物，曹老师在体制内业绩斐然，转入企业亦是成绩不俗，受到业界人士的高度关注。和大家一样，小编对于她辉煌荣耀的经历十分羡慕，同时也对她毅然的市场化转型十分好奇。

曹老师平静地说，养老人始终需要明白自己追求的是什么。无论背景如何，进入市场后，每个从业者都会感知到来自许多方面不同程度的压力，这其中有对市场的进一步认知，有对新兴行业重新的适应，也有重新定位生存与自我发展的职业困顿。如何理解想象与现实之前的距离，专业与非专业之间的碰撞和冲突，体制思维与企业思维差异产生的沟通壁垒，这些困难或许在专业性更强的从业者身上表现更明显。

在这些困难的背后，对于服务和职业本身而言，公办机构也好，社会企业也罢，形式或有不同，但内在却是相同的，都是尽心、尽力为老年人，都需要把服务做好。养老是以人为本、专注服务的行业，和原来体制内单位对比，市场化后的养老行业，充满新奇和挑战，更丰富、更多元。随着中国养老市场化进程的不断发展，社会化养老机构日渐增多，将来会有越来越多体制内的资深养老人，主动或被动地介入市场，这是行业发展的必然趋势。面对更为复杂的养老市场环境，更为多元态的养老服务，在体制内经历多年打磨的养老从业者，是国内传统养老行业数十年积累的重要资源，是养老产业的软实力。这批从业者了解适合为中国老人服务的团队与制度，对于老人的习惯以及他们在老龄化状态下可能发生的风险有更深刻的认知，他们身上所表现的核心素质，在市场环境中的价值更为凸显。中国养老行业正在加速市场化变革，更多专业人士介入，是市场和个人双向选择的结果。

专业即是服务的优势与底气。在养老行业中，具有专业背景的人，如医疗、照护、社工等将会更受青睐。专业人才若同时具备一定的管理思维，拥有实践管理经验，必将会拥有更大的空间。对新入行的年轻养老人，曹老师寄予厚望。她说，养老行业具有一定的特殊性，养老行业管理层要有较高的专业素质与管理经验。新入行的年轻人要沉下心来，从基础工作做起，脚踏实地地服务老人，在与老人相处的岁月中，学习养老其中的环节。未来，一切皆有可能。

曹苏娟女士

北京慧佳投资有限公司 副总裁

北京慧佳养老服务公司 董事长

民政部国标委专家

北京市养老服务行业建设指导委员会专家

资深养老服务管理专家，拥有三十余年养老机构管理经验，具备全面、专业、丰富的养老行业管理经验。历任北京市第一社会福利院副院长、院长、党支部副书记兼北京一福养老服务公司理事长、北京市第五社会福利院党支部书记等职务；其间完成ISO9001质量体系认证、五星级养老机构评定、国家级标准化试点等工作。

致力于行业标准的研究及推动工作，参与编写《北京市养老机构院内感染控制规范》《北京市养老机构服务质量规范》《全国养老服务标准化文件汇编》等多部标准化制度文件。

2015年加盟慧佳团队，参与创办北京慧佳投资有限公司、北京慧佳养老服务有限公司。

时间留言：所有人都是被用来超越的，包括我们自己。距离接受专访已经一年多了，一路匆忙向前，但仍坚守初心。不同的是，我和团队越来越追求将专业的经验升级到结构化和标准化的层面，从隐性到显性，从特殊到普遍，以期指导更广泛的实践。

赵晓征
人生马拉松返程点的养老思考

（2018 年 3 月 15 日）

题记：小编眼中的赵晓征老师，永远是站在清华大礼堂里、穿黑丝绒礼服的优雅学者，从 2015 年 5 月就开始计划，希望有朝一日能约访她。有幸，能在工作中和赵老师有一点接触，小编暗自激动了许久。几多按捺，终于在 2018 年的春天，完成了本次访谈。

人生马拉松返程点的思考

坊间传说，赵老师是“教科书级专家”，做功课时小编也了解到她在养老领域工作的时间已超过二十五年。据说每个设计师的心里都有一个理想国，小伙伴们都很好奇，在赵老师心中“理想的养老院”是什么样的存在？

赵老师云淡风轻地分享了一段有趣的经历：从 1993 开始至今，考察了二十几个国家的几千家养老机构。与老人聊天，观察他们的生活，调研团队发现每位老人都是一本生命书，他们度过了人生最美的风光，从容淡定，乐观优雅，从他们的身上能感受到时光韵律。赵老师表示，在这些长者身上，汲取了许多，生命似乎有了新的启发，一下子从“中年彷徨”中顿悟。她意识到，五十岁是人生马拉松的返程点，返程的风景更精彩，健康快乐才是最重要的。再看年轻时的风景，心态不一样了，感受也不一样了。后来就不再怕变老，甚至期待变老，渴望在自己设计的养老院中享受老年生活。

赵老师表示，选择养老设施及老年人居住环境作为研究与工作的方向，是冥冥之中注定的事。20 世纪 90 年代初留学日本时，发现自己的生日与日本敬老日是同一天，加之与老人天然的亲和感、使命感，对与老人打交道的事情特别有兴趣，很想为改变他们的生活环境做努力。尤其看过国外老人们的生活之后，越发觉得中国老人生活实在是不易，作为设计师，更加坚定了要为他们做些什么的决心。

现在想来，有兴趣、喜欢做是当初选择养老、一直坚持从事养老工作最核心的原因。赵老师认为，相对画家的艺术创作而言，设计师还需有强烈的社会责任，更像是个匠人，他们的每个作品都将被几十年、上百年地使用，需要把艺术与技术相结合，并加之以社会责任感。从业时间越久的养老设计师，越有手艺人悉心做活、强烈的“匠人情结”。故而，再大牌的设计师，也会常常思考创作的手法，时时练练看家的“手艺”。

十年前，国内的养老市场很混乱，大家的目光更多胶着在“养老地产”方面，对于“重硬件”还是“重软件”，常常是忽左忽右，忙着“跑马圈地”，对产品细节、后期运营、服务品质关注较少。现阶段，20 世纪 90 年代日本养老变革的过程，正在中国上演。近些年，各种行业活动、论坛、展会不断地向从业者、养老企业普及知识。时至今日，信息传播的作用十分明显，国内养老人的素养、企业的眼界已是大不相同了，整个行业的专业环境也有了

很大的改观。作为养老设计师，赵老师认为，理想的养老院是要软硬件兼顾、软硬件相匹配的；硬件方面，布局、设计、建设、设备、材质、灯光、色彩都要相匹配，软件方面，服务意识、工作流程、运营体系、互动体验、老人与工作人员的微笑、洋溢在空间自由自在的生活，也得有所保障。

对于国内比较流行的“养老地产”这一概念，赵老师有不一样的看法。她认为，养老强调对人的服务，和地产所代表的资产、资本属性关系不同，做养老应该去地产化。国内的养老市场受资本影响很大，资本手握指挥棒的情况下，发展控速很难，保障品质及服务质量更难。浮躁的发展现状，不尽乐观。养老需要时间和沉淀，是一个三十年、五十年干下去的事业，不能浮于表面，只看现状，更应该要去除泡沫、看到更长远的未来。别怕错过车，踏踏实实地、沉下去、静下心来，去研究、去学习、去做事，从本质出发把事情做好。

整体设计与全周期管理

小编知道，赵老师在投资方、设计方、施工方、监理方等不同角色的企业里都供职过，亲身见证了许多项目从拿地到运营稳定的全部过程。如今，选择养老设计与项目管理领域重点发展。她认为，要保障一个项目的良好、适用，很多时候都不是单靠设计可以解决的问题。对于一个养老项目而言，策划定位应该在设计之前。设计与运营的关系决定了策划的必要性，设计开始之前，就应该进行充分的调研、认证，从建筑、经济、运营等视角全面算账，提前考虑到“总体投资”“投资回报周期”“目标客户群”“商业及运营模式”“收费客观预期”“围绕老人需求”等一系列问题。对于设计师来说，“以假定老人为中心”描画理想的蓝图相对容易，但要解决老人的实际需求、涉老企业顺畅运营等深层问题，普通设计师很难做到。因而，养老项目应当实施全程管理，而非“单一点面”管理，针对养老项目决策阶段、实施阶段、使用阶段的不同侧重点，推行整体设计的方法及全周期项目管理的理念。

整体设计是一个综合系统化的工程，倡导在项目一开始，就把规划策划专家、整体设计机构、社区老年人代表、政府行政代表、养老运营专家、医疗护理专家、绿色建筑评估专家、系统评估专家、财务专家、建筑设计团队、承包供应商等各个专业、各个领域、各个角度的项目相关人聚在一起，请他们从开发商、老年客户、项目管理、运营与设计等方面提出意见，再由有决策能力的人把问题筛选整合，结合市场及业主方的资源、能力、强项，框定项目发展的定位与方向。整体设计的系统看似简单，但实践起来却需要很丰富的经验及充足专业资源。对此，赵老师表示，赛阳国际团队经过二十年的积累与准备，才敢将整体设计理念应用于实际工作中。在此，特别感谢投资方的信任和许多的行业专家、朋友给予的大力支持。

另外，养老项目具有很强的专业性，从决策立项、策划设计、建设准备、施工安装、竣工验收，到交付使用、运营维护，每个环节都存在许多变量。如何缜密地控制调整这些变量，对于养老项目而言至关重要。每个环节不仅需要做该环节的事情，还要对未来即将发生的事情有很客观的预测。各环节之间，要实现相互良好衔接；想做到以上这些，需要很强大的专业支持，非单纯的一个供应商或一群无序的供应商可化解。许多项目在实施过程中，还会出现中途换人换团队现象。不同人的理念不同，关注点也不同，项目方案很长时间都处在无序、无望的更改过程中，不算延误的进度，未来的试错成本也十分令人担忧。

赵老师表示，设计只是一个开端，赛阳国际在专注设计的同时，也在进行全周期管理的尝试，目前同时有两个全周期的项目落地，各项工作推进均很顺畅。不久的未来，赛阳国际团队将会带着"全周期管理"的良好表现，与同行见面。

对赛阳未来的发展，赵老师表示，公司比较看重项目是否能给老年人群体提供更多一些的帮助，会挑一些价值观相合、气质相符的合作方，有选择性地做项目。不想被资本绑架，不为了挣钱而挣钱，也无意将公司做得多大。能与一群志趣相投的伙伴们，做点儿对社会有用的事、快乐做事比较重要。不管市场如何快速发展，赛阳团队仍然在坚持赛阳独有的项目管理风格，事事管理记录、时时总结沉淀、团队稳稳发展。如今，赛阳团队中，已有许多成员从助理一步一步坚实地成长起来，走向前台。同时，赛阳还启动云合作计划，吸纳更多行业专家、资深人士加盟；相信未来，整体设计、全周期管理的理念将在更多项目过程中实践，为更多老年人的生活提供实质的帮助。

4月，清华见

据小编打探，赵老师从第二届清华养老论坛开始，连续参加了八届清华论坛，是清华养老论坛的见证者与组织者之一。作为清华养老论坛的重度粉丝，小编很想请论坛组委会核心成员提前剧透点第十届清华养老论坛的信息。

赵老师透露，2018年清华养老论坛已办至第十届了，其间是很多人、很多年的付出，论坛组委会更是倾注了巨大的心血。今年论坛的形式上会有所改变，经由"主论坛+分论坛"模式，回归至"主旨论坛+专题板块论坛"，全程在清华大礼堂举办，不再加设分会场。

每个专题板块的负责人均由清华同衡养老产业专家委员会的核心专家担任，各板块之间有内在的逻辑，相互连贯，可以充分展示养老产业的核心内容。每个板块的负责人会邀请3-5位细分板块的权威专家、企业家，针对该板块的系列问题，进行一段时间的"预讨论"，对讨论内容进行预审，最后以圆桌论坛的形式，进行现场研讨。听闻此消息，小编从心里为各板块的负责人捏把汗，大咖与大咖之间的“有准备”讨论、圆桌论坛、现场直播，准备工作之庞杂难以想象，主导话题、控场之难更非常人所及。想来，也只有清华论坛的超级大咖们，才愿意接受这么大胆的挑战啊！作为观众，想想都觉得好刺激，小伙伴从现在开始，期待现场观摩学习吧！

回想参与清华论坛的初心，赵老师表示，作为国内最早进入养老的从业者，希望通过分享国际的理念与经验，在讲与听之间，引领国内同行少走一些弯路；即使有些弯路难以回避、非走不可，也愿意为使中国养老行业发展不偏离主线、不走偏、不改变积极发展的大势而努力。在快速发展的养老市场环境下，全行业整体在发展，大家在“跑马圈地”的同时，对养老的未来、方向总会有一些“不肯定”“没把握”，常常忽视运营的内涵、精细化的服务，甚至会存在一些不尽客观的理论。作为国内养老界的重要发声通道——清华养老论坛，既要有理论高度，展现引领行业发展的一面，又要汇聚最务实、落地的行业经验，促进信息流通。同时，还有义务以正视听，拉动行业积极发展。正因为有这样的魅力，每年国内外最权威的专家学者、最具实战经验的企业家都会欢聚清华园，开一场令业界神往的养老盛宴。

养老与每个人、每个家庭息息相关，与各行各业都有关联，养老市场丰富多彩，行业发展需要方方面面的人才，共同努力。看似进入门槛很低，但想要做好却十分不易。养老是个“技术活”，也是“良心活”，涉及的面很多，涉及的范围更广，任何一个行业，没有三年五年的经历都不能说入门，三年五年最多只能算是干过，养老行业更甚一些。虽说也有一些两耳专家，越不专业也越敢说，凭借投机取巧，获得了短暂的成绩，但却终究难以持久。所幸，近年来养老从业者，对养老的认知、对项目的了解更胜从前，再想轻易忽悠也难了。在快速发展的市场环境下，中国养老行业必然要面临一轮一轮的大洗牌，养老人需要有严谨、客观的态度，提高自身专业度、专业素养，多看多学多积累，成就专业的慧眼，方能保持自己鲜活的行业生命力，谋求更长远、更辽阔、可持续的发展。

赵晓征女士

赛阳国际 & 金龄联合集团创始人
亚洲开发银行医养体系建设专家
中国房地产业协会老年住区专家委员会专家
中国老龄产业协会老年宜居住区建设试点工程专家委员
清华同衡养老产业专家委员会专家
中国建筑学会适老性建筑学术委员会专家
天津大学建筑学院企业导师

赴日留学工作逾十年，2003 年归国工作，2004 年创办中国第一家专业的健康养老项目策划设计及运营管理全产业链服务机构。

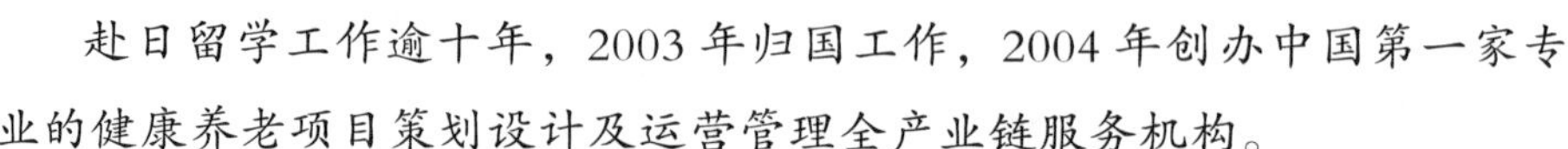

从事养老设施及老年人居住环境的设计和研究工作二十五年，对我国老人居住状况、发展趋势有独到见解，编著有《养老设施及老年居住建筑——国内外老年居住建筑导论》《社会力量参与老年住区建设的模式和相关标准》《老年人无障碍设计及辅具应用》等养老专业书籍，被誉为“教科书级专家”。

时间留言：赛阳国际 & 金龄联合从养老建筑设计国际理念的研究实践与推广开始，发展成为国内第一家大健康领域全产业链解决方案服务商，我们一直在前沿！倡导并推行医康养项目整体设计方法及全生命周期管理，实践三个前置（运营前置、成本前置、风险前置），提出去四化（去医院化、去宾馆化、去军队化、去机构化），首创尊老设计，并提取国际国内医养机构成功基因开发出与之匹配的 FPS 运营管理体系。大健康领域蓝海茫茫，我们依然在路上！

陆松涛
价值观是养老品牌的灵魂

（2018 年 10 月 27 日）

题记：陆松涛先生是小编认知范围内，最早的养老行业杂志主编。小编曾认真研读陆总发表的大稿，字里行间，洋溢着媒体人的追求；那样有灵魂、有风骨、用心著写的文章，在如今的养老媒体环境中几近消失。小编代表新晋的养老媒体人，向所有为养老行业传播事业挥洒过汗水的媒介前辈致敬！

养老产业进入 2.0 时代

面对曾经执掌国家发改委主管的《中国养老》杂志的总编，小编怀着深深的敬意，要问的问题都卡住了。多番斟酌，决定从“陆总眼中的‘中国养老产业变迁’”开始。陆总表示，2013–2018 年是中国确立“社会化养老”路线的过程，从顶层设计规划方面，明确了“政府给政策、社会配资源、企业出产品 / 服务”的基本思路。

2013 年以前，养老普遍被认为是“民政部的事”，重点发展机构养老。最近五年，来自地产、保险、基金等行业的巨头企业纷纷进场，社会力量越来越多地参与到养老行业发展中。行业态势向好、发展飞速，很快就形成了相对充分的养老产业链，其中，“机构”“社区居家”“旅游旅居”“金融”都有不错的表现，养老产业正在缓慢地向外延伸。

通过养老社会化的五年发展，中国养老产业初现繁荣。到 2018 年，顶层设计发生了重大改变，养老的相关政策可能会发生重大变化，产业格局也将面临相应调整；以“机构养老”为代表的“养老制造业”，开始向“养老服务业”转变。

从 2018 年开始，政府开始倡导积极老龄观，推广积极养老，强调老年人健康身体状况延续以及健康活力老人价值的再发挥；同时，鼓励社区、居家养老，鼓励老年人加强身体锻炼、参与社会交流、尽可能地保持“活力”状态。希望达到“少去医院、晚去养老院”为目的，进而减轻老龄化社会的负担。国家提出的 9073 养老格局中，居家养老占 90%，充分反映了大部分老人的心声，他们更愿意在家里养老。

陆总认为，进入老年，并不意味着都要入住养老院。60–65 岁的老年人身体条件较好，若是选择在家、在社区接受养老服务，可以大幅度地减少社会养老的床位压力。而居家养老对环境设计、周边服务有一定的要求，居家养老的市场还需要一定的培植周期，但比较符合“积极养老”的趋势。大量的“在家”老人会为居家养老服务带来更大的发展机会，居家养老下个阶段或将迎来发展的风口。下个阶段政府可以适当考虑将一部分“床位”补贴资金，转投到社区居家方面。2018 年之后，中国养老将正式进入一个崭新的发展阶段。

“细分化、专业化”大裂变

随着老龄化进程的不断加剧，今后五年，医疗保险、养老金的压力将会增加 20% 左右，国家负担将更加沉重。近期，国家提出给予民众“全生命周期关爱”的号召，若将“养”“医”问题统一解决，就有望为老年人提供综合性养老服务，可以很大程度地促进中国养老服务行业的发展。在这个当口，国家重新调整了全国老龄工作委员会的组成，由国务院副总理孙春兰担任全国老龄工作委员会主任，卫健委设立老龄健康司，把养老工作归由为卫健委主管，长期以来“养老”“医疗”分属两部门、医养康无法融合发展的困局有望破解。

养老上一个阶段的发展与中国地产发展密不可分。受到房地产发展转型的影响，养老地产热衷发展中高端、大型养老业态，与之平行，房地产上半场结束了，依靠地产为主要经济模式的社会环境发生了改变；“房子是用来住的，不是用来炒的”，未来“房子”的居住属性将会持续强化，“房子”的金融属性正在逐步弱化。房地产市场增量大幅减少，重点进行存量房及既有设施改造。许多房企都严阵以待，以“活下去”为阶段目标。在房地产下半场中，“租售并举”等政策的影响力不断强化，自持物业的优势渐渐明晰；换句话说，接下来“养老地产”必会成为房地产转型的重要方向，市场占比将会持续扩大。这点，对于关注“养老地产”的企业而言，是一个很好的发展机会。

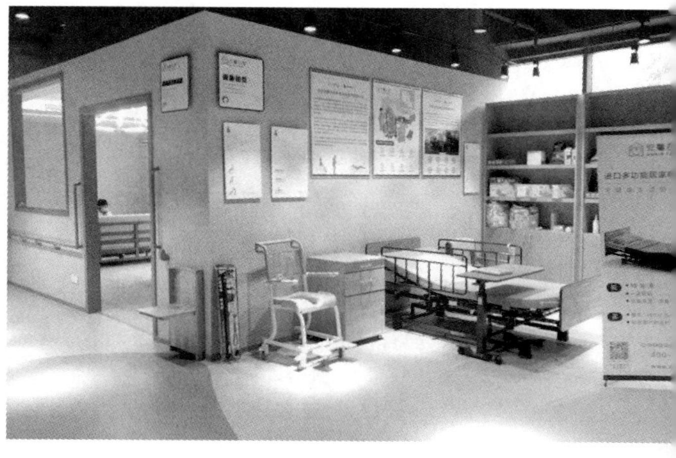

过去五年中，国内地产、险资等巨头利用大企业优势与议价能力，跑马圈地，进行战略布局；从 2018 年开始，圈地布局的黄金时代已近尾声，万科、保利、远洋等代表企业开始着手进行产业细分，从过去粗犷的产业发展，转向精准化的服务经营。未来的养老产业市场会更加细分，专业化是养老产业发展的必然方向。在养老市场细分、专业化发展方面，中国可以借鉴日本行业发展历程；在日本市场，仅老年轮椅就有 4 万多个品类。有的公司在 4 万种轮椅中选定几个小类，每一个产品都深耕细作，他们也都获得了成功。

重新审视市场中的几种养老业态。其中，以“蓝城桃李春风”为代表的重资产企业发起了“全生命周期的健康养老服务”，由卖“房子”模式转为提供“持续性服务”，提供综合性的养老服务逐步成为发展重心。以“椿萱茂”为代表的轻资业企业，专业化运作的优势愈加突出，已有部分品牌跑出来了，以“爱照护”“福龄金太阳”为代表的社区嵌入式机构，提供基础服务的同时，辐射家庭养老的服务，用多样化的社会服务，成功打开了市场的大门。然而，还有许多小型项目（如驿站、社区活动中心），对细分市场认知有限，定位

宽泛，缺少“可转化”的服务内容，高度依赖政府补贴，生存艰难。

现在的市场环境下，老人的消费（支付）能力、消费（认知、观念）意愿都十分有限。受传统观念束缚，他们往往不太愿意为自己花钱，但却并不代表他们没有消费。反观“保健品”案例，老人们大量地购买价值昂贵、效用不明的保健品背后的原因，80%以上是因为他们有效地引起了老年人们的情感共鸣，拉动了情感消费。养老同行可以从中汲取经验，精准定位服务，从细节着手优化服务。随着时间的推移，市场环境亦会随之好转，我们不一定能等到老人有钱，但一定可以等到有钱人变老，只要找到适合企业发展的细分领域，致力打造专业化的服务，养老事业必会迎来更大的发展。

许多人都认为养老产业是一片蓝海，早期介入的企业大多迷茫，对结果考虑较少。如今，第一轮下水打拼的企业已逐渐地摸索出适合他们发展的方向，亦懂得以人的需求为主，从老年人服务的视角，进行市场细分、专业化发展，中国还有好长一段路要走。如今，养老的蓝海仍旧充满希望，能否扛到黎明，既要看企业实力储备，更要看企业在细分化、专业化方面的实际表现。

价值观是养老品牌的灵魂

小编特别邀请陆总，以养老媒体前辈的立场，为年轻养老媒体人指点迷津。陆总表示，养老是一个很宽泛的产业，分支业态众多，无论养老地产还是养老机构，都有许多值得深入研究的话题。养老媒体的工作是站在产业发展的高度，生产出能够引导行业发展的内容，是技术难度极高的工作。养老媒体发展时间较短，人才短缺，团队实力小，能对行业深度问题展开深入研究的可能性不大，报道的高度有限，关注面不够广也在情理之中。对比其他行业，养老行业发展周期要更长，养老媒体作为展示行业发展的端口，需要经历更为漫长的发展周期，未来形成养老媒体集群的可能性还是很大的。

当今社会，是信息碎片化、媒体碎片化时代，所有获取信息的渠道都呈现碎片化特质。研究媒体最重要的就是研究人的需求，而非产品或其他；每个人的价值观不同，人的需求更加多样化。现在的媒体环境下，每种需求都有繁杂多样的选择。面对选择，对意志不坚定的人而言，则是无从下手，从某种意义上来讲，选择多了等于没有选择。对于有清晰选择观的人而言，则是弱水三千、取其一瓢；遗憾是有选择的人越来越少了。

陆总表示，他通常只关注三类内容：一是符合精神追求、知识性较强、可以带来愉悦的信息；其次是来自专业领域的高位声音，如行业新闻、政策法规等；第三则是根据个人生活兴趣爱好的定向选择。他认为，现在既是一个最好的时代，也是一个最坏的时代，媒体行业重新回归“内容”，独特内容才能创造推广价值，媒体收益亦会随之跟上。养老自媒体人有别于“官媒”诸多受限，应该更有境界，更有气质，坚持公平公正的第三方原则，进行行业知识、正能量信息的传播，尽可能地生产对行业同人有帮助的“优质内容”。

养老 2.0 时代，大品牌形成的媒体环境已发生了变化，再形成大品牌更难了，可能性也更小了。养老品牌中“专业化”标签会更加突显，具有“专业化”标签的养老品牌才能脱颖而出。在养老技术差异有限的前提下，单从技术层面，很难判断一家企业、一个品牌的本质。企业所追求的价值观会成为市场判断品牌的重要指标。

价值观是企业的精神内涵，是品牌的灵魂，承载着品牌的温度和力量；企业追求的价值观会决定企业的属性、业务的选择、渠道的选择，这些都会在品牌价值观中同步体现。遗憾的是现在的养老行业中，大多数养老品牌背后都没有价值观，缺少灵魂。养老是一个特殊行业，与千万人的福祉息息相关，希望中国企业可以坚持独特、正确的价值观，利他、利公众，而不仅仅是设立一个一个的小目标。拥有正确价值观的企业、品牌，才能形成核心精神，锤炼出具有共同价值观的品牌，获得长久发展。

这些年，陆总一直以第三方视角，俯视养老行业。养老2.0时代，他决心"下海试水"，以健康管理、适老化改造为切入点，悄悄开"伙"啦！谈及自己新推出的业务，陆总颇为低调，他说："这么多年，总看别人干养老，十分艳羡。得了个空，就想下海试试，体验一把切实干养老的乐趣。至于结果，没有考虑太多。"

据悉，陆总旗下的健康管理业务引入了301医院研发的中医可视化系统，以中医可视化为切入点，构建了较为完善的健康管理体系。利用中医干预手法，重点开展"未病干预"以及"亚健康人群健康调理"业务，初入市已是声名远播，受到客户的高度认可；适老化改造业务，与北京安馨养老合作，选择从苏州市场切入，适老化样板展示业务开放。看到陆总这样的养老行业媒体前辈，暂时离开媒体领域，小编心情十分复杂。祝福陆总新业务兴旺发达、称心如意的同时，总觉得不真实。许多小伙伴们都有和小编一样的心情，我们真诚期盼，某天陆主编回归媒体，重掌妙笔，再著华章。

陆松涛先生

中国房地产业协会老年住区专家委员会专家
清华同衡养老专家委员会专家
中国建材市场协会专家委员会专家
中国老年学和老年医学学会标准化委员会副总干事
原《中国养老》杂志（国家发改委主管）总编

2014年起，发表《养老仍需迈过土地这道坎》《奚志勇：创新抑或颠覆》《宋卫平的养老桃花梦》《孟晓苏：以房养老不会取代政府养老》等数十篇在养老业界产生影响的文章。参与住建部"养老住区室内全装修标准研究”课题。目前策划、运营、投资国内多个特色小镇和大型养老地产项目。2018 年 12 月创办苏州民之行养老产业发展有限公司，打造国内领先的适老化改造一体化体系，以及围绕积极老龄化和大健康打造治未病为理念的健康管理体系。

时间留言：《中国养老》之后的这些年，我决定在故乡苏州做一点事情，成立了苏州民之行养老产业发展有限公司。业务分为健康生活馆、健康管理中心和筹建苏州健康大厦。不算创新吧，只是多年来对养老的思考之实践，从务虚走向务实。现阶段，养老更需要踏踏实实的实践。与此同时，也实现我个人的一些梦想。当做事和梦想结合在一起的时候，我想这是快乐和有趣的。

韩纪江
所有过往，皆为序章

（2018年6月22日）

题记：2018年3月陆家嘴，韩纪江先生做主持人。串场时，他叹了口气说："做养老些许年，大家都开始叫我'老韩'了，才发现不知不觉过了这么久，头发都白了，心还如旧，养老是一个有趣的行当！"这一声叹息击中了现场听众的心，酸酸涩涩的，小编当即锁定他为养老江湖的目标嘉宾。

二十年，白了少年头

一见面，小编向韩纪江先生问好。他随即强调，一般初见面和第一次打交道的人叫我"韩总"，熟些的朋友、同行都叫我"老韩"。听到从业20年的养老前辈自称"老韩"，小编也是抖了三抖。抖完之后，小编真感觉到他是"老韩"了，是启发新人、提携后辈的前辈、师长。

老韩用京腔主持陆家嘴分论坛时，小编就好奇，一个地道的北京人为什么把养老事业的阵地放在上海呢？老韩说，他喜欢上海养老市场开放的姿态、可以多样化尝试的机会，也喜欢上海养老同行们活跃的温度，最重要是几位合心的事业伙伴刚好在上海。

回顾过去漫长的养老岁月，老韩表示，感触最深刻的是养老行业对他人生的改变。1999年，误入"耆"途时，还很年轻，从酒店管理行业转入养老服务领域，觉得服务业都是相通的，服务"住客"和服务老人也差不多。国内养老行业初起步，老韩带着伙伴们搜资料，看香港、台湾、欧美的养老发展，发现国外养老行业已十分成熟，国内养老却一片空白，他们觉得自己挖到了金矿，开始憧憬改变国内养老、做行业创新者，于是义无反顾地投入养老行业；做大量的老人调研、零距离座谈会、数据分析。他们认定传统养老院的经营模式必须革新，参照酒店旅游行业，推行会员制、俱乐部模式，或许是一条出路。

一番努力后，他们的项目一经面市，就获得了许多老一辈的艺术家、科研院士、社会名流热切响应，一个人认可、十个人认可、一百个人认可……短短数月，项目便吸纳了 200 多名会员，引发了全社会的轰动。开业剪彩的热闹景象仿佛昨天刚发生，最初的项目也平稳地运营了 19 年，成为了国内养老市场里程碑式的成功案例，事实证明了会员制俱乐部养老模式经得起市场考验。

老韩说，项目的成功固然欣慰，投入项目与长辈打交道，见识到一位位光荣的长辈慢慢变成长者，他们大智惹愚、阅历丰富，如同一本本厚重、精彩的书。老年人们给予的无形反馈使人终身受益，在这些长者身上，他领悟到养老从业者的光荣，更看清楚了养老行业创新的机会与发展的空间。这些，对之后许多年他的事业决策都产生着深远的影响。

对老韩所讲述的内容，小编也是半懂半不懂。老韩笑着说，几次重大创新的成功，让他看到了养老行业越来越多的机会，对养老行业的信心更加坚定；但养老行业对从业者的改变，浸入骨髓、深入灵魂，更具意义，只有真正做养老、深入执行的人才能了解，很庆幸 20 年时光把他变成了“老韩”。

所有过往，皆为序章

在网上搜索 “韩纪江”，紧随其后的多半是“互联网 + 养老”乌镇试验、“椿熙堂”。细细做过功课之后，小编发现老韩身上的光圈、标签，远不止这些；当然，它们也在不断更迭变化。从大众视角看，老韩是养老创新的先行者，成绩斐然。但老韩又从未将自己与这些光环绑定。老韩坐在小编对面，淡淡地喝着清茶，给人的感受很难形容，像寻找密境的探索家，在路上，追求、前行、创新、获得，然后又洒脱地出发、跋涉，更像翻山越岭之后，眺望远处的袅袅炊烟，安宁、温和、很有力量。舍下荣光，从容再出发，在多数人看来几乎不可能。但小编相信，老韩真的做到了。

谈及过往，老韩特别坦然。他表示，2015 年第二届世界互联网大会上，乌镇居家养老服务中心能够与国家领导人视频对话，椿熙堂盛况空前，不是技术、品牌有多么强，而是因为养老是一件利国利民的好事，适逢椿熙堂是唯一一个与互联网相关的养老项目而已。

养老服务与其他行业不同，不是买与卖之间的简单关系，不是三星与五星之间服务多与少的差别关系，养老服务有更多的附加价值，服务之外是对生命更高的敬意。养老服务是一项特别不容易的社会工作，不管从事何种岗位的养老人都怀着对生命最真诚的尊重，他们是一群最善良的人。尽管只讲情怀不尽客观，但能和一群善良的人共事，时间会更具意义。

老韩和小编分享了从事养老近 20 年，他经历过的两次重大决策。第一次，2005 年，他 35 岁，从事养老行业六年，项目小获成绩，但养老行业未有起色，短期难有大的突破。扛着家庭、经济的双重压力，他必须做出选择，坚持养老行业、转回酒店行业或转型地产？人生最艰难选择的当口，老韩选择闭门思考，回想之前得到的、未来期待的、不甘心放弃的，在利弊之间进行权衡。偶然地，他想到一个问题：“人在世间活一遭，闭上眼的一刻，如何能不留遗憾、坦然离去？为社会做了一些事情，或许是一个重要的理由。与心情喜悦、与坐拥金钱无关。做养老算是其中一样。”那一刻，他下定决心，就定在养老行业啦！后来几年，做“异地养老、分时度假”“紧急求援”“社区居家信息化平台”“养老社区”等都觉得无比坦然。

第二次，2014 年，他 43 岁，从事养老行业 16 年，有多个品牌加持，有多次创新成功倚仗。养老行业风光大好，市场人声鼎沸；人至中年，声名在前，无论是找

平台，还是创业，都是一项沉重的选择。这次，他选择放空自我，给自己放了一个月假，去台湾进行实地观摩。归来时，他决定创业。综合考量之后，将创业地点定在上海；成立益佑、创立椿熙堂、易欣养老、加盟中智国际 Tutor CARE 照护管理学院皆为后话。

老韩说，43 岁选择创业，是豁出了身家性命的决定，不比下海，而像是跳海。多年来虽一直致力养老创新，他相信养老行业未来的发展趋势是必定趋于好的方面，但什么时候、在哪个细节领域会显现出来，实在难以判断；决定做养老、做养老企业，未来的事谁也说不清。但养老行业最大的魅力正在于改变从业者的人生，使他们具有竹子一样的气质、怡然自得、坦然大度、处事不惊，做养老越久的人体会更深。和养老从业者、一线员工打交道近 20 年，如今他更看重如何让一线的员工得到更多尊重，为他们创造一个舞台，给他们创造一个努力的方向，为此他将不懈努力。所有过往皆为序章，重新归零必是下一段的美好开始。

每一天都是最好的作品

现下养老是热门的产业，风口之上，成功套现的创业者不在少数，一腔热血冲入养老行业的人更是数不胜数。然而，现实却很残酷，不少凭热情盲目创业的养老公司触礁遇困，不少凭资源、强调价值养老同盟企业频传分手。聊到养老创业、运营管理、品牌建设的话题，很容易令人联想到近年比较热门的收购、并购事件，在养老创业者对待品牌的态度方面，老韩的观点，使小编醍醐灌顶、深受启发。

老韩认为，每个品牌都是一个作品，成就品牌的过程，也是成就个人、成就团队的过程。成就品牌，是对创业者、创业团队能力的强化提升，价值更为长远，但创业者、创始团队往往会将品牌当作自己的孩子，当作事业全部，把自己会变成大家长、“爸妈”“爷奶”。在公司运营管理的过程中，以家长思维进行决策。在养老产业快速市场化的环境中，“家长式思维”与资本、资源分庭抗争，严重制约品牌发展的空间，弊端十分明显。

其实，养老创业者更应该是“老师”，把品牌当“作品”，呵护培植，使它们完善有力，能在市场、时间的考验下，坚强屹立，持久生存；把员工当“学生”，引导培养，让他们具有更强能力，在养老行业获得更好的发展。对创业者而言，“作品”必会任人点评，不必太过强调掌控“作品”的权力，助力见证它们发展强大，更有成就感；对创始团队而言，“学生”必会学成毕业、独立发展，不必强迫将他们留在企业中，桃李满天下，比桃李在我“家”更加骄傲。

应小编的请求，老韩分享了他做养老 20 年的几点特别体会：第一，现下养老行业看似一片繁荣，但仍有看不见的天花板；进军养老，企业不能光凭理想，要设定具体的发展目标；设定发展目标后，选择适合企业 DNA、团队特点的发展路径十分重要。第二，对待员工、团队的态度才是成就养老事业的基础，平等对待每一位员工、给予团队高度的信任，创造让自己舒服，让团队、员工舒服的方式与之相处是养老创业的重要因素。第三，“80 后”、“90

后”的许多思想、做法都极具优势，老板们总体把关决策的同时，要充分放手，给予他们机会，为他们创造机会，学会以企业的土壤培植年轻力量，为他们提供足够的支持，使他们发挥最大的优势，形成有梯队的团队协同，保持企业生命力和发展活力，才能成就更繁荣的养老事业。

许多新人都梦想当院长，小编也曾执着地幻想过。老韩表示，院长是对一个养老从业者职业的认可，真正称职的院长要有人生阅历、对自己有要求；处事不惊、能找准关注点、会挖掘契机；对机构敏感，能精准发现异动与变化；对机构的氛围、文化、味道负责。相对而言，要想胜任院长对待团队的态度是第一要素，有经验倒在其次。太年轻不行，年龄太大精力又有所不及，好院长可遇不可求。遗憾的是，许多企业都强调专业职称、过往背景等物理条件，以招标的形式招聘院长，往往忽略对院长作为养老管理者必备软条件的关注。对于新人而言，如今养老行业发展迅速，人才需求量很大，特长人才更为稀缺。院长并不是唯一的职业路线，产品经理、服务设计、照护管理都是很好的职业发展前景，大家可以优先考虑，积极争取。

老韩说，人最大的成熟是认清自己，认清自己的能力、职业、理想，认识到自己的不足，不盲目做事，不放弃理想，在有限的选择空间中，以最平衡、最舒服的状态，控制压力，向上进行有限争取。人生不是只一种可能，许多时候，要试着断舍离，做减法，少一些背负，才能走得更久、更远。据小编所知，老韩在养老多个领域都有涉猎，关注实体运营 / 养老管理的益佑、关注社区居家 / 社区照料 / 健康促进的易欣、关注养老人才培训的 Tutor CARE 照护管理学院，都有不错的发展。

相对过去的 20 年时光，老韩为养老服务创新 / 模式变革 / 团队打造持续奋战的付出，无论何时、何地，再见到，都看到他努力向上的身影，你会不由得相信他做什么，必定都能成功。“老韩”是一个人、一支团队、一段鲜活、有力的时光，他的存在像养老路上的一个标识，遇到挫折的时候，给你勇气；感到疲惫的时候，陪你同行。最后，就着二十年的时光，小编想代表养老圈的小伙伴们，说一句：老韩，辛苦啦！

韩纪江先生

上海静安区易欣老年服务中心理事长
台湾圣约翰科技大学荣誉讲座教授

专注于老年服务行业创新20余年；1999年开创“会员制俱乐部养老模式”，创新行业经营模式；2008年搭建“社区居家养老信息化服务平台”，创新社区居家服务模式；2015年构建“乌镇智慧养老综合服务平台”，创新互联网+养老。

以服务设计与产品思维作为核心理念，致力于老年服务运营管理团队与品牌建设，注重组建长期照护跨专业支持与服务团队，充分利用ICT整合照护技术，促进照护服务水平与管理能力。

时间留言：专注长辈健康，提升照护品质——易欣老年服务中心以提升长辈的生活能力、认知能力、社会能力为核心，以自立支援、认知障碍非药物干预、非正式照护支持作为手段，在社区践行，提升照护服务专业能力。

臧少敏
跳出养老，用第三只眼看远方

（2018 年 7 月 30 日）

题记：小编约臧少敏老师，有段时间了，总不能成行。前几天，臧老师告诉小编，她换了个身份，要开始一段新的养老征途。小编知道，这次约访真的不能再拖了。

华丽转身，跨界“打劫”

见到臧老师的第一眼，小编觉得很惊讶：在医院工作 13 年，又在高校执教 8 年，岁月在她身上没有留下任何痕迹，美丽的容颜、恬淡优雅的气质都令人羡慕。

北京劳动保障职业学院老年服务与管理专业负责人、高校教师是臧老师身上广为人知的标签，陡然听到她要更换新身份，小编觉得很诧异。臧老师表示，在友谊医院等医疗机构从事临床护理工作的十几年时间，是人生中最难忘的经历，和许多医护人员一样，严谨、博精、贡献也成为了印刻在她骨子里的习惯；2011 年，受聘北京劳动保障职业学院，作为老年服务与管理专业负责人，从事一线教育工作并负责专业建设，关注教学的同时，需要接触大量的养老企业，为学生们的前途筹谋计划。

后来，臧老师建立了一个小平台，与团队一起从事养老企业的运营管理咨询工作，从企业实战的视角审视产业发展战略、养老业务模式、养老团队搭建等一系列问题，参与到养老企业实际的运营过程中，专业也随之沉了下来，心也变得更加澄清。大约用了三年时间，她也从纯护理的专注式思维方式，转变成关注发展、战略、战术的发散式产业思维，对养老产业也有了许多新的看法。臧老师表示，深入养老实践的过程，是专业特长正向强化、不断地跨界"打劫"的过程，产生更强烈的知识探索渴求的同时，也发现了自己更多的短板，愈前进愈觉有挑战，生活也变得更有意思了。从医、教学多年，她深深明白，身在其中，保持高度清醒的必要性；更晓得在养老行业待得越久，越有必要跳出来，用第三只眼看远方。

臧老师说，从事养老工作，似乎是冥冥之中注定的结果，做护理、当老师、做投资，区别并不大。之所以告别体系，转战一条全新的路，重新出发，与个人性格有关，即使人近中年，仍对未来有很大的想象，期待自己能多折腾一下，好让未来变得更精彩。进军医养投资领域是十分慎重的决定。她相信这个新的身份，可以为更多人 / 企业提供帮助，在行业中发挥更大的作用，未来会更加精彩、更值得期待。于是，遵从内心，向前迈进。

陪伴企业成长的投资人

投资人在大多数眼中是"精明的有钱人"，大家对资本的感情都十分复杂，既迷恋渴望，又畏惧担忧，小编亦是如此。借访谈之机，小编代表小伙伴们向臧老师求证一二。臧老师表示，资本与实体的属性不一样，关注不同领域资本的属性又不相同。选择医养投资的资本都有一些善良的情怀、比较关注长期的利益回报，他们通常选择为企业配置资源，陪伴企业共同成长，帮他们把事业做大做强，通过长线投入持续获取稳定收益。

以“信达风”为例。他们比较关注“三大资源、两大能力”。“三大资源”分别指医疗资源、照护资源、物业资源。具体要求方面，首先，医疗资源要强（至少不能弱），康复医院、护理院是上选，关注失能失智服务、具有较强医疗服务能力的养老机构亦是优质标的；其次是照护资源，主要考评照护模式、机构团队以及可以满足刚性需求的专业照护能力；第三是物业资源，不同企业的属性及特点不同，具备“进京进上”、区域“龙头”企业都是优尚之选，呈现轻资产属性的公建民营企业也比较受青睐。总而言之，“三大资源”是对企业硬条件进行客观评判，资本方希望控制投入成本的前提下，实现利益最大化。

“两大能力”分别是资源整合能力、连锁经营能力，比较概念化，是判别企业综合能力的指标。其中，资源整合能力主要考察企业在“三大资源”方面的综合基础及后续强化发展的能力。连锁经营能力会涉及企业的创始人 / 高层、核心团队、企业发展战略战术、专业实力与专业资源互补等内容，比较宽泛、碎片化，影响因素较多，需要通过一套复杂的评估体系获取指标数据。简而言之，“两大能力”是对企业软实力的多维度评估，资本方希望对投资风险、收益回报进行综合控制，实现低风险、高回报。

见识到“三大资源、两大能力”的细节标准，小编甚为震惊。似乎许多小伙伴们正在忙碌的事业与资本方的要求都有距离，想牵手资本，还需要很长时间、很大的努力。小编请臧老师为正在奋斗的小伙伴提一些发展的建议。臧老师思考片刻，表示：2013 年养老产业起步，全行业都在快速提升硬件环境、建立服务标准；2016 年，一部分养老企业有了实体基础，行业先行军们开始进行第二轮内涵建设，开始强调品牌的重要性。2017−2018 年，养老产业的环境正在悄无声息地变化着，提供基础服务已成为养老机构的服务标配内容，养老品牌开始脱虚就实，除在企业外显方面的表现，在企业内部的作用也开始逐步显现，比如提升团队凝聚力、强化团队使命感、优化老人的服务感受等方面，表现得尤为显著。

当下，以养老服务为中心的老龄产业全面发展、医养结合环境不断优化；更多医养结合类项目落地成为可能，强调失能失智等刚需服务的轻资产项目有更多专业提升的可能，老年金融类、老年用品等新兴项目也在快速发展。医养结合、服务刚需的轻资产、老年金融、老年用品等领域或是新入围的养老企业重点发力方向。选对项目、做好服务、建好品牌、做好企业自身建设是吸引资本眼光的第一步。希望更多同行可以插上资本的翅膀，早日腾飞。

青春养老人联盟，永不散场的聚会

养老人才短缺是困扰整个养老行业发展的大难题，臧老师从事老年服务与管理教育多年，对于养老人才问题有独道的见解。她认为，关于养老人才短缺的问题，得从两端来看。

首先是人才出口端，社会大环境、学校、企业都在不断地好转，老服专业的毕业生，一届更比一届好，就业稳定性不断增强，流失率正在不断地降低。据不完全统计，北京劳动保障学院2013–2015年毕业、留京的学生中，已有数十名成长为院长、驿站站长或其他中层了；2017 年毕业生实习之后，留在养老行业中的比例甚至已超过 70%。事实证明，高校毕业生的稳定性正在逐步好转。

其次是企业端。2011 年，北京劳动保障学院合作的养老单位有 2 家；到 2016 年，经学校筛选、认可的合作单位已增至 20 家。每年，学校都会将企业的诉求与条件认真比对核实，向学生们公示。同时，举办企业解读沟通会，由经验丰富的老师为大家讲解、邀请已就业的往届生分享企业工作感想，尽可能地减少企业的外显信息与内在信息的差异，帮助学生们精准选择。企业对老服专业毕业生的招聘也十分重视，除了常规企业宣传外，许多一线企业的高管都亲临现场，为招聘助力。即使如此，每年成功招聘到老服毕业生的企业仅有 7-8 家，其他均是颗粒无收。

究其原因，养老人才就业与企业招聘是一件你情我愿的事，只有两情相悦方能长久。在 2012-2014 年入学学生的实习招聘中，北京 GHY 算得上是校企合作、成功招聘的典型代表。横向分析学生们选择他们的原因，双休、三班倒、五险一金、待遇好是第一因素，平台好、成长快是第二因素，一线品牌、管理规范是第三因素。老服专业毕业生们都是年轻人、青春派，需要通过工作实现自我增值，获得发展空间，同时也需要面对客观的现实社会，眼下的生活与远方的蛋糕同等重要。待遇决定着他们是否可以拥有基础的物质保障和体面的生活，对于初入社会的毕业生而言，是重中之重；代表未来发展空间的事业基因、激发个人成就感 & 自豪感的企业文化是他们决定真正留下、长久奋斗的长期因素。待遇、事业、感情才是企业招聘成功关键指标的正常顺序。

小编比较好奇，转战医养投资领域的臧老师，还会和从前一样关注学生们吗？臧老师说，在北京劳动保障职业学院工作、带学生是她人生中最快乐的时光。一朝担任他们的老师，终生都无法放下对他们的牵挂。即使转变了身份，也希望能够继续带着他们向前，引领他们出发、助跑、起飞。以前，关注在校学生、引导他们留在养老行业比较多；现在，将精力转向已毕业的、留在行业中的老服专业毕业生，在他们初入行的时候为他们提供引导和实质帮助。

对于老服毕业生而言，前三年是学徒期，首要任务是提升自身价值，良性发展的企业平台大、模式清晰，是相对理想的土壤，有利于个人认清自己的天赋条件、找到努力的精准方向。其后三年是上升期，毕业生晋级为“从业者”，他们对养老、服务有一定的认识，对养老职业有了一定的认可，是在大平台晋升，或是去中小型企业发展，需要依据个人情况进行具体决策。在人生成功的要素中，认清自己擅长的领域、确定自己的定位、制定战略、适时做选择是对天赋条件的精准决策；找到合适的土壤、制定适合自身发展的战术打法是对努力方向的精准规划，其次是机会与坚持。

作为师长、前辈真诚希望可以凝结走出学校、不愿散、不能散的老服毕业生。2017 年发起青春养老人成长联盟，就是希望建立一个有肌理、有组织的社群，为他们创建更多沟通的渠道与平台，形成一股力量，通过举办交流活动，分析行业、提供后续教育帮助、筛选行业信息、开发工作提升渠道，帮助他们度过职业的心智迷茫期，鼓励他们坚持下去，为他们谋求更广阔的发展空间。

臧少敏女士

信达风投资管理有限公司健康投资部投资总监
信敏咨询联合创始人
北京养老行业协会监事
北京市养老服务人才协会副会长
青春养老人成长联盟发起人
原北京劳动保障职业学院老年服务与管理专业负责人

医学硕士、副教授、国家二级公共营养师、高级健康管理师；曾在北京友谊医院等医疗机构工作 13 年，主编出版六部医养相关专业教材，在核心期刊发表论文十余篇。

张劲松
影响养老产业的力量

（2017 年 5 月 17 日）

题记：好不容易，2017 清华养老产业论坛的活动解热宣传到了尾声阶段，小编终于可以放心大胆地把这篇专访发出来了。

在此，首先要感谢我的老乡——张劲松先生，以及对他同乡（小编）的照顾。他接受的小编的采访，小编偷偷地开心了许久，傍养老大款的现实体验感非常强烈。

从一到九，时间的重量

2008 年，因为工作缘故，劲松老师在一场养老论坛中，结识了周燕珉教授。那时候养老尚未形成一个大产业，周教授正带团队推广“适老化样板间”项目。这个项目，使劲松老师想起了脑梗住院的父亲，还有身心疲惫、勉力照顾他的母亲。这位西北汉子心软了，沦陷了，从此开始了养老探索的跋涉之路。

2010—2011 年，劲松老师带领团队连续参与筹办付费式养老论坛，人声鼎沸，场场暴满。那时，养老产业、

养老地产远没有现在这样火，肯付费参加养老论坛的人是嗅到了发展苗头、有先见之明的养老先行人。他们最早开展养老学习、最早进行养老实践，是国内养老拓路者。后来他们果然地、必然地都晋升为养老行业领袖、养老公司高管。

谈及过去，劲松老师玩笑称，他的团队是国内养老论坛的先行军，最早启用收费模式，又最早退出收费模式。从高高在上的殿堂式内容展示，转为理论与企业实践结合的接地气式内容组织。如今，清华养老产业论坛已沉淀形成“一个主论坛 +N 个分论坛”的论坛格局。从第一届 400 人规模发展至 2017 年超 2000 人的超级大论坛，清华团队用了九年时间，沉淀形成了具有清华气质、代表行业最高水平的养老大 IP。

影响养老产业的力量

劲松老师认为，九届清华养老产业论坛的成功举办，是一个不断自我超越的过程，清华人坚持履行“家国天下”的社会责任，拒绝在论坛中掺入商业成分，以“影响养老产业的力量”为动力，为搭建最权威、最实用养老产业平台而努力。未来，希望越来越多的业内人士参与到其中。

在论坛形式的设计方面，强调现场效果，不追求规模，在主场之外大胆设置分论坛，以照顾演讲者与听众交流、情感沟通的需求，期待听众全身心地参与到演讲中。在听的过程中，收获知识，获取更多的养老信息。在交流的过程中，汲取有利、有益的行业资源。

在论坛内容设计方面，兼顾宏观政策与行业发展引导的同时，强调企业操作的参考经验，使量级大咖与企业元素进行混合，以专业线为标尺，设计不同主题的分论坛。

2017 年养老论坛中，主论坛集中表现关于国家政策、行业发展的宏观内容，分论坛则从规划设计、运营管理、产业机遇、医养 PPP、投资风控等五个方面整合内容，受到了参会人士的热烈欢迎。劲松老师表示，如此安排，一方面在细分领域中，为参会人员提供更多选择；另一方面实现了参会人员的有效分流。作为 2017 年论坛的参与会众，小编认为 2017 论坛安排比去年有十分显著的改良，参会体验感也有明显的提升。

小编一直很困惑，为什么每年论坛议程的公布都要卡在论坛的前 1–2 天的节点上？聊到这里，劲松老师自己都笑了。他说："清华"两个字很庄重，是一种精神，是一种情怀，无论是论坛组委员设置筹备会、内容把关、会前演练，还是大咖们本身的态度，大家在清华论坛这件事上，都有着难以言说的执着。

像周燕珉教授、杨燕绥教授、乌丹星教授、吴玉韶博士这样的行业内大咖，在论坛组稿过程中，为了给行业人士提供最大限度的助益，保持内容的绝对新鲜度，都曾多次、反复地修改内容、调整题目，每一页幻灯片，每一个标题，都反复斟酌。再比如，连续三届进行开场表演欧美同学会的老人代表们，每年都精心准备，表演服装、演唱曲目都经过细细的打磨。论坛的组委会也会在前一年论坛阵容的基础上，在全行业的范围内挖掘新领袖、新代表、新动态，并积极邀请他们带着问题与解决方案，参与到论坛中。一系列变化因素的影响结果，就成为了每年论坛的推广节点之"卡点"特色。

劲松老师表示，在时间节点与演讲者内容精细化方面，他更倾向于后者。正是专家们、大咖们坚持以年轻的养老心态，展示更多的正能量信息，长期进行精神传道，才凝聚成了影响养老产业的力量。这样的力量将影响更多人的养老认知，使他们可以沉下心来认真地思考养老、认真地去做养老。劲松老师认为，这种较真、这种执着，正是清华养老产业论坛的魅力所在，也是清华论坛年年接继的生机发源与动力所在。

未来心：走出去，落下来

2017 年清华养老产业论坛特别设置了"清华大健康养老产业联盟"成果展，精心展示清华政、学、研、产的实力，并倡导科研与行业应用，科研的社会应用，在养老业界引发了轰动。"清华大健康养老产业联盟"使人们的

目光在论坛之外，形成了一个新的聚焦点。

关于“清华大健康养老产业联盟”，劲松老师有许多想要分享的内容。“清华大健康养老产业联盟”原自 2013 年清华同衡规划设计研究院发起的“清华同衡养老产业专家委员会”，由清华大学建筑学院、清华大学社会科学学院、清华大学公共管理学院、清华大学医院管理研究院、北京清华同衡规划设计研究院、北京清华同衡大健康科技研究院共同发起，是一个非营利性、非政治性的行业交流服务平台。初始有 32 位行业专家，发展至今已有近百位专家。依托清华大学资源优势，“清华大健康养老产业联盟”已经形成了以沙龙、论坛、出版物、自媒体为代表的成熟业务体系，在大健康养老领域有着举足轻重的行业地位。

其中，自媒体代表“养老产业观察”是小编最欣赏的养老自媒体。“养老产业观察”坚持第三方观点、坚持不发硬广的做法令人侧目。当然他们的数万名行业粉丝，更让一众养老自媒体人侧目。劲松老师透露，现在养老行业竞争尚不足，养老同人们应该抱团发展，养老自媒体人更应如此。劲松老师的团队正在筹建养老自媒体联盟，与行业自媒体人们一起，以解决问题、共同发展、自我超越为动力，建立一支有核心竞争力的养老自媒体新军。小编在此郑重喊话：求支持、求收容、求帮带！

近年，业内活动海量涌出，名目繁杂。小编向劲松老师求证，在有限的时间里，如此多的选择中，什么样的活动最值得参加？劲松老师表示，企业和个人还是应该广泛收集信息，对各种渠道的活动信息进行判断与筛选，找出自己最感兴趣的、最有利于自己业务提升的、最适合自身发展的内容，全面听，有选择性进行应用，在学习中进步，在学习中晋升。时间是最好的见证，市场会进行自然淘汰，养老活动若仅以赚钱为目标，未来发展之路会越来越窄。

清华养老产业论坛，除了固定的年度大论坛外，组委会正在积极考虑与一些地方政府、大企业合作，使清华论坛走出去，落下来。他们会综合考量合作方的实力与后发力，以未来之心选择最合适的盟友，为第十届论坛进行先导布局，最快将于今年下半年发起合作计划。

获知此信息，相信业内朋友一定都很激动。在此，小编代表一众有实力的大企业平台再次喊话："清华论坛，快来，快来，我们一起合作吧！"

张劲松先生

北科数智（北京）信息科技有限公司 CEO

中国老年学和老年医学学会理事、老年教育分会总干事、老龄大数据分会副总干事

从 2008 年开始研究养老产业，参与创立并策划了多届清华养老产业论坛、参与组建清华同衡养老产业专家委员会，于 2016 年推动设立清华大健康（养老）产业联盟。2018 年，主持参与中国老年学与老年医学学会老年教育分会、老龄大数据分会的筹建与日常工作。

时间留言：转眼之间，又是两年，其间经历了很多，有收获、有挫折、有伤痛、有喜悦，但心仍炽热、拼搏依旧。下一个阶段会将专业方向逐渐聚焦，在老龄大数据和老年教育方向上重点突破，仍坚持行业平台思维，希望能与同行多多交流、多多合作。和志同道合的朋友联手，共同推动养老服务体系发展，丰富行业内容。

于贵红
用“创龄”，改变退休长者的生命状态

（2018 年 12 月 27 日）

题记：小编拿到的第一份养老行业报告，是于贵红在全经联养老创新大会分享的《城市居住养老研究报告》（润土咨询出品）。在后来许多次的汇报中，这份报告“救”了小编的命。一直以来，小编都期待有机会当面答谢《城市居住养老研究报告》的出品方。三年之后，终于完成了心愿。再次，感谢于总！

有生命力的数据离真相更近

回顾组织编撰《城市居住养老研究报告》的那些日子，于总表示，那是一段很快乐的时光，作为深化服务的一个重要课题，因为服务进入主题开发细分领域的地产商，连续数年耗费巨大精力，编撰《城市居住养老研究报告》，收获是沉甸甸的。由多年的《城市居住养老研究报告》，进一步地明确了润土咨询团队深耕养老大数据研究的战略：聚焦旅居养老、康养领域的服务则是后话。如今，此项工作已完成了最初的使命，告一段落；将来若有机会，会重启该项目。

众所周知，于总十几年前就在研究“高端客户”了。现下，养老市场中有许多“高端项目”，似乎陷下了“高端迷局”。小编特意请于总为小伙伴们分析一下此现象。于总认为，不同年代的人，处理服务需求的态度不尽相同，20 世纪三四十年代出生的老年人，即使有服务需求，也不舍得付费。20 世纪五六十年代出生的老年人，有一定的消费意愿，但只愿意为特定值得服务的需求而付费。事实上，很多高端项目无法进行市场突围的原因都不在于硬件，许多院方认为的服务，无法打动高端客户，不能为他们所接受。软性服务不成体系，“你给的，根本不是我想要的，没有必要”，才是硬伤。许多养老操盘团队把“高端客户”定义为“高付费人群”，很少研究服务与产品，甚至不能圈定哪些服务内容与高端客户的需求更匹配、哪些服务是“高付费人群”更愿意买单的内容。着力点错位，进入“高端迷局”，项目市场遇冷，就不意外了。

近年，“养老大数据”的热度与日聚增，养老大数据研究似乎已进入“正题”。小编十分好奇于总对 “养老大数据”的相关计划。于总表示，对比自然记录，实际交易留下的痕迹——交易背后的数据更具生命力，更值得深入分析研究。润土咨询团队计划针对养老交易数据，进行深入研究，但从事“养老大数据”研究，需要收集大量交易的数据样本，需具备一定的条件，目前尚没有确定启动时间，待时机合适一些，再行“官宣”。

用“创龄”，改变退休长者的生命状态

许多小伙伴都有发现，于总近年比较关注旅居养老，在创龄旅居平台的推广方面投入了比较多的精力。对此，小编同样好奇。于总表示，谈创龄旅居平台之前，必须要强调一下创龄的定义。“创龄”是以不受限的精神年龄创造退休生活的第二青春，鼓励支持他们继续为社会（社区）创造价值，重点在于挖掘退休活力老人的社会价值，引导他们投入社会和工作。“创龄”的目标是改变提升老年人退休生命的状态，是围绕实现“自我价值”“经济价值”“社会价值”的老年人才挖掘的课题与活动实践，通过“创龄生活计划、创龄课堂、创龄工作坊”三阶段，完成老年人生活计划、社交式课堂培训、老年人社会经济价值延伸的阶段使命。

老人参与创龄计划、学习互动，有两个关注点，一个是可持续性的互动与社群交流，二是希望可以完成一些作品、案例，在平台展示，获得成就感。他们可以选择以兼职、志愿者等方式参与活动，获得一定比例的积分，再用

积分兑换需求的一部分价值服务。针对不同类型的老人组织不同的活动，具体做法十分多样，比如专业性强的老人可以担当相关领域的顾问，文化程度高的退休知识分子可以参与一些轻体力活动，有特长的老人可以从事特长型活动。总之，在这个过程中，会再次唤醒老人对未来生活的热情，形成以兴趣爱好为主题的"新老年社群"。还能沉淀出一个能量强大、可随时激活的老年人才库。针对55–75岁的活力长者，创龄体系研发团队与夕阳红旅游、老干部活动中心、知青团队、老年大年等探索合作方，推广"创龄"理念与实践。创龄平台可以孵化出许多老年文化IP，聚集一批精准的"老年"流量，是养老产业很好的延伸方向。

每个企业的气质不同、DNA不同、原生客户属性不同，在不同养老领域延伸基础不同，比如，社区（CCRC、特色小镇）类项目，需要有一定的区域流量、能影响较高收入层次老年人的"母品牌"（集团品牌）背书。再比如，照护型机构则需要有让普通老人信任的服务背书、资源背书。润土咨询（庄达创龄）的创龄平台，目前还处于建设初期，未来还有很长一段路要走。润土咨询团队（庄达创龄）正在联合老年产业协会以及老年活动中心、居委会、驿站等多个社会组织，建设一支内容输入能力强的"双边讲"老师团队

（双边——既是“参与者”也是“学生”），研发、实践、建设完善的创龄体系。希望能在培训、输入、输出等关键节点对各个创龄网点工作进行参与式的支持与指导。未来希望有更多对创龄感兴趣的组织、企业加入创龄平台，共同推动创龄事业的发展。

从发展视角，审视旅居

近年，旅居养老持续发热，是养老圈的“目光聚集高地”，许多企业纷纷入场，各类产品层出不穷。对小编的“旅居”好奇，于总也做了认真回应。她认为，现在市场中，大多数“7–10 天”旅居产品，本质上是“慢旅游”产品，很难达到旅居的标准与效果。真正的旅居产品，时长应在半个月以上，一个月或更长时间效果会更好。平均入住时间是判断旅居基地服务力、盈利能力的重要指标，市场上已有许多先行的旅居品牌，因为丰富的服务内容，让老人住了下来、住得更久（3–6 个月），甚至沉淀了许多“忠粉”客户，形成了长期客户群，不需要投入太多推广成本，也可以实现基地的良性运营循环。

在日常服务（配药等）、生活化配套服务、文化活动组织方面有了许多亮点的上杭金秋旅居（福建），经过十多年的努力，已使旅居老年人的平均入住时间达到 3 个月。算得上一个典型代表了。

经过 2–3 年的市场发展，大部分旅居基地硬件已越来越成熟，但软性服务内容却少有同步的优化升级；仍有许多旅居基地、特色小镇还没有摒弃地产开发模式，尚未意识到特色文化与服务内容的重要性。从长远看，旅居基地确实应该在研究如何以更好的性价比提供让老年人"住不厌"的特色产品体系以及内容打造方面花费更多精力。待业务进一步扩张，大量客户涌入进来，才不会出现"看完就走，不想住下来"的服务危机。

2015 年，润土咨询团队（庄达创龄）参与了中国老龄产业协会老年宜居养生委员会《旅居养老服务标准》编撰制定，并在委员会会员单位及相关单位的旅居基地中推行。希望可以帮助旅居基础 / 康养项目，根据已有条件（自然人文、硬件配套等）挖掘特色文化、梳理服务内容，并为项目导入外部资源（服务内容、文化、中医养生调理、休闲娱乐等），优化服务内容、孵化创新特色服务 IP。进一步凝练打造具有项目特色的产品体系、服务体系，以增强项目的综合竞争力。

于总表示，在充分挖掘开发老年人社会价值的前提下，审视旅居服务，会有不一样的收获。创龄旅居平台为旅居基地导入客户的同时，还能从运营的角度，为基地导入多样化的老年人文化 IP，进一步丰富服务内容，提升旅居基地的综合竞争力，是旅居基地的精准客源组织方及内容提供方。各家企业耕耘市场的起点不同，开拓市场的收获也不同。无论何种背景的企业，单凭企业自己的独立个性，想要打造有效果保障的服务体系、征服市场的力量，都十分困难；开放合作、引入汲取是更好的选择。润土咨询团队（庄达创龄）正在积极地整合各种资源，建设完善的创龄旅居平台，希望通过线上平台发力、线下合作落地等多样化的形式，为更多养老合作方提供运营组合及辅助支持。

于贵红女士

中国老龄产业协会老年宜居养生委员会执行主任
北京勺海润土企业管理有限公司（润土咨询）董事长
北京庄达养老投资顾问有限公司董事长
全国房地产经理人联合会全创空间创新合伙人

从事房地产市场研究十几年，在大规模抽样、多元统计分析等方面具有丰富的理论和实操经验。1999年起，专注养老行业发展研究，主持《北京老年人生活状态研究》《中国养老居住模式研究》等多项重大课题。

2014年，主持并组织了中国老龄产业协会与中国标准研究院合作的《旅居养老服务机构评价标准》研究与撰写工作，搭建了旅居养老服务平台。2015年，以“创龄”理念为核心，创办创龄俱乐部，在社区活动中实施创龄理念，摸索养老社区活动、旅居养老、健康管理与“创龄”理念的结合。

时间留言：2018年，由老年宜居养生委员会申请，“创龄老年人才实践活动”课题在中国老龄产业协会正式立项。目前该课题正在北京社区逐步推广，未来两年将在全国各地社区进一步推广。

同时创龄旅居养老线上平台正在开发中，将聚集优秀旅居基地资源及客源渠道资源，助力旅居养老发展，为康养产业带来活力！

张华正
盈利是养老项目的基本素质

（2017 年 11 月 2 日）

题记：很早就听说过华正老师，常看到他在各大养老论坛演讲。最早关注他，是源于"台湾养老专家"的抬头，后来更多是好奇心作祟，再后来是因为他谜一样的业界传闻。有朋友很喜欢他，有朋友比较抵触他，小编问他讨一套《养老产业全案解读》，被无情拒绝了。尴尬之余，小编坚定了约访他的决心。要么黑他一把，要么自黑一把！

一个台湾人的养老创业史

"唐"咖啡的灯光不错，回想来内地发展的初衷，华正老师和小编逗趣说："我和你们没什么不一样，只是我的老家在台湾。"大多数人可能不知道，华正老师是一个化工学出身的城市规划学者，跨界休闲产业，成名于酒店设计，三十余岁即获得"台湾精品酒店教父"的盛名，他的事业在台湾很快就到达了顶峰。拥有越来越多的案例，积累越来越丰富的经验，一切似乎都很完美，但这些对于年轻的、渴望更广阔的草原、向往更大作为的青年职业经理人而言，还远远不够。

2005 年，华正老师作为早期的台湾专业人士进入国内市场。2010 年，"北京行宫酒店"开业爆红，184 间帝王级主题房为华正老师拓开了内地的事业疆域。很长一段时间，华正老师有三分之一时间服务酒店项目、三分之一时间服务休闲行业、三分之一时间在疗养产业工作。华正老师带着日本温泉协会资源，在庐山、北戴河、巴马等运营项目时发现，但凡是风景优美、环境宜人的地方，必有一群中老年人聚集疗养。近年，疗养、康复、大健康等处于休闲产业边缘的工作在他的日程清单中，占比越来越重。

国内老龄化发展速度十分迅猛，健康、养生、养老已从休闲产业中脱颖而出，医疗、康复、护理等资源也在逐步介入，休闲养老的范围正在悄然转变。相比主题酒店，休闲、养老、大健康类项目更侧重对人的关怀和自我价值的彰显，在策划设计、营销思维、文化植入、故事包装的过程中，要求更高更专业。在这些项目的运作过程中，华正老师找到了和从前不一样的成就感。与周大伟老师合作，参与长庚品牌牵手厦门医院、华西医院、长征医院成功进入内地市场的过程，更是印证了华正老师此前对内地养老市场的预判。

2007 年，因一次特殊的际缘，华正老师与一位爱好养老休闲、不喜酒肉应酬的山西商人合作，参与了康梦圆养老公寓的筹建运营工作。过往十多年，从事酒店、民宿、商务会所、休闲产业积累的服务经验，在养老这个崭新的行业产生了神奇效应，不到一年时间，康梦圆这个四环以内最大的养老项目，在京城声名大噪。之后，华正老师转战北京太阳城，同样斩获佳绩。

过去一个阶段，华正老师见证了台湾酒店行业从精品酒店、民宿，到商务酒店的几轮变迁，其间树立了一个又一个属于他自己的代表作品。进入养老这个新领域，华正老师仍是没有悬念迎来自己的美好盛世。康梦圆、北京太阳城的成功和过去许许多多的成功案例不同，它们成功激起了华正老师对养老产业更大的好奇心。华正老师敏锐地捕捉到，在人口庞大的中国社会，老龄化问题日渐加剧，未来养老的发展必会超越休闲产业。相对酒店、休闲产业，养老项目的运作更有技术含量，专业门槛更高。如果能将不同性质的商业运营模式引入养老领域，未来养老产业的商业价值必是不可估量。当即，华正老师决定从休闲产业转换战场，聚焦养老领域，从一个新的切入点开启人生的第二次创业。

不做自身品牌的华正国际

许多人知道，华正老师以台湾专家身份进入内地酒店、休闲产业，真可谓是高起点；介入养老领域，又有康梦圆、北京太阳城的两大成功案例加持，绝对称得上是风光大好。许多小伙伴都想了解华正老师一路顺风顺水、获取诸多业绩的内在秘密。小编有特意替大家打探，华正老师并没有正面回答小编的问题，反而慢条斯理地和小编分享起了华正团队创业的故事。

创业之初，华正团队对此前两个项目成功运营的经验进行了沉淀，梳理出从项目选址拿地、市场调研、全案策划、顾问咨询，到前期筹备、实战培训、委托经营、智慧养老等八个关键流程的工作要点，并针对每个节点制定出一套标准的执行规划方略，打造了一条完整的服务链条。

随后三年，华正团队和全国各地四十余家企业合作，为养老地产、老年公寓、社区服务中心、居家养老、旅居养老等多种类型项目提供策划运营服务。在华正团队介绍材料中，不到三年时间里，华正团队服务过的四十余个项目、以及华正老师参与的近百场业界论坛及培训，小编清晰地感受到了华正团队的努力，更为华正老师勤奋付出的精神所折服。透过这百余张照片，小编能明显地感受许许多多奔波的身影、许许多多个不眠的夜晚，回想起那些一拖再拖的稿子，小编深感惭愧。

对于华正企业的发展，华正老师有自己的考量。他表示，华正企业自身不做品牌，业务定位是帮别人干项目、助别人获得成功、和别人一起干事业。华正团队是一支拥有丰富项目经验的专业队伍，信奉实战实干、踏实做事、创造价值的力量，认为项目业绩是最有力的服务证明。养老项目的运营周期

往往比较长，2014 年华正团队辛勤播种、筹划的许多项目，在 2017 年陆续入市，在市场中影响力不断扩大。

经由项目的成功，华正团队获得了许多合作方的信任。他们纷纷发出设立合资公司扩大市场的邀约，期待以借外力、借外脑、借外资的形式与华正团队合作，未来衍生出更多合资企业，双方共赢。三年间，借助各区域优质合作方的优势，华正团队迅速布局了四十余个项目。华正老师表示，进入养老领域，深知自己责任重大，每天都会自我督促、拼命工作，如今看到从前规划方案中的“理想国”渐次落地，感到十分欣慰。

小编很好奇，华正团队是如何保障四十余个项目同步运营的。华正老师分享了三点。首先，华正团队会在区域内选择实力企业，达成合作，集汇双方资源和人力，建立混合公司，在把控专业的前提下，以比较适合区域的方式，进行属地运营；因而，项目推进基础比较好。其次，华正团队会为每个项目定制一支专家团队，从战略层面把控项目方向，同步设置一支明星战队为项目提供执行支持；对比依靠某一个人、某项资源提供养老服务的企业，华正团队管理的基础要好很多。第三，华正团队背后站着一支强大的大咖后援团，他们是华正企业的事业合作人，以战略合作、股权激励等方式与华正企业保持着稳固紧密的合作关系，为项目运作提供专业保障。听到这里，小编似乎有点明白了。

盈利是养老项目的基本素质

华正老师是民政部培训中心专家教授，在北大、清华、复旦等大学担任客座教授，定期在大学、培训中心的培训班中开展讲座。对于现下比较火爆的养老融资现象，他有独特的见解。

华正老师认为，中国人的平均寿命正在不断变长，老年人群仅通过退体工资很难实现养老。如何在不给子女造成负担的情况下，在经济能力范围内找到合适的方式养老，成为社区广泛关注的话题。养老项目虽有一定的社会属性，但归根结底还是商业行为，保障生存、自我造血、实现盈利是评判养老项目的基础指标。

中国养老项目呈现重资产的特性较多，这些项目多以类地产及保险思维切入市场，缺少全产业链思维；在盈利方面，诸多养老项目表现也是大不相同。比如，一部分地产延伸性养老项目，以极低成本获取土地，微利运行养老产品，同步推行高尔夫、会员制等手法，利用附加产品产生爆利，以平衡整个项目盈利。再比如，一部分保险类养老项目，以高额保险切入市场，借助保险特性，为已经富裕起来的中老年人提供投资、理财、合理“脱产”的机会，利用客户资金换取项目的长足盈利。

华正老师表示，国内养老产业发展时间尚短，在盈利规划方面十分欠缺，多数项目仍面临生存的考验，大多部分企业会寄希望借助金融手段，或借势巨头企业合作，解决项目生存以及长足发展问题，对于项目自身盈利考虑较少。若能发挥拿来主义思想，有选择性地汲取国外先进的养老经验，为我们所用，养老项目生存现状一定能大为改观。

最后，华正老师和小编透露，做好自己，干好项目，好的服务一定是用项目成效来说明。华正团队结合国外先进经验与国内项目实操心得，梳理出了养老项目盈利的 65 种模式，整理成书，面向整个行业进行经验分享。该书投入市场后已经帮助很多养老企业解决了盈利困惑。未来华正团队期待与更多养老同行合作，一起见证养老产业的美好明天。

张华正

北京华正养老服务股份有限公司董事局主席
民政部培训中心专家教授
台湾中华老年服务产业协会理事长

国际自然医学会国际长寿之乡评委、中国医疗促进协会长期照护委员会副主任委员、《中国房地产报》养老产业专家顾问。

英国城市管理学院博士，美国IPA国际高级培训师，英国城市行业协会国际培训师；台湾多所大学客座教授，交通大学、浙江大学客座教授。

时间留言：老年产业是我一辈子所专注的重点行业，从老年产业延伸到整个全生命产业链是发展的一个重要板块；而我从纯养老延伸到医养结合，再到各类型的整合，再到大健康；目前我们也延伸到了医养大健康、文旅IP，这样的IP思维。借着城市落地、成功案例，努力积极创造效益，成为这个产业的标兵，也希望以这样的精神服务更多的朋友，让大家都在老年产业的蓝海里面寻求到自己的方向，创造自己美好的未来。

张坤昱
倾听市场的声音，链接养老的未来

（2017年6月13日）

题记：10月，小编结识了殷毅，一见投缘；12月，关注到养老自媒体号“昱言养老”，半年时间读了该公号200余篇原创文章，被他们团队“无公休、天天更新”的认真劲儿所折服，渐渐化身为铁粉；4月，5万份《北京养老地图》在一周之内横扫京城养老圈，小编和养老圈的小伙伴们都惊呆了！

在好朋友的牵线帮助下，坤昱老师接受了小号的专访。现在，小编迫不及待地想和大家分享关于“昱言养老”、《北京养老地图》以及昱言养老团队的背后故事。

人生的第二次发展

和小号不同，“昱言养老”出身名门、大有来头。一方面，他们是亚洲最大的房地产服务商——中原集团的重点孵化产业，隶属北京顾问中心的大健康养老事业部，有行业背景，实力雄厚；另一方面，他们又是北京大学国家治理研究院下属的国家治理与老龄产业政策研究课题组，有高校背书，专注养老产业政策研究，励精图治。总之，了解越多，小编对昱言养老工作室的欣赏就越多。

坤昱老师说，她的职业生涯分为两部分：40岁以前，经历了房地产的几度沉浮，看市场掘起进入黄金十年，又看市场骤变步入白银时代；40岁以后，她根据行业发展与自己的内心指引，选择了与原行业关联度密切、信息相通的大健康养老领域，进行人生的第二次规划。她相信，有中原集团的平台、北大课题组的支持，他们的团队一定能把养老及养老企业服务做得更好。

数十年的地产经历，昱言养老工作室有着很严谨的工作素养。工作室成立伊始，整个团队即开始了进行认真的市场研判。经过一段时间的实地踏勘、行业调研，坤昱老师发现，现在的养老市场信息不透明、流通不畅；养老企业与政府之间、养老企业与老年客群之间、养老企业与养老企业之间的沟通链条是残缺的，缺少联动平台，在很大程度上会影响产业的发展。

她决定，带着昱言养老团队创新策划出一件可以承载养老企业信息、能够联动老年人群、养老机构、政策等多方面养老资源的工具，并决定以养老地图的形式呈现。

连接未来的养老地图

2016 年 8 月，昱言养老工作室开始做北京市场养老机构调研，进行地图信息筹备；随后梳理了大量的市场信息，启动了项目核对工作。2017 年 2 月，养老地图终于进入审核、制作阶段。

《北京养老地图》对外公开后，引发了业界震动。4 月，昱言养老工作室通过老龄委、民政局、街道办事处、中原二手房门店、公众号等通道派发《北京养老地图》，立即吸引了整个北京城的视线。

《北京养老地图》成为昱言养老工作室的一张靓丽名片，昱言养老公众号粉丝一周爆涨数千，昱言养老工作室一时间风光无二。坤昱老师表示，养老地图是连接老年人群、服务企业的桥梁，为老年人带来可以满足他们养老需求的服务供应商，让企业可以更快地捕捉到最精准的客户信息。同时，养老地图也是连接社会、企业、行业的纽带，可以成功链接行业资源（政府）、开发商、房产租售门店、养老机构之间的潜在需求，促成多元化、跨行业、跨产业的多赢合作。

目前，昱言养老工作室正在策划筹备 2.0 版养老地图及延伸产品。2.0 版的地图信息会更加全面，并进行分类信息处理，且增添线上产品。未来，昱言养老工作室计划将养老地图作为重要的品牌产品线，不断更新，持续为老年人群、养老行业带来更好、更具情感体验的养老实用工具。

用专业创造美好未来

现阶段，昱言养老工作室有四大产品线：养老自媒体、养老地图、标杆企业研究、养老金融。相对昱言养老的 200 多篇原创行业文章、养老地图的恢宏派发而言，后两者则更为低调。

养老金融板块是昱言养老工作室正在筹备的一条重要产品线，是借助“以房养老”的政策东风，依托中原集团、金融机构及多年的开发商跟企业资源积累，以中原二手租房门店为载体，为老年人提供以“房”为主要线索的 TOC 端金融服务（包含但不仅限于委托租赁、房产质押、房产代售等金融交易内容），期待以中原大平台为支撑，以最安全、最可靠、最便利的方式，破除老年人养老方式选择中经济的制约。坤昱老师表示，未来中原老年金融产品的推出，必将在一定程度上提升一部分老年人的养老质量，增加他们晚年生活的幸福感。

坤昱老师认为，中国养老仍在起步阶段，参与者众多，但没有统一标准，养老服务需要从小处、细节抓起，慢慢练内功。不管在多远的未来，养老从业者仍需要低下头、俯下身，倾听来自市场、一线和老年人群的声音，以客观、积极的态度去学习、去观察。

昱言养老工作室一直在进行对国内外养老标杆企业的深入研究，期待从他们的品牌、业务、服务等方面获取第一手资源，然后进行加工、整理，通

过自媒体平台、线上等渠道，把他们的经验、收获和国内养老同行们分享，为大家打开一面窗、一扇门，用真诚连接行业与养老企业，以丰富的知识储备驱动中国养老产业的快速发展。

同时，工作室还在昱言养老平台定期发布“昱言养老壹周通”“昱言养老月报”等市场谍报，并不定期发布国家治理与老龄产业政策研究课题组的部分研究成果。昱言养老工作室从纵深发展、专题课题、理念研究等方面进行了细致布局，并兼顾宏观政策到微观市场观察，希望通过昱言养老平台的力量，使养老与地方、企业与企业、老年人与服务之间产生良性的、积极的互动联系。

坤昱老师表示，昱言养老工作室作为中原集团的新业务之一，不足一年时间，团队的小伙伴们是在摸索中前行，标杆企业研究、养老金融等业务正在处于孵化阶段，养老地图、自媒体取得了一些成绩，但未来的路还很长。

目前，工作室同步承接了一部分与中原集团传统业务相关联的养老地产策划咨询服务项目，争取更大的生产转化，保障工作室独立生存的能力，计划先“断奶”，实现微利自营，再谋求未来更好的发展。

未来的路上，昱言养老工作室会与中原平台各路大军、养老行业的各届同人并肩携手，为中国老年人的幸福晚年而共同努力。

张坤昱女士

民政部全国居家和社区养老试点专家
北京大学国家治理与老龄产业政策研究课题组执行主任
中国房地产业协会养老地产与大健康委员会副主任、经济组专家
昱言养老工作室创始人
中原集团首席咨询顾问

深入研究大健康及养老行业的各细分领域，带领团队深入一线，整合各方资源，为龙湖集团、华夏集团、万达集团、泰康保险等多家国内优秀企业提供战略咨询及单个项目的综合解决方案。为解决养老行业终端资金闭环的难题，联合金融机构创新性地推出养老信托产品。创办昱言养老自媒体平台，于2017年4月推出中国第一张养老地图《北京养老地图》1.0版，至2019年已更新至3.0版，共向长者及家庭免费发放20万份，成为有效连接B端C端的桥梁。2018年7月，依托微信端的北京养老地图小程序上线，以New Life Style为初心，致力于构建国内一流的为老服务平台。基于养老地图构建的B端+C端数据库，为研究行业发展提供了精准的数据支撑。

时间留言：当初将人生第二次发展的阵地选在养老行业，打造连接未来的"养老地图"，着力专业的研究及企业服务……每一项决策，每一步选择都是注定的缘分。两年时间匆匆地过去了，北京养老地图已更新至3.0版，小程序也如期上线，昱言养老一步一步形成了多层次、多元化的内容体系，在行业内渐渐地形成一定的影响力。未来并不遥远，而我们一直在路上！

第二篇

奋战蓝海的那些人

刘淑琴
用爱守护每一位泰康“家人”

（2018 年 12 月 15 日）

题记：几乎整个养老行业都在研究“泰康之家”，小编每年也要做三五次的“泰康之家”专题报告，加之泰康之家近年甚少参与大众层面的行业交流，神秘感倍增。百思不得其解，久觅而不得真章，每个人心里都一个自己的“泰康之家”，小编亦是如此。多重迂回，小编终于成功约访到泰康健康产业投资控股有限公司高级副总裁兼首席市场官——刘淑琴总。一个小时的访谈，全面刷新了小编对“泰康之家”的理解，收获巨大，小编觉得自己十分幸运。

每个层次的需求都能花样落地

小编深信，作为大规模 CCRC 品牌的代表，拥有可以覆盖全国重点市场园区的背后，泰康之家对养老服务一定有更深刻、更完善的理解。淑琴总认为，尽管养老社区这个“IP”有许多内容，具体的空间环境、具体的服务对象、具体的价值观与评判标准；但养老社区最核心诉求是服务客户，满足客户需求是它最大的职能。

就需求而言，老年人的需求也十分符合马斯洛（生理、安全、社交、尊重、自我实现）的五层原则。就生理及安全层次的需求而言，医养结合、健康管理、居家安全、营养饮食是养老服务的基础内容，泰康之家在此方面也投入了大量的资源。从室内适老化、艺术展示、健康生活、医疗保健服务等细节一一对位，优雅安逸 & 鼓励社交的社区环境、简约淡雅 & 缓解压力的建筑空间、全社区巡视布设（拉绳、人工智能）、康复医院、1+N 式管家服务、花式营养餐都是泰康之家比较外显的服务组成。

淑琴总认为，对比过去，当下的社会经济进步较大，老年人养老的观念也在不断地变化，他们的养老选择也趋于多样化（如社区居家、长照机构、持续照料社区 -CCRC）。有些老年人戏称：“人的出身无法选择，有了之前几十年的奋斗打拼，可算是有条件、有机会选择让自己更舒服的养老方案啦！”市场供给与老年人养老的需求之间，一直存在较大的缺口。泰康正是在许多高端老年人养老需求无法得到满足的情况下，推出了持续照料社区产品——泰康之家。要让老人从家里搬出来，入住养老社区，“新”社区的环境条件一定不能比家里差，故而泰康之家在社区环境、产品打磨方面投入了大量的精力，比如在园式中设置更多的“小空间”，让老人愿意停下脚步、坐下来交流。比如设置不大不小的门厅，既有仪式感，又不至太冷清空旷；比如选择比普通住宅略高的层高、略大的面宽（窗墙比），选用简约柔和的色彩搭配，尽可能减少老年人的情绪焦虑；比如尽可能地隐藏用于员工管理的智能化工具，营造温馨自然的生活氛围，让老人觉得更加安全。总之，通过各方面努力打造高端但不奢华、让人心顺心静的环境，希望老人们每时每刻都能感到美好、愉悦。许多老年人常年为慢病所扰，心情郁结，泰康在营养餐方面下足了功夫，希望可以通过“餐”这种最直接的方法让老人产生更大的愉悦感。小编有幸试吃过泰康“六菜一汤”级的豪华老年餐饮，色香味全、幸福感爆棚，堪称养老餐之最啦！相信泰康餐所传递出的“幸福感”一定可以让老人心情更加愉悦。

文化养老是泰康养老服务的第二标签，对“尊重、自我实现”层面的需求，泰康之家更是十分重视。以北京燕园为例，园区有 40 多个兴趣俱乐部，聚集了无数个不同类型的小社群，每个

社群组织有不同兴趣爱好的活动，常年开设近百种文化娱乐课程。这些课程像一个秩序分明、色彩斑斓的“小社会”，既是老人们共同学习的平台，也是他们彼此相互交流的动态社群。每个居民（老人）都可以在这里找到归属自己灵魂的圈子，在不同维度里找到彰显着专属个人“实现自我价值”的舞台，拥有属于自己的“泰康”粉丝群，社区是平台，更是舞台。

小编发现泰康之家的文化课程中“老年金融理财课”十分抢眼。淑琴总表示，理财是一个概念，对于老年人而言，理财首先要树立正确的养老观、理财观，其次是防诈骗、提升理财安全，避免“人还在、钱没了”的状况发生。面对养老、养自己的现实，老人们往往需要先调整消费观以及消费结构，其次才是关注长线理财，追求投资实效。在泰康社区中，有许多经济状态相近、文化层次相近的居民，一起研究金融理财。对他们而言，理财是一项比“赚钱”更有趣的社交事务，理财的过程中，能够找到许多新朋友，在一定程度上丰富了他们的晚年生活。

淑琴总认为，外显的环境打造、既有的服务内容、丰富的文化氛围需要由“人”来完成。无论多高端的社区核心都应聚焦在“人与人”的服务方面。文化养老最根本的体现，在于一群与老人生活最为贴近的人怎么做事，怎么说话；最好的养老服务是在尊重老人生活权利的前提下，让老人每个层次的需求都有不同花样的落地。

用爱守护每一位泰康“家人”

养老是做与人相关的产业，老人与员工之间的天平要公平，长辈不因为“花了钱”就随意指使工作人员，员工不因为“伺候人”而丧失职业尊严。园区是老人的家，也是员工的家；要想服务让老人开心、满意，前提是让员工开心、满意。

淑琴总表示，养老服务重在管“人”（员工 & 老人），就“人”的管理而言，理念管理更为有效，对比其他业态，泰康这样大型社区的运营管理则更具挑战性，更要强调理念管理的长处，赢得人心。管理层不能只是当“领

导”，经营不是算计，重在引导。领导层一定要主张明确、旗帜鲜明；和团队坦诚沟通，做到“说的”和“想的”一样，别让大家去“猜”组织的想法，减少沟通隔阂。营造一个简洁透明的工作环境，让员工们可以心无旁骛、目标纯正地做自己想做的、应该做的事。

领导层要能欣赏员工的优点，看到他们长项、短板，发挥每位团队成员的长项的同时，培养团队的协同作业、充分沟通、相互补位的意识，关键时刻及时协调团队与团队之间、员工与员工之间的补位补缺，保障整体服务的顺利进行。科学的管理是引导一个正确的方向，给予团队发展的指导，帮助大家更好地工作。比如，泰康的园区都很大，工作人员每天的工作路线、服务半径都比较长，在工作服装选定时，就要优先选取让员工轻松、好用的休闲轻便型服饰和鞋子，在采购决策中，选择质量优、正版的前提下，对标价值，从工装用具等细节，让员工感受到来自公司真诚的关爱与尊重。

比如，燕园开业之初，公司曾特别聘请航空公司为大家安排了一系列高端培训课程，讲礼仪、分享“惊喜瞬间”制造的事。这样的安排固然是以提升工作服务为主要目的；但在此之外，让普通员工与航空公司、空乘团队享受一样等级的培训，会让参与培训的每个人觉得荣幸，在更长时间觉得心动和愉悦。即使过去数年，那批老员工都对那次“航空培训”记忆如新，津津乐道。再比如，办公室空间安排，尽可能照顾到运营服务的动线，选取最便捷易于推进的管理制度，把制度变成流程、把流程系统化，让服务更加便利，让员工顺心顺手。

回忆过去为项目奋斗的岁月，淑琴总表示，想到曾经帮助过的人，做过的有趣的事，仍觉回味。有机会为身边人打造一种幸福的氛围、愉悦别人，是人生的乐趣所在。给予让员工得益的工作，才是公司平台给予员工最大的价值。员工与公司是雇佣关系，并非是生死相依的关系，但员工却是公司服务精神的传承与表现，公司要像对待家人一样对待员工。若有机会，会尽可能地让他们去不同的环境、圈子里去“对标”，通过不一样的视野、更广阔的世界，让人他们增长见识，找到自己奋斗的“另一种目标”。好的工作，能让他们感到幸福，带领大家一起做正确的事情，更要教大家梳理思维，给予他们长本事、变成更好自己的机会、积极发展的方法，并启发引导团队共同学习、向上奋斗。

精益改善是最好的运营

泰康的居民以高知老人为主，像燕园就有 4–5 位院士、200 多位正职教授及退休干部，甚至还有近百岁的航天专家、知名导演，他们在园区担当芭蕾舞、易经、布艺等课程的教师。对于老人而言，每天都是余生中最年轻的一天，顺其自然的状态、有规律的生活、可以自由选择的丰富活动，是美好晚年生活的标准配置。

淑琴总认为，社会与社区之间、老人与老人之间、老人与员工之间，都需要互相理解、互动帮助，相互包容，达成共生共容的和谐状态。如同燕园中以色列艺术家与德国大师联合打造的“一人一半”人脸作品——“共生”一样；运营社区最重要是营造共生的环境，能够解决“不共生”的问题。故而，泰康（老年）居民入住园区时，工作人员通常会在他们入住的最早期，介绍与他们兴趣相投的“老居民”认识，带领他们参与社区多元的活动，使他们有更多认识社区居民的机会。在这个过程中，引导他们调整自我，适应、理解、融入泰康“小社会”，找到最适合的“共生状态”。

泰康社区建设之初，董事长提

出了两大要求——建筑要简约舒适人性化，能“横冲直撞”；产品要创新有亮点，能“横空出世”。淑琴总表示，从泰康社区筹建至今，已近十年，每一处新“泰康之家”园区的建设，都是一次技术的全面革新，园区环境打造、产品优化、适老化等都在不断地细化完善，横冲直撞早已不是问题了。对于不断更迭推新的泰康社区而言，要同时服务好数千位高端老年人、保持“横空出世”的服务优势则是一个极富挑战的事情。如何保障每个新园区都是一次超越、一次新的“横空出世”则是泰康团队一直为之努力的长远目标。

淑琴总认为，对于这个长远的目标而言，需要制定前瞻性的战略和目标，进行细致的目标分解，了解轻重缓急，管控成本，选择正确的战术，绘制严密的实施计划。在迎接每个社区建设的战争中，有许多的小战役要打，要坚持正确的理念、向着对的方向、用专业的手法做事，才能确保工作顺利推进。作为服务方，聆听客户的需求，链接资源，激活、赋能，让服务品种更全面、内容更精彩，必须得在提高服务效率的同时，及时沟通，持续改善。而保障“横空出世”运营服务状态的核心在于精益改善，强调在常态的基础上，追求“比常态更好一点”的细节，向上进行有限提升。

作为养老品牌营销从业者，小编十分好奇接下来一个阶段“泰康之家”在品牌营销方面的安排，请求淑琴总剧透一二。淑琴总表示，关于品牌推广策略和规划健投总部会有整合营销的动作，从公司层面来看社区的品牌，并帮助大家适应，可以给予一定的包容，不怕工作有缺点，但要求工作必须有亮点。对于新社区的连锁复制，泰康推行“老带新”模式。比如，新社区核心团队都会提前到岗，去老社区“实习”，考核通过之后，再正式入职目标社区工作；比如，组织老社区居民去新园区试住、为服务优化提建议；比如，升级老客户服务管理系统，强化共和国建设者的“圈子标签”，吸引同样气质的老人聚集居住，强化更有人情味的营销渠道。

如今，泰康在国内有超过十四个社区在筹建运营，投入运营的社区四家，“泰康之家”品牌在业界获取了一定的成果，在社会层面有了一定的社会影响力，已完成了品牌的初步建设；下阶段工作的重点在于“品牌塑造”，强化品牌传播广度以及十四个社区品牌营销联动方面的建设，同时会启动泰康养老文化IP的打造（如舞动泰康、律动生命等IP），在IP打造的过程中，对于新媒体类的品牌工具如头条、抖音等，也将进一步尝试深化应用；若有优秀的品牌资源，也十分乐意合作。总之，泰康社区是整个老龄社会的一部分，泰康之家希望有更多老人、服务团队可以加入，也期待能强化泰康居民群体对外的IP展示，借此影响更多老年人建立更为积极的养老观，选择更幸福的晚年生活。

刘淑琴女士

泰康健康产业投资控股有限公司高级副总裁兼首席市场官

主管泰康健投旗下全业务板块的保险产品开发、品牌及市场推广、泰康之家在线及质量精益业务。

从事银行、证券、信托等相关金融行业12年，2000年加入泰康保险集团（原泰康人寿保险有限公司），先后任职泰康资产管理有限公司基础设施及不动产投资部总经理、泰康之家投资有限公司副总裁兼养老社区事业部总经理，负责商业地产资产管理、养老社区开发、运营及营销工作。成功规划泰康之家八地养老社区，四地开业。

2017年，荣获年度公信养老机构领军人物奖，主管养老社区荣获公信养老机构连锁品牌奖及最具公信力康复护理机构奖。

时间留言：从事养老，让我们各位养老人预见未来，做好养老事业让我们遇见美好的未来。

段萱
无服务不养老

（2018 年 12 月 13 日）

题记：养老圈一定是有门派之分的，能拜在有“医疗圈最懂养老、养老圈最懂医疗”之称的段萱总门下，小编觉得十分荣幸。经过好长时间的勇气准备，小编终于怯怯地向前老板段萱总发出访谈邀约。想问的问题很多，思虑再三还是将问题圈定在养老服务及养老人才方面。与“崇拜”“好奇”相关的问题，只能留到以后啦！

无服务不养老

现在国内同行都十分关注医养结合，小编特别向国内知名医养结合机构品牌的联合创始人段总请教关于医养结合的看法。段总表示，养老行业的核心是卖服务，与其他行业卖产品、卖地段、卖智能化不同。可以说，无服务不养老。适老化改造（装扶手、防滑等）、户型产品（设备设施、布草等）等环境条件因素虽与养老服务相关，是养老服务的影响因素，但并非养老服务的核心。以多方面的实际需求为出发点，以解决问题为目标，根据目标所制订的服务计划，以及提供服务的细节才是养老服务重点。

养老机构应该提供哪些医疗服务，医疗服务与养老服务如何有机结合，服务如何提供，医疗人员与养老服务人员之间如何分工协作？……是养老服务供给中体现专业度以及存在争议比较大的部分，也是目前国家推崇的“医养结合”概念的核心干扰点。比如半失能、失能长者的状态差异大，应通过多专业协同配合，照护好他们。再比如，应制订细节的管理方案，降低照料过程中的不良事件等。医养结合不只是简单的空间布局（便捷、融通）、医疗资源嫁接等“硬结合”内容。医养结合服务的根本在于将医养结合理念及意识渗透贯穿融入至日常服务、照护工作细节中，通过体系化的服务、培养医养结合型服务人才等一系列“软结合”来实现。

虽然大家认为养老服务的起点不高，但要真正做好服务却十分不易。因为养老服务不是吃饱穿暖那么简单，对专业（医养、护理、生活服务等）有相当高的要求，服务细节的把控更是十分关键。从市场竞争的视角来看，要把养老服务做到样样好很难，但养老服务一定要有特点，有细节，有能打动人的亮点（明星）服务项目。以餐饮为特色的机构，餐饮服务一定要做到极致；以医养结合、重症老人照料为特色的机构，医疗及照护水平一定要在业界领先。没有服务特色的机构发展空间十分有限。

“院长”不是谁都能当的

现在市场中，许多企业都在挖空心思寻找有医疗背景的养老人才，医疗体系的溢出人才成为各家争夺的重点，几乎整个行业都在找“院长”。各公司对院长要求都比较高，针对不同的人和事，要能够使用不同的应对方法，能搞定团队，能搞定老人及家属，能协调对外事宜（社区 / 行业 / 政府 / 媒体）……

段总认为，养老企业要明确自身的业务定位：医养结合型，医疗护理服务是重点；生活照护型，服务安全是重点；高端自理型，精神文化娱乐是重点。根据企业服务的核心定位，定

向寻找专业人才，才能有的放矢。高端人才（如院长）招聘更应如此。院长不是谁都能当的，要有基础（专业能力）素质，还要有管理悟性以及科学的管理方法和手段。专业人才晋升为管理人才、胜任院长，需要三至五年甚至更长的周期。现成的院长确实难得，但四处挖角也不能从根本上解决问题。养老企业以开放包容的态度搭建人才梯队，培养适合自己企业文化的"院长"才是长久之计。

众所周知，段总拥有一支强大的医养服务团队，其中有许多出身三甲医院的专家与资深医护人员。小编想请段总给想进入养老行业的医护专业人才一些实用的参考建议。段总表示，医疗行业与养老行业的服务理念与思维都不同，医疗服务以治疗疾病为目的，养老服务则比较强调大爱、关心、尊重，让老年人拥有在家般放松的感觉。在医疗行业，患者因病而来，对医疗有迫切的需求，提供医疗服务的医护从业人员，专业优势明显，被众人尊重，地位较高。在养老行业，服务对象是老年人，老年人因为各种原因入住养老机构，在那里开始长期生活。服务人员首先是老年人的"家人"，其次才是提供专业的服务的医疗护理工作者；具有医护背景的养老服务人员，依然拥有专业优势，但医护专业在工作中的占比却大不相同。

医院服务患者与养老院服务老年人差异很大，医护专业人才从医疗行业跨行转入养老行业，必须要重新定位服务的定义以及专业的价值。同时，考

问一下自己，是不是有信心适应新环境、是不是有大爱精神，愿意从事养老行业；如果答案尚不清楚，就再多考虑考虑，不要仅凭一腔热血，就盲目进入。如果答案是“YES”的话，就要做一些主动的准备，换位思考、转变心态、调整思维，如此，才能适应新环境、做好新工作。

得人才者得天下

人才一直是困扰养老企业发展的大难题。段总对人才培养问题一直是高度重视。早期曾与中福协、美心优护、北大总裁班、知学学院、医促会等机构/组织合作，开展养老服务人才培训试点。2016年，成立优护万家，正式启动了养老人才培训业务，陆续推出了医养结合照护师、养老机构运营管理、养老轻课堂（组织医疗健康领域的专家为老年人讲授医养健康知识）等培训产品。同时，与德州技术学院合作开展校企深度合作，在学历教育的基础上，加入养老实操培训内容，打造“一出校门即可上岗”的实践养老人才。段总曾多次表示，创建 “优护万家”平台的初心，就是希望能将优秀专业人才输送至养老行业中，通过这些专业人才将优质的服务送至千家万户。

跟随段总工作的几年时间，作为“内部人”，小编见证了许多老服生从护理员、楼层照护长、照护部主任，最终走向管理岗的过程。自己也是一名受益者，对于优护万家的培训机制十分迷恋。养老服务本质上是由人来提供的，提供服务的人员素质十分重要，想要做好服务得从工作人员基础素质及专业提升抓起。为此，小编就大胆向小伙伴剧透一下，2019年，优护万家与德州技术学院联合培养的首批学员即将毕业，超过100多名有养老实操技术、可直接上岗的老服生，即将涌入市场。详情不便再多说，还在为招聘所扰的好朋友，你们懂的！

对于即将步入养老服务行业的毕业生，段总也给了一些建议。第一，要有职业化准备，选择留在养老行业，养老就是终生的职业，要做好心理（精神）、物质（技能）双方面的准备，以便更好适应岗位工作。第二，要关注职业发展方向及上升可能，即使是同一个专业也可能有多个方向的发展，比如护理专业出身，可以在护理领域（护士）的相关方向进取，也可以向评估收费、健康咨询、运营管理等相关专业发展。但不管往哪个方向发展，都必须从接触老年人的基层工作做起，在服务老年人的细节中实践，强化照护技能，提升沟通技巧，提升个人的综合竞争力。

当然，企业也有义务为他们描摹更生动、更具体的未来，比如初级、中级、高级都有哪些方面的转化，比如未来发展的路径与周期规划。现阶段，无论中小型企业，还是连锁型企业，都十分重视人才培养及人才储备问题。通常都会安排各种各样的培训，以期打造认可企业文化、符合企业发展的自有团队。新入行的年轻人一定要珍惜参加公司给予的内 / 外部培训机会，借专业培训拓展自己的发展空间，基础素质强、有管理悟性的人可以争取向上晋升的可能；有爱心、有耐心、愿意专注服务的人，可以纵向研究专业，向专业型人才发展。

引入人才、培养人才很重要，留住人才更重要。段总表示，优护万家在人才留用方面设有比较完善的体系，对于市场中竞争力极强的岗位人才，更是设置一套行之有效的激励方法：一方面发展连锁，用企业内在驱动，为优秀的人才通过挑战过关获得更多晋升的机会，用发展"留"人；另一方面，设置一系列与运营业绩相关的激励方案，用待遇"粘"人。

段总表示，企业实际情况、发展阶段不同，发展战略也不同，每个企业对自身都要有客观的认知，了解自己能的、擅长的，根据企业的核心竞争力，剖析发展的最大机会，制订适合企业现状的发展计划。现阶段优护万家主要在嵌入式小微机构（含居家）运营、医疗护理业务输出、教育培训人才服务三个板块重点布局。未来会在服务标准化及流程指导、医护资源对接及医养业务托管、照护人才培养（委培 / 人力外派）合作等轻型服务业务重点发力。养老之路还很长，愿与更多的养老同人携手合作，为老年人的幸福生活而努力。

段萱女士

优护万家创始人 & 董事长

保利安平“和熹会” 联合创始人 & 董事

中国老龄产业协会医养结合与健康管理委员会副主任

中国民营医院发展联盟执行副主席

北京市长寿会执行会长

医学学士，高级工商管理硕士，先后在加拿大温哥华 KWANTLEN 学院、长江商学院、中欧商学院医院院长管理班、复旦大学首届医院院长高级管理班、北大辉瑞医院院长管理班学习，具有丰富的医疗和养老产业投资及运营管理经验，擅长把握产业宏观发展方向，整合协调资源，对医养结合型养老服务运营模式有较深入的研究和实践。

时间留言：从去年接受筱珊“养老江湖”的采访到现在已近半年的时间了，“无服务不养老”这个概念也随着时间推移变得越来越重要，越来越被大多数同行认同并接受。优护万家 2019 年重点打造以优质护理服务为核心内涵的养老机构运营（西山项目将于 4 月底正式对外开放）；同时集团加大人才服务板块业务发展速度，今年底，我们 2017 级首批老年服务与管理专业的大专学生即将走向实习岗位，养老的专业新生力量也在不断地发展壮大。优护万家将不忘初心，以服务为本，着力打造医养人才队伍建设及输出，为养老专业服务质量提升贡献一份力量！

张文革
一直向前，和自己赛跑

（2018年10月30日）

题记：获知张文革先生的“龙福宫”已经营了二十年，在天津及周边地区基本实现了区域连锁。小编告诉自己一定要去看看。做访谈前功课时，张总“天津范”的分享使小编无比好奇，好奇一个养老机构，需要很多理由；好奇一个人，一个理由就够。为这一个理由，小编特意去天津走了一趟。

最适合年轻人发展的行业

走进龙福宫（西青旗舰店）的大厅，阳光透过玻璃轻轻洒在挑空的大厅里，安逸悠闲、雅致恬淡，与外边嘈杂的环境完全不是一个世界。工作人员带小编参观，在公共空间遇到几位老人家，他们脸上挂着天津人独有的惬意、愉悦，偶尔会和工作人员聊上三两句。虽然他们交流得不多，但小编却能感受到这就是天津养老院应该有的味道。

与工作人员闲聊，获知超过半数的龙福宫员工都是天津本地人，而且年轻人居多。小编十分好奇龙福宫是如何吸引本土年轻人做养老的呢？对此，张总表示，国内正规教育起步晚，专业人才少。中国的老龄化不断加剧，社会上的老年人越来越多，养老行业人才的需求也是越来越大。国内老年服务相关专业起步较晚，开办老年服务专业的院校较少，老年服务专业的内容建设还处于完善期，每年输出的毕业生数量十分有限。虽然现在市场上也有一些短期养老培训班，但“产出”极其有限。

国内院校对老服专业人才的培训方向侧重管理，新入行的毕业生太过于关注“管理”二字，愿意从基层做起的人实在不多，专业人才分流严重。养老行业与其他行业不同，很难通过短平快的手段完成人才培训；专业人才稀缺与不断增长的用人需求之间的矛盾已成为制约养老行业发展、影响养老企业扩张的最大因素。

企业不了解员工困难、不为员工解除后顾之忧，员工则很难踏实为企业工作。让员工感受“企业为员工”“企业即是家”，服务的质量才有保障，企业的发展才能长久。龙福宫推出的“用人”“留人”政策，均以“建立员工信任和长期关系、为员工创建家、把员工当家人”为基本原则，是龙福宫团队稳定发展的重要保障。在用人方面，龙福宫在原有团队中，预置5%的储备人才，应对企业扩张的人才需求；除一个月的入职培训外，还特别设置了“师徒制”“互相讲课”等岗中培训，利用持续型的在岗培训，全面提升员工的专业能力。在留人方面，针对现有员工，制定设置了一系列的留人政策。比如，创造良好的工作环境、提高工资待遇（五险一金等），比如，员工直系亲属入住8折优惠、设置家属接待制度（家属探亲包吃住）、关爱员工（了解员工的困难，给予解决及安慰）等。PS：据悉，张总的父母均住在龙福宫。

张总认为，目前，整个行业中，对新晋从业者包容度较高。只要有爱心、有意愿做养老，即使专业不对位，企业也愿意接纳。年轻人进入这个行业，拥有广阔的发展空间，3-5年内便可获得晋升为中层、高管的机会。这样的成长晋升，在传统行业中往往需要5-10年或者更长的时间。对想干一番事业的年轻人而言，养老是一个很好的行业，甚至是捷径。

以诚相待，不断进取

小编一直关注龙福宫的“官宣”，发现龙福宫对外曝光的信息中满满都是干货。张总本人更是多次公开分享“三大制度”“四大生命线”“六位一体交叉管理”等管理经验，毫不保留。小编很想知道，经营养老项目二十余年，服务老年人近万名，在张总的心中“优质养老服务”应该是什么样的？张总认为，判断养老服务，关键要看企业提供的服务是老人需求的，还是企业自己设想的。提供“老人想要的”服务，首先了解老人的真实需求。每个老人的需求都不一样，企业需要先研究他们的共同需求，制订应对方案；再研究个性化需求，制订专属服务方案。比如，老年营养餐方面，软烂淡是共性需求，饺子、面条、米饭、馒头则是个性选择。龙福宫 “四大生命线”（安全、卫生、膳食、护理）所要求的内容，就是满足共性需求、最基本的标准，是养老服务最起码的要求。做好“四大生命线”，机构就可以正常运转，不会出现大问题。

张总表示，对于追求持续发展的企业而言，养老服务是一个不断升级进化、不断完善更新的过程。就龙福宫而言，最早以改善居住环境、满足老人的日常起居（吃喝拉撒睡）为主，于是提出了三（餐）饱二（午睡/夜间睡眠）倒。基础需求满足之后，老人们对服务有了更好、更高的“挑拣型”要求，要求服务顺心，于是提出了“精神养老”，龙福宫继统一“营养餐菜单”之后，要求各院结合社区情况、依据各院特色制定“活动菜单”，打造具有单店风格的“精神养老”服务内容。“睡好、吃好、喝好、玩好”之后的第三阶段，服务需要与时俱进，就得从老人的个性化需求着手，逐步提升，更具挑

战、难度更高。

二十多年来，龙福宫密切关注行业发展，定期更新自体系的服务标准，每建一家院，都会吸取前几家院的经验，根据老人们新的需求，对环境、服务、团队等方方面面的因素进行改造升级，尽可能地使企业服务与时俱进。张总表示，养老服务的对象是一群特殊的、需要被长期照顾的“人”。企业通过管理层管员工、员工按照流程服务老人是一个比较长的服务链条。天底下“人管人”是最复杂的问题，每个人都是一个独立的个体，通过层层关卡、对老人提供优质的服务十分不易。

张总认为，所谓养老服务“软实力” 打造，没有好使的通用办法，更没有捷径。若必须有一个办法，就是“以诚待人”。“诚”字易写，落地很难。我们都喜欢孩子，觉得他们可爱，最重要就是因为孩子真诚。真诚的人最可爱，人人都希望被真诚地对待。想获得真诚，要先自我践行。行业待企业、企业待员工、员工待老人都应如此。

一直向前，和自己赛跑

小编发现，从 2010 年开始龙福宫团队有陆续进行社区养老、驿站经营等新业务的尝试；但截止到目前，龙福宫一直未曾对新业务进行公开推广。对此，张总如是说：干养老 22 年，一直保持着当初创业的心情。龙福宫团队有活力、有干劲。对于新业务，龙福宫团队很愿意创新尝试，但尝试新业务与发展新业务之间还存在一定的距离，对于扩张，龙福宫一直坚持“稳定推进”原则。

近年，全国各地都在发展社区居家服务。在这个过程中，政府相继出台相关政策，积极倡导，并为社区居家提供资源资金支持；但政府给予方向性引导的同时，对驿站经营的定义比较宽泛。每家公司进入社区居家的因素都不相同，许多驿站做着做着渐渐变了形，沦为棋牌室、社区小超市、送餐点、家政服务网点的亦不在少数。虽然政府前期投入了相当力度的补贴支持，这些项目却一直无法进行“自我造血”，难以持续经营。放眼全国，社区居家

领域成功案例甚少，经营模型与盈利方式仍在摸索中。

通过一段时间的社区及驿站业务试水，龙福宫团队意识到，真正要做社区驿站，发展社区居家养老服务，还是需要依靠养老机构资源。可以将社区居家服务当作养老机构的附加业务来运作，不能指望驿站赚大钱。另外，驿站服务的对象是养老机构的未来客户，驿站可以作为机构未来客户入口，为养老机构提前预存客户流量，方便后期转化。社区养老服务（驿站）属于龙福宫的孵化型业务，仍在探索期。未找到清晰、可持续发展的模式之前，暂不做扩大计划。张总表示，养老时间越久，越会清晰地认知，想要更长久、持续地发展，一家企业只能以专业化立足，规划养老产业中的一部分，一点而“专”。而养老链中还有许多空白点，需要更多的专业公司、专业之人来做。对比发展新业务，龙福宫团队更愿意鼓励员工根据个人特长，内部创业。

龙福宫摒弃了传统企业以及家族管理模型，以市场思维经营企业。在连锁经营的过程中，要求各店保持独立，沉淀灵活、善于解决问题的核心团队。这一点，吸引了许多有想法、有志向、对未来有诉求的优秀人才；他们融入龙福宫平台，用心工作、大胆创新，值得拥有更美好的前程。公司在为团队设置激励机制（先进、业绩 - 入住率等）、分级管理的前提下，鼓励他们与养老相关领域进行内部创业（专业服务供应商、子项目创新等）。鼓励他们借助龙福宫平台的力量，且给予一部分创业的资源 / 资金支持，协助支持他们打开更广阔的天空。张总认为，能给予员工单飞的实力、起程的助力、陪伴他们走一程，管理才更具意义。

经过多年积累，龙福宫拥有良好的品牌口碑。小编比较好奇，应对未来的竞争环境，龙福宫会有哪些发展规划？张总表示，二十年前，选择养老行业，是因为市场上没有人愿意做这个“苦差事”；二十年后再看，老龄化进程越来越快，全社会的养老服务需求越来越大，养老行业仍在发展的初期，还谈不上同业竞争。对于养老企业而言，超越从前的标准、跑赢昨天的自己，就是最好的竞争；相对竞争，更应关注如何做好服务、经营好企业。

回顾过去，张总表示，做养老 22 年，从尝试、渐渐感兴趣，到现在除了干养老，别的行当也不会干，以后只能接着往下干了。做养老最大的收获，就是明白了“老”是怎么回事。因为了解、懂得，所以不会讳病忌医、不会恐老、不会怕死、不会回避；因为有心理准备，“老”不再是个未知数，会更有勇气面对即将到来的“老”，可以从容优雅步入人生的“下半场”。养老是值得坚守、为之付出、长久发展的行业，希望更多企业与个人可以加入养老行业，共同为老人提供服务。

张文革先生

天津市龙福宫老年产业连锁机构董事长
天津职业大学养老服务与管理专业客座教授
民建会员、人大代表

毕业于天津财经大学国际金融专业，从事养老行业 22 年。创建“管理系统国际化、服务流程标准化、居室设计家庭化、生活情趣田园化”的长者家园，率先启动并实施“三大制度”“四大生命线”“六位一体”交叉管理模式，成为行业经典蓝本与复制模板。多次受邀出席“健康养老产业财富论坛”“夜访百家”等多个行业盛典和媒体栏目，并获天津市“五一劳动奖章”、全国“公益楷模”等多项殊荣。

时间留言：2019 年，龙福宫又添两名新成员，同时启动评估中心项目。

黄小蓉
不是每个“金太阳”都是“福龄金太阳”

（2018 年 4 月 16 日）

题记：黄小蓉总是养老界的一位传奇人物，不仅因为福龄金太阳受到国家领导、民政部领导的高度关注；更重要是因为她有阳光一样的正能量气质，让人觉得温暖、有希望。认识黄总，是小编工作最忙的时候，在她的微笑中，小编汲取了许多力量。至今仍深刻记得，她说：“只要是对行业发展有好处的事，我都乐意做。”

不是每个“金太阳”都叫“福龄金太阳”

金太阳是一个特别受养老行业青睐的名字，“×× 金太阳”“金太阳 ×××”在国内很常见。小伙伴们都很好奇，纷纷猜测“世间上竟有如此巧合之事！”因此，小编特别向黄总求证。黄总笑着回应，当初定名“金太阳”是感叹“夕阳无限好，只是近黄昏”，希望为老人们做一些事情，让他们的夕阳时光变成金色，璀璨、辉煌，快乐美好。“金太阳”的全称是“福龄金太阳”，是一众“金太阳”中最闪亮、最具影响力的一个，不是每个“金太阳”都是“福龄金太阳”。

对于遍布全国的“金太阳”现象，黄总的想法令小编惊讶。她认为，画皮容易画骨难。复制“金太阳”的模式不难，复制“福龄金太阳”与“金太阳人”却十分不易。养老行业与其他行业不同，愿意投身养老的人都是有爱心的人，若能借助“金太阳”品牌、“金太阳”合作，帮助更多的人是一件让人欣慰的事。因而，此前一直并未对“金太阳”品牌进行特别的保护。内心甚至期待，市场有更多 “金太阳”为老人提供服务会更好。然而，在资本介入之后，“金太阳”的市场化属性会更明显，未来必然会实施统一管理。目前，公司正在进行标准化建设，期望从企业标识、服务标准、企业文化标准等多个维度，对“金太阳”品牌及门店进行统一规范。一方面，以正视听，完善培训体系；另一方面，若国内其他的“金太阳” 有意合作加盟，更为便捷高效，黄总与“福龄金太阳团队”十分乐意与大家成为真正的一家人。

帮助他人，利他亦利已

小编常常看黄总的朋友圈，每天清晨九点都有金太阳人迎着阳光宣誓、跳舞的场景出现。一天见到，只觉寻常，天天见到才觉奥妙，渐渐地小编也能从中汲取到一抹阳光的味道了。小编觉得奇怪，现在养老行业人才奇缺，金太阳企业发展却十分惊人，快速扩张的同时，还能如此组建一支整齐划一的“金太阳团队”，实是令人称奇。

对此，黄总表示，养老受政策、经济的影响有限，真正相关的、关系密切的是客户需求量，真正影响养老企业发展的是服务质量。有高的服务质量，养老企业才有生命力，才有未来；建设一支优秀团队是保障服务质量的基础条件。从某种程度上来讲，金太阳受志工、员工、政府、同行的关注与监督，与保险公司很像，是不可以倒闭的养老机构。金太阳团队中有许多助老员，他们是当地居民，每月领取2000元左右的基础工资，8小时之内是工作，8小时之外的工作时间会存入他们的“服务银行”账号，以后可以用于自己或家人的服务购买及兑换。对于这样一群40岁以上的“金太阳家人”而言，他们为熟悉的人提供服务、帮忙他人，同时也是用工作为自己存一些服务，干工作顺便解决自己的养老问题：既是为自己而干，也是为家人而干。而“金太阳人”正是福龄金太阳最重要的财富。关于人，金太阳有独特的甄选办法，能够在茫茫人海中帮助“金太阳”找到与企业价值观一致的人。

金太阳旗下有4条业务线，业务范围涉及20余个城市，线下网点近700个，人才的需求可谓是十分紧迫。在项目实施落地、团队组建的过程中，金太阳实施项目运营当地化，在项目进行本土化团队搭建。在团队搭建方面，金太阳要求所有员工立言立人，同意365×24小时随时出动的承诺，接受金太阳薪资体系中义工期考核相关内容。对高端人才、高管层要求尤为严格，完成本土招聘后，他们需要回总部培训3个月，完成1个月的义工服务，金太阳提供食宿、不计工资，每天必须参加宣誓等企业文化活动。1个月后，如公司认为不合适，补发当月工资，劝退；中途，若本人提出退出，则不进行工资补偿；随后，需要再进行2个月的“金太阳”专属培训。公司会从多个维度对这些“准高管”进行工作考察，期满获得金太阳团队认可，才会被分派项目地参加工作。中层员工筛选的方式与高管相近，完成本地招聘后，总部会派人驻场培训1-3个月，完成10-15天的义工服务，才能参加正式培训。基层员工的义工期相对短一些，但标准基本相同。

黄总表示，社区居家服务与机构不同，是入户零距离服务，要充分地考虑安全问题，一个不留神、大意都会对老人及他们的家庭造成无可挽回的伤害，服务管理、服务质量的要求必须更高。金太阳定位的“没有围墙的养老”与虚拟养老院不同，最明显的特点就是全部服务均由员工来完成。一线员工必须经过“金太阳”培训合格方能上岗，享有“基础工资+抽成”的体面待遇保障，由老员工帮带，实施入户服务；志愿者只进行陪伴社工等在店面或社区的公开服务，不入户；医疗与专业志愿者则安排工时付费。

人心是最难判断的，入户为老服务中关爱生命的成分要大于工作的因素，不负责的后果很可怕，并非一个员工可以承担，希望以“金太阳”的文化体系、工作模式，激发出人心里的最柔软的部分，将善最大化，呼唤出最真诚的爱老之心。工作吸引、服务吸引是新员工加入金太阳团队最大的动力，十三年过去了，实践证明通过金太阳体系考验的，适合养老行业的人都留了下来，有了不错的发展；不管时间过了多久，对于老人及家属而言，对于服务本身而言，“金太阳人”都永远不会变。

但行好事，天必佑之

金太阳团队提出“居家 + 社区 + 机构 + 大健康”四位一体模式，在全国快速复制，收获了不错的成绩单。小编悄悄向黄总求证，市场中那么多企业的模式都还停留在概念及初创阶段，为什么金太阳成功了？黄总认真地做了应答。她表示，概念与做事不同，概念转化、落地与成功之间还有一定的距离，这个过程很漫长，也很难，很多企业不成功也很正常。从金太阳创建模式至今，已经历了 13 年时间，有政府的支持、认可的助益，有公建民营发展的因素，金太阳团队对商业模式的转化革新、服务的不断升级更是功不可没。

南都公益基金会理事长徐永光在他的新书《公益向左，商业向右》中评价，金太阳“四位一体”模式的背后是公益铺路、商业跟进、产业化拓展、可持续发展的逻辑。黄总认为，选择一个行业，市场需求固然重要，帮忙政府缓解那些高龄、低收入、难以解决的老人的养老实际需求更具价值。公益与商业的结合，要看目的是什么。若以赚钱、生意为目的，怎么结合都有问题，做与不做意义不大，不如不做。若当作事业，打算奋斗终生，可以考虑做。做养老需要更多的耐心，随着服务越做越好，规模越来越大，积累的效应渐渐显现，社区作为服务商、增值服务推广渠道的价值日趋强化，银行、保险公司、政府购买等这些从前不敢想的合作邀约也接踵而至。企业定位不同，做事目的则不同，社会企业以解决社会问题为目标，产生社会效益的同时，必会附带一定的经济效益；社区居家养老用基础服务解决老年人及其家庭的问题，能聚集一定数量的信任群体；但行好事，天必佑之，一旦人的问题得到了解决，一定会有商业机会紧随其后，有付出、有积累，必然会有未来。

近年，金太阳进入高速拓展期，年服务超300万人次，会员人数已突破50万，服务美誉度、品牌影响力不断扩大，受到政府领导、业界同人的一致好评；也收获了资本方的关注，成功融资。有了资本的助力，金太阳在布局高度、产业化扩张方面更具优势，下阶段会持续强化线下输出的相关业务，在甘肃、云南等地区与政府、学校合作，建立养老培训样板点，进行定向养老培训，解决养老企业一线用工问题的同时，兼顾扶贫与优创作用。

黄总认为，现阶段的市场，对于养老行业而言，时机不尽成熟，还需要3-5年的发展期，5年以后将迎来服务需求、行业发展的大爆发。待现在的"50+"人群购买社区养老服务的时候，社区居家养老的春天才会来临。社区养老服务，为长辈提供照料关爱，以家为归属，是商业行业；与个人发展与经济有直接关系，更是爱心行为，需要由心而发。不忘初心，坚持好的内容，金太阳已取得了一些成绩，目前正式启动了"金太阳合伙人"计划，未来希望将金太阳平台的"名"与"利"进行积极转化，帮忙引导更多人走向养老服务的阳光大道。希望有更多人，在养老的路上找到属于他们的"金太阳"。

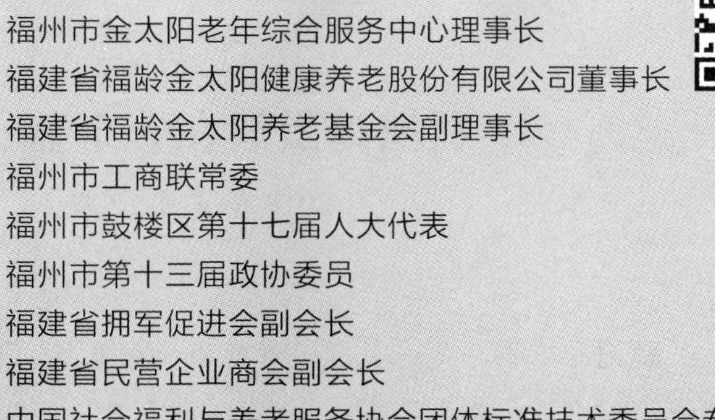

黄小蓉女士

福州市金太阳老年综合服务中心理事长
福建省福龄金太阳健康养老股份有限公司董事长
福建省福龄金太阳养老基金会副理事长
福州市工商联常委
福州市鼓楼区第十七届人大代表
福州市第十三届政协委员
福建省拥军促进会副会长
福建省民营企业商会副会长
中国社会福利与养老服务协会团体标准技术委员会专家委员

金太阳养老品牌创始人，组织和发起、成立福龄金太阳养老基金会。全国孝亲敬老之星，全国老龄工作先进个人，福建省三八红旗手，福建省居家养老服务工作先进个人，福州市老年工作先进个人。

时间留言：12 年的风雨兼程、12 年的服务积淀，就如习总书记勉励的那句话："这是一件很有意义的事情，好好干。"金太阳的家人们依旧会在养老的这条大路上坚定地走下去。

丁勇
别把鸡蛋放在一个篮子里

（2018 年 4 月 12 日）

题记：丁勇总是一个有演讲魔力的企业家，听完他的演讲，听懂的和听不懂的人，都会路转粉；两场演讲之后，小编从“普通粉”晋升“铁杆粉”啦！虽然没听懂他的演讲内容，但依旧无法阻挡小编想上进、要学习的心啊！几经努力，多次相邀，终于在 3 月，获得了一个小时的访谈时间。小编快马加鞭、速问速答，研究琢磨许久，方敢推出本篇小稿。PS：小伙伴们，未尽之处，各自参详，与君共勉！

别把鸡蛋放在一个篮子里

关于社区居家服务，丁总有和同行不一样的看法。他认为未来的养老服务会比较多地发生在老人熟悉的地方、老人的家中；只要身体状况没有退化到完全不能自理，都不应该鼓励老人离家养老。遗憾的是，市场中能满足老人需求、解决实际问题又合心意的养老服务供应远远不够。许多人抱怨养老不赚钱，其实大家都应该反思一下，产品哪里出了问题？很多时候，我们的服务设计牺牲了老人们比较看重的、珍贵的价值。对养老企业而言，赚钱是一个财务概念；对老人及他们的生活而言，养老服务是他们生活的一种助力；养老企业需要从老人的实际需求、真实感受重新推导服务内容。服务若可以解决老人生活中的实际问题，必会有价值，必然能赚钱。

从人的本性推演，家是人所有情感的归属，即使身体不自理、需要护理，老人们也不愿外出、离家养老。人和人不一样，每个不忍离家的人都有属于自己的个体原因，具体原因则是一个错综复杂的问题。然而，大多数养老同行只关注老人及家属的“钱袋子”，更倾向以“需求 & 支付”的简单逻辑考虑社区居家养老的内容。从行业长远发展来看，这样的思考远远不够。丁总认为，许多养老企业宣称“人终有一段时光要离开家、去到机构中，接受照护”，客观讲，同行们说的并没有错，但他本人内心仍不想认可，总觉得这是养老人设计的、一个看上去正确的“谎言”。爱照护团队一直在探索，什么样的方式、什么样的服务能让老人在家里生活得更快乐、更舒适、更长久，希望更多企业、更多的团队加入其中，为改变“人生必须离家”的现状共同努力。

爱照护团队倡导“按需入住，床位流转”的运营理念，在普遍追求“高入住率”的养老行业中，显得格外突兀。对此，丁总有比较独特的解读：判断“住”与“不住”的标准，一方面要看老人有没有不得不住的实际需求，而不是评估他们能够产生的服务价值，经济划算、对老人好的方案才是优秀的方案；另一方面，倡导床位流转、提升流转率可以大幅降低机构获客的边际成本。入住率 100% 只是在篮子里放了 100 颗鸡蛋，推行床位流转则意味着同时拥有一个篮子和 100，甚至 200-300 颗鸡蛋。推行床位流转，不把鸡蛋放在同一个篮子可以为养老机构运营打开不一样的局面。生活是有温度、有情感、鲜活的，推行床位流转制度的同时，养老企业必须确保为转出机构、回归家庭的老人提供妥帖的后续服务。

打造培植长期关系的土壤

小编认识多位爱照护的员工，他们都有令人羡慕的“硬实力”条件，综合素质超强。细打听才知，他们中许多人都有国外生活留学经历，是最精英的人才。小编很好奇丁总如何能打动、聚拢这么多精英，放弃大好“钱”途，投身不怎么赚钱的养老事业呢?

关于如何选人，丁总分享一些新鲜的观点。他认为，企业与员工之间，表现更多的是和子女与父母、夫妻一般的长期关系。好的企业更关心员工在企业中发挥的最大价值，还会高度关心员工在企业中成长的最大空间。维

持工作关系，每个人的选择都有一定的价值取向，不同阶段、不同状况的员工在长期收益与短期收益之间的侧重点不同。每个人都有追逐机会的一面，也有维系长期关系的一面。像“谈恋爱结婚”与“谈恋爱不结婚”一样，设定的关系不同，应对的措施也不同。更多时候，员工和企业的关系取决于企业提供的土壤能不能将员工身上具有长期关系的一面激发出来。若企业将员工关系设定为长期关系，就会强调推行促进长期关系的政策。

即使最基层的员工也想活得更好，也有向上发展的愿想。但人的天性更倾向、更愿意保持甜蜜关系、待在舒适区，但要获得长远发展的可能，人就不能只在甜蜜关系中做事、只活在舒适区。但凡与人有关的长期关系，都会受到外界诸多因素的影响，伴随着脆弱，呈现不确定性。处理起来难度更高，但也因为很难，才更有趣味。企业与员工难转移、难断续、最稳固的长期关系就是共同发展、共享未来。对企业而言，关注员工外在需求、给一个“拉风”的职位抬头并不难，真正难的是以成长为驱动、关注员工的长期发展、给予他们现在需要的又符合长期发展的深层内容。帮员工制定目标，起步、一年、三年、五年、十年，每天改善一点，每年进步一些，给他们一张与企业共同长成、共同发展的蓝图。

近年，“用工荒”“人才缺”在业界泛滥。但丁总认为，中国市场中总有许多人，最不缺就是人才，关键得看企业能提供多少让他们来的理由。优好的企业环境能启发员工长期关系的一面，能吸引对的人，使员工相信有与企业共同发展的未来，变得积极、愿意改善、不必担心再出发。对家及家人的惦念是人性中最深刻的执着，爱照护想做的是与家多一些关系的事业，爱照护伙伴们是一群气质相近、寻找与家有关、能赚点钱的事业的集群。总有人这么想，总有人还愿意这么做大概是爱照护团队稳步发展、渐渐强大最直接的原因吧！

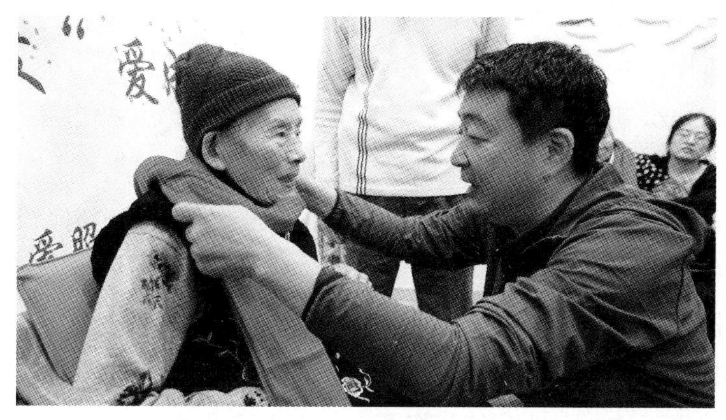

小编特别想知道，爱照护的核心竞争力是什么？丁总表示，现在市场中，有许多人将养老看作一件投机的事情，借短债投长期，期待以短平快的方式在养老蓝海大赚一笔。回顾过去十年走过的路，对于爱照护团队而言，最宝贵的财富、最大的核心竞争力就是过去十年中犯过的错以及十年陪同公司一同犯错，还在坚守的员工。

按成效收费，有舍有得

过去二十年，养老行业、企业比较关注与老人生存相关的问题，强调养老经营的安全性；最近五年，中国养老行业快速发展，不管是机构养老，还是社区居家服务都有相当大的提升。随着时代的发展，更多有知识、有文化的“50后”、“60后”即将步入老龄期，他们关注身体健康，更关注精神文化、人生价值、生命尊严等“上三层”极具个性又不确定的内容，中国老年人对养老的需求正在发生大的改变。

时值今日，养老行业发展已远远超越生存、无风险的基层服务时代，进入"上三层"服务序列。若再将"安全无风险"作为养老服务的判别标准，用基础服务的理念，应对多元、个性的需求，就显得有些不合时宜。养老企业应该更关注老年人的不确定性需求。然而，许多人还停留在旧时代，期待用老经验套路现阶段的老年人，结果不言而喻。时代快速发展，市场、行业在不断革新，养老人也得更换适应时代、市场的新打法。

养老机构，关门之后的战场；社区居家，打开门是战场。面对数量更为庞大、情况错综复杂的服务背景，需要更适应时代的解决方案。丁总认为，社区居家机构与老人之间更多体现为长期关系的需求。老年人也应该像正常人一样生活，有为自己做事情的权利，过量的养老服务会剥夺他们自力更生的快乐与权利。

爱照护按照"火锅原理"设计照护套餐包，将照护"套餐包"定位为"锅底"，是基础标配，不加菜也够用，加少量菜可以"吃小饱"，留一点馋嘴、留一点期待也不错。不鼓励多订、多买、占床行为；倡导"按成效收费"（P4P）理念，希望通过专业的照护服务有计划、有成效地改善老人的身体状态、改变他们的生活，在可能的范围内，鼓励他们追求自立，希望帮忙他们朝着恢复自立的方向努力，尽量减少对服务的需求。从维系长期关系出发，照护目标对服务目的要求是有成效。然而，"按成效收费"（P4P）模式对服务目标的追求却与企业的财务目标相背离、相矛盾。丁总忍不住自嘲，爱照护在这种奇怪的矛盾中能存活也是个好奇怪的现象。在小编看来，推行"按成效收费"，爱照护虽然在单客订单方面有所舍弃，但成效服务会为他们赢得客户更多的信任，会为爱照护事业发展带来大量的衍生客户，创造更广阔的发展空间。

爱照护，定义未来养老

服务质量是养老的生命力，在服务质量管控方面，爱照护有独特的解决方案。丁总认为，人天生就反控制、不喜欢被约束，具有很强的惰性，若没有检查环节，大概没有人愿意主动做事；在检查的威慑下，人们常常带着

“身不由己”“不情愿”的情绪干工作。然而，人们又害怕失去、拒绝改变、依恋长期关系。解决质量问题的关键是建立长期关系，或者说保障质量才能将经营目标导向长期关系。保障质量是建立长期关系的前提，维系长期关系的必要条件又是保障持续高质量，两者之间的关系十分微妙。

在这种微妙的关系中，爱照护推行“按件计薪、结果评估”的管理方式，一方面鼓励员工多劳多得；另一方面要求服务优质、有效，杜绝“没事找事”创造服务机会的情况。服务老人的过程，会有护理员、护士、康复师、社工等近十个不同职能的服务人员参与。多条专业线、不同岗位的员工实现协作一致、过程连续，在“人带人”“人查人”“标准化”的方法下，养老服务的基本质量可以成立。但规范上，养老服务还需要更多努力。每位老人都有自己独特的个性，不同时间里，需求也会不同；只追求结果的过程管理方法存在缺陷，质量管理应该是着眼于长期服务表现的动态标准。以老人走失事件为例，机构认为的“走失”“丢人”事件，对老人而言，其实是一场有预谋、有计划、有趣的“越狱活动”。有走失并不奇怪，用什么样的态度对待走失、用什么样的方式完成找回更为重要。爱照护曾在机构做过一些尝试，请照护人员扮演老人“越狱”盟友，每天早上和他们一起谋划逃跑路线，陪他们越狱。经过一段时间的“越狱”，许多老人的状态变得稳定起来。工作人员发现策划“越狱”的过程，也是老人脆弱情绪“疏”与“堵”的过程。没有对错，人都有向善的一面，用爱真心服务老人，他们能感受得到，他们会愿意与机构建立长期的信任关系。PS：除了动态标准体系，爱照护还参与了 ISO9001（2015）质量体系建设。

近年，丁总鲜少参与行业活动，很低调，一众粉丝都很好奇，小编亦在其中。对于此，丁总表示，一方面，随着年龄的增长，脾气越来越直，总说“真话”一不留神就会发生“观（za）点（rén）碰（chǎng）撞（zi）”事件，减少外出是希望严于律己；另一方面，经过十年发展，爱照护团队已经清楚地知道养老到底是一件什么样的事，提升企业自身的能力、做好服务才是最踏实的发展，现在爱护照还有许多要提升改善的空间，希望把更多的精力放在企业提升方面。近期，爱照护团队正在积极开发依托物联网和数据智能技术，实现服务成效和精准运营的“爱照护未来养老操作系统 IOS”，希望能对养老行来的发展有所促进。丁总分享的许多内容，小编仍然没有听太懂，但即便如此，也可明显感受到爱照护团队的努力和成果，更多内容还需要小伙伴在未来进一步了解了。

丁勇先生

上海伟赛智能科技有限公司创始人 CEO
中国老年学和老年医学会护理和照护分会副会长
中国康复医学会医养结合专委会 100 人委员
民政部《养老机构等级评定标准》课题实务专家组组长
上海市第十三届政协委员和上海市新联会会员
普陀区十六届人大代表
养老服务联合会会长
2017 年度拔尖人才

2001 年毕业于中欧国际工商学院 (CEIBS) 的 EMBA，2004 年于硅谷创业；2007 年归国发展，创办“爱照护”品牌，任爱照护首席执行官。带领爱照护团队开创了通过“互联网＋技术”实现“按成效收费（P4P）”的全覆盖照护社区（iACC），使社区每位失能失智老百姓都能以更低的成本享受到专业服务，有尊严地回归社会，回归家庭。目前，爱照护的 iACC 模式及服务已成功覆盖上海大部分地区，同时在杭州、宁波、武汉、北京、杭州、济南、成都、重庆、兰州、呼和浩特等城市落地。

时间留言：一路走来，爱照护犯过所有人都犯过的错，我们深深地知道我们还会不断犯错，但这正是我们取得进步的方法，因为我们深信我们做的事情很重要很有意义，值得我们竭尽全力地去解决我们面临的各种巨大挑战。希望我们的错误、失败、经验和教训都能给大家带来帮助。

周琤瀛
台上"三天展"，台下"全年功"

（2019 年 1 月 22 日）

题记： 2013 年，小编和上海做养老展会活动的周琤瀛相识；后面七年，一直"在线"联络；2018 年陆家嘴论坛再见，他已是上海国展的周总了。近年上海国展养老团队的系列动作，令业界惊叹。2018 年上海老博会的同期活动、全年活动嘉宾募集等热点事件，更是引发一众小伙伴的热切关注。于是，小编决定约当事人、多年的好朋友周总，提前打探点内幕消息。

台上"三天展"，台下"全年功"

这几年，各地"老博会"兴起，"老博会"的热度前所未有。小编十分好奇作为行业中人，周总如何看待"老博会"的价值与核心竞争力？周总表示，十多年前，网络尚不发达，买卖之间信息不对称，展会是人们获取信息的重要渠道，参展商通过展会展示形象、接洽客户，两三天时间内轻轻松松就可以收获上百个潜在客户，展会期间签约量也十分可观。随着互联网、移动互联网的普及，电商平台的快速掘起，B2B 专业展会也不同程度地受到影响。展会的目的和意义也发生了变化。

回顾多年运作老博会的经历，周总表示，原来做老博会，专业观众的参与积极性高，邀请也相对容易；而现在，获取信息的渠道异常丰富，如何邀请到高质量的专业观众已然成为办展工作的重中之中了。而专业论坛作为老博会的重要元素，能在短时间内聚集最具活力、最有热度的行业精英，富有多重价值，是汇聚专业观众的重要手段。

如今，更多人在展会中见面、沟通、听论坛、看看别人的发展、联络找寻合作的伙伴。养老行业的展会交易已不再是主体了，更像是行业大聚会，展会的意义也由“三天展会”演变成为“全年综合平台”了。相应地，办展单位对参展商的服务也由“三天展示”模式变成“全年服务”模式了。原来以看产品为主要目的人，因为“专业论坛”“活动”等各种因素来到展会。专业观众的选择进一步聚焦，未来养老行业展会的竞争也会更加激烈。

对于专业的老博会而言，不管是代表品牌高地的展会，还是代表市场高地的展会，都应强化服务，“三天展会”背后必须建立为参展商提供全年服务的资源平台。竞争越来越激烈的环境中，参展商选择展会的逻辑不同，业务合作需要、拓展外地市场、看重展会的其他（平台及论坛）支持、参与协同活动都有可能；三天之外的“其他价值”——全年多维度的资源支持，已真正成为展会的核心竞争力的关键所在。

好内容、好服务是老博会的生命线

不管参展商们因为何种原因决定参展，他们对展会的服务和环境都有较高的要求。周总表示，对于如何把控展会内容及服务质量，每家办展单位都有自己的理念。在上海老博会，有一部分元素（食品、保健品类、按摩器类）不允许出现。每年的展会，上海国展都会花大量精力仔细筛选参展商的资质，查验其营业执照与实际业务的一致性。但尽管如此，仅凭文件审核，依然很难守住参展内容质量的大门。每年展会现场，都会安排工作人员巡场，发现问题，当场退钱清退，全力保障参展内容的纯粹性以及展会的专业性。

上海国展养老团队在论坛嘉宾选择及分享内容筛选方面，设置了系列“规定”。周总表示，为了保障内容是有借鉴意义的实践经验，更是非实战派不请，非“干货”分享不用；为了充分保障内容新鲜、与时俱进，每年都会更换接近80%的嘉宾，尽可能地规避内容重复。对于论坛内容的尺度把控更是慎之又慎，既要有一定的前瞻性，又要与目前国内的实际情况相结合。以前养老行业活动少，内容组织相对容易。如今，养老会议活动多，各个会议的内容难免存在 “翻新稿”“水稿”，真正有质量的分享内容十分难得；专业论坛部分，组委会可谓是费尽心机。

对上海老博会的同期论坛，周总如此回应：收费不是为了盈利，而是为了筛选出高质量的专业听众；精准传播“好内容”，才能发挥其最大的价值；另一方面，经过严格把控，层层筛选的专业性分享，是组委会与嘉宾的心血；好的内容应该被尊重，为知识付费也是一种良好的交流姿态。2018年展会的同期论坛获得了业界以及众多同行的认可，实践证明“好内容”才是关键，未来组委会还是将“好内容”进行到底，严把质量关，不辜负听众的信任。

在线下服务方面，上海老博会也有许多安排。比如，提供一些展品发布的机会，扶持有需要的客户；比如，邀请部分企业参与“辅具走进社区”的系列线下活动；比如，为部分国外参展商提供开拓市场的资源、推广帮带，助力他们打开国内市场；比如，设置全年活动，为参展商提供场外交流导流的机会。周总表示，要搭建“展览－论坛－活动”式的展会生态体系平台，持续地为参展商对接更多资源，定制个性化的方案，从而支持整个行业的良性发展。只有行业发展了，展会才能有更大的发展。总之，三天展会的成功还是要建立在全年的服务上。

2019，全年活动一起走

对于各地开花的老博会，周总有不一样的看法。他认为，许多城市老博会都由政府牵头，带有一定的公益色彩。多数展会在区域内都颇具影响力，但展会的专业性（参展商、同期活动）还有待进一步提升。客观来看，老博会作为专业展会，未来必然是要进行市场化转变的。从适应未来的竞争角度看，各地老博会应关注地域文化以及区域养老产业的特点，聚焦细分领域、主题化运作，让展会富有特色，向真正助力区域养老产业发展的市场化老博会转变。去年鄂多尔斯举办的旅居养老峰会就是聚焦细分领域的很好的尝试。

另外，各地老博会也可考虑尝试一些新的方向，如“B2C”展会模式。在C端的老年人群体及家属端进行深度耕耘，强化促进“老年人树立积极老龄观”的相关内容，影响老年群体观念的同时，教育市场，将展会定位为与老年客户沟通交流的平台，或可以突围。但具体操作方面，一定要严格把好参展商的“关”，杜绝PTOP产品（保健品）坑老人现象。

2018年年末，上海国展养老团队面向全行业发起了“2019年全年活动嘉宾”募集活动，引发行业同人的高度关注，小伙伴们都对上海国展养老团队2019年全年活动安排十分好奇。周总表示，发起嘉宾募集是出于对全年活动内容质量的考虑，希望在全行业范围内寻找最具价值的新鲜内容；同时也想给不知名者一个展示的机会，扶持行业创新，进一步推动行业良性发展。2019年的上海老博会的会期仍在6月，全年活动包括陆家嘴峰会、行业推动者论坛等2018年的经典内容；还会在2018年原有的阵容之外，增加新的内容，比如针对C端推广老年

用品的使用、倡导积极养老观念、引导合理化养老方式及养老服务选择的“走进社区”系列公益活动。全年活动的具体计划，最快可于春节后公布。

周总表示，上海国展作为发展养老事业的国企代表，十分看好养老行业的发展空间，相信伴随着养老行业的发展展会的规模也会进一步扩大。上海国展养老团队更有实力、更有意愿为推动行业发展而长期奋斗。下个阶段，上海国展养老团队会站在全行业的立场上，突破地域限制，走出北上广，探索二三线城市的合作机会，开展“会议/论坛”类的活动，为促进区域养老行业的交流、促进区域市场发展而努力。

周琤瀛先生

上海国展展览中心有限公司 总经理助理

超过十五年主办专业展会的经验，在新项目调研、策划与项目管理上有丰富的经验。

从2012年开始，主办养老产业相关展会，目前主要负责每年6月在上海举办的中国国际养老辅具及康复医疗博览会以及相关业务。

时间留言：目前我们正在紧锣密鼓地筹备6月11日至13日举办的上海养老展，期待6月在上海和大家见面。同时，之前专访里面提到的辅具走进社区的活动我们也在上海各个区逐步推进，受到了老年朋友的好评。为了配合辅具社区租赁试点工作，我们还将深入更多社区、街道，进行康复辅具的推广与知识的普及工作。

王艳蕊
乐龄养老十年启示录

（2017 年 9 月 10 日）

题记：小编第一次直面社区养老，来自艳蕊老师的 2015 年清华论坛、清华科技园的讲座。她的分享，从社区公益、社区服务切入，让人清楚地感受到老人们的生活因为乐龄而发生的改变以及乐龄近十年时间的努力过程。小编一直在寻找机会，和这位社工、公益人、养老创业者聊聊社区养老、为老服务以及未来发展。8 月，终于得偿所愿。

社区养老的真相

小编眼中的艳蕊老师有许多的光环，是执行的社区养老从业人，更是执着的公益人。佩服她在为老服务领域付出的努力，更好奇她在十年漫长岁月中坚持走下来的原因。走进乐龄中心，恰逢乐龄双月例会，一群身着乐龄绿工服的工作人员正在热烈讨论，艳蕊老师正在部署工作。小编察觉到，艳蕊老师的乐龄绝非是公益组织、社区服务那么简单。

近年，“社区居家养老”这个词在养老圈格外引人注目。小编很想了解，从事社区养老工作十多年的艳蕊老师对社区养老有什么样的看法。艳蕊老师认为，有人的地方，就有社区存在。有社区的地方，就有养老需求存在。社区养老服务，不是献爱心、不是发善心，最重要是解决问题，帮助老人在社区中有质量、有尊严地生活。站在解决问题层面上，思考社区养老，进行业务筛选、定位，锁定现阶段要解决的问题，比如贫困老人援助、独居老人照料、失独老人关爱、孤寡老人生活等。

社区养老发展尚处于初期，人力财力都很有限，只能先解决最为紧迫的问题；其中，最具代表性的问题是失能、失智老人照护。对于失能、失智在老人照护，最紧要的需求是吃饭、排泄、洗澡等生存基本需求。失能、失智的刚需老人照护，需要有专业的机构，以职业的处理态度，提供专业的服务，这些是家庭照护、家人陪伴所无法给予的。

艳蕊老师曾三次赴日学习进修，亲身感受日本养老的文化、服务、养老模式。随着老年人年龄的增大，他们身体机能也在相应地退化，他们对于养老的需求也在不断地变化。需要保障身体机能的持续、生存机能的持续，老年人会在不同的阶段产生不同的服务购买。在社区居家关联、持续服务、服务扩展方面，小规模多功能的机构模型表现比较突出。日间照料、社区活动室以及专业的机构三种业态存在比较大的差异，团队、成本、服务拓展空间存在很大的不同。床位决定了社区养老可以提供的服务，即是社区养老服务的保障，社区养老必须有床位。2011 年，艳蕊老师经过认真考量与深入探讨，决定对乐龄进行改革，确认以 10−15 张床位小微机构为未来主要拓展形式。

八角南里的乐龄三月

乐龄八角南里店是乐龄小微机构的代表，和所有的乐龄场馆一样，选址在社区中，照顾周边老人的需求，又不是完全的嵌入式，更多时候是以开放的形式呈现在社区居民的面前，除了短住、日托外，还推出了养老咨询、医疗健康服务、老年餐、老年活动等项目。5 月开业，到 8 月底已入住了 10 位老人，每天有 60 多位老人来店用餐，近百位老人呼叫上门、助浴、助行（借助爬楼机）、志愿者等服务。

许多 60 岁的老人，将家中 80 多岁的长辈送去乐龄，60 岁的子女每天来乐龄店中用餐、看望老人、陪伴老人。他们本人在乐龄接受养老服务，度过愉快的夕阳岁月。他们的长辈亲人在离家很近的、能够触摸到的乐龄，获得自身生活空间的同时，最大限度地保留了亲情的联系。乐龄像他们家庭的另一个延伸空间，乐龄的工作人员则是他们家庭中的“编外家属”。

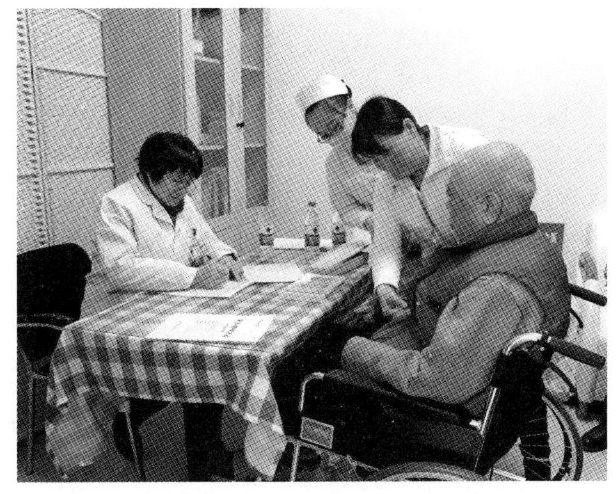

乐龄业绩喜人、口碑不断攀高，小编艳羡不已。借机代表养老小伙伴们，向艳蕊老师请教乐龄市场接受度高的原因。她向小编分享，原因比较多样：一方面，乐龄是公建民营形式，政府提供房屋，承担了租金、改造费用，减轻了一部分运营压力，乐龄将收费压缩在比较亲民的范围内（单床约3000−4500元／月），从价格方面为社区养老消费创造可能。其次，乐龄品牌运营超十年，成功服务了数万名老年人，在区域内有多家站点，对于周边社区的老年人而言，在乐龄用过的老年餐、体验过的服务、着急时解决过的问题，都变成了他们交流中的固定话题、生活中的持续关注点、相互引荐的快乐之事。乐龄在老年人的生活和交流中，高频次地出现，已形成了具有连锁影响的品牌力。乐龄为客户体验做好了事前铺垫和事后证明，业绩攀升、口碑提升都只是时间问题。

别把公益当“雷峰”

聊到乐龄，一定不能回避“社区公益”和“志愿者精神”这两个关键词。小编在乐龄的官网上看到，乐龄是“老年互助支援平台”；在乐龄的报道中关注到，乐龄有超过50支老年公益团队、10余支帮扶队伍、受益老年人超万人次。这些，无不使人对公益、老年人公益产生一堆彩色的幻想。小编知道养老服务与公益有着密不可分的关系，但这关系是什么、要怎么维系，却无从得知。

艳蕊老师告诉小编，公益行走在商业与大众的利益之间，服务大众、普通老百姓、有需要的人群，通过帮助他人，提升自我价值感，是在生活中持续地做一件小事情。不是学雷峰，不能被拔得太高，不能被道德绑架。做公益要有组织性、讲求专业化；只有组织化、专业化，才能持续，才能实现目标，才能被长久地认可。组织性越强、专业度越高，公益的效果越好。

"老年互助支援平台"所做的事就是游说政府、企业，争取他们公益投入的增加；帮助公益团队建立组织与制度，为他们提供专业培训，增强公益的知识与技能；同时，帮助喜欢公益的人们，信服公益，加入公益，以专业支持使他们达到专业化、"爱心+"的公益状态。每天都有新的公益团队诞生，每天都有旧的公益团队消失；总有认真干事的人，总有想要坚持的人，偶尔也有套钱跑路的人出现。有新生、有消失，有好、有坏，才是公益的真实状态。老年互助支援平台为公益团队提供帮助、助力，但不能代替他们工作。

艳蕊老师表示，志愿者是一种精神，更是一种生活方式，从事公益活动的公益团队、志愿者，需要团队运作，需要培训、支持、鼓励。乐龄设了专职部门，负责公益引导、政府项目争取、活动策划支持、团队服务（财务、报审、汇报等）等工作，每年为每支队伍提供最低1000元的经费保障，为他们解决基本生存问题，打通持续发展的道路。

社区公益队伍、老人互助组与乐龄社区养老服务团队同在社区，为解决社区问题、社区老年人问题而共同努力。他们为乐龄社区服务提供了不少的助力，比如低龄老人帮助高龄老人、志愿者队伍与乐龄共同筹办老年同乐活动、核实区域老年情况及需求等。以乐龄为线索，以服务老年人为目的，社区养老与社区公益队伍合作，亲密无间，工作越来越好。

下一个，乐龄十年

在日本学习时，艳蕊老师观摩过的一个案例：一位95岁的日本老人住在养老机构中，她听不见，也看不见，但所有工作人员像对待正常人一样，向她微笑，陪她说话，与她沟通，为她服务。即使看不见、听不到，她仍能清晰地感受到生命的尊严，作为人的礼遇。

这位日本老人的经历，引发了艳蕊老师的深思。艳蕊老师认为，只要生命不息，就应该被有尊严地对待，享受服务、拥有情感关怀。中国老人的生活状况与尊严生活尚有比较大的距离，中国的养老服务还有相当大的提升空间。中国与日本的文化基础不同，服务人员素质、护理技能、操作规范不同，老人的思想理念、生活习惯也不相同，摸索出适合中国人的养老服务，自上而下地发展推进，不确定因素还比较多，服务落地难度也很大。但从养老从业者、养老创业团队的角度出发，把服务做好，自下而上，倒推政府政策、行业发展不是没有可能。

艳蕊老师分享道，创办乐龄的初衷，想法很单纯，只是希望让中国老年人都能过上有尊严的生活，对于经营没有太多筹划，想着略有盈利，能持续运营下去就好。此前一个阶段，乐龄用真诚的服务、踏实的工作感动了无数人，获得了政府政策方面的大力支持。经过十年的积累，在养老大爆发的今天，乐龄到了第二次升级发展的关键时刻，企业发展面临着重要的挑战。

艳蕊老师表示，乐龄一直坚持为老服务、干实事的机构文化。目前，乐龄正在将十年的运营经验进行梳理沉淀，希望在硬件、软件、管理方面形成标准化，为下阶段的管理运营奠定基础。在人才方面，除了内部提拔、对外招聘外，还与陕西等地的高校在人才导入、实习基地等方面达成合作；在医疗合作方面，已与多家专业的医疗单位在养老评估、中医等方面达成合作；在员工待遇提升、快速盈利、资源整合、资本融合等方面积极提升。2017 年年底，乐龄的站点将拓展至 10 家，到 2018 年将拓展至 16 家，3 年后达到 100 家（含品牌输出合作店）。未来，希望与更多的养老同行、有识之士达成合作，为社区养老发展、中国老年人都能过上有尊严的生活而努力。

王艳蕊

北京石景山区乐龄老年社会工作服务中心创办人
北京乐享银龄养老服务有限公司创办人

中国政法大学经济法专业，法学学士学位，中国社会福利协会养老专业委员会理事，北京市青联委员。连续多年获得“北京市孝星”称号，全国孝亲敬老之星，第二十六届“北京市五四青年奖章”获得者。

从2006年底开始投入社区养老服务工作，创办社区养老服务机构“乐龄”，提供专业照料服务，并且专注于失能老人的专业护理，目前已启动六家社区为老服务站，开始规模化为老服务的探索。拥有多年的公益机构管理和运营经验，积累了广泛的社区养老服务经验。

时间留言：大形势在变化，养老行业在变化，2019，乐龄也到了攻坚克难的时候！之前养老虚火旺盛，很多人进来，觉得能挣钱，真做养老的要有平常心，请相信天上不会掉馅饼，需要踏踏实实地干活才行。

现在又说根本不挣钱，很难干，请继续平常心，这是个事业，请相信一分耕耘一分收获，天道酬勤！

所以不要为外界的纷扰所困惑，没有说的那么好，也没有说的那么差，宠辱不惊坐看庭前花开花落吧！

洪立
希望就在不远的前方

（2018 年 9 月 8 日）

题记：小编瞄准洪立老师是在 2016 年的清华论坛上，大家分享案例与实战经验时，她说：“我是一个学新闻的广告人，因外婆患病的经历，进入了养老行业。”仿佛黑夜的烟火，点亮了小编正在彷徨的心。小编至今仍在养老行业中混迹，必须感谢洪立老师“广告人成功跨界养老”这个成功案例给予的激励。这次访谈，小编约了很长时间，在 8 月达成了心愿。

为认知症家庭照护者做点儿事

拥有 15 年广告和市场传播工作经历，市场分析的眼光必定十分精准，小编很好奇洪立老师为什么选择相对小众的认知症领域开启她的养老事业呢？洪立老师表示，选择认知症领域，与外婆患阿尔茨海默病、成为认知症家属的经历有关。外婆患病期间，家人照顾外婆十分辛苦。外婆去世后，洪立老师特别想为其他的认知症患者及其家庭做一些努力。洪立老师与合伙人开车跑遍北京城，一家一家看养老院，一家一家问“收不收痴呆老人”。然而，问得越多失望越大，一次一次的“不收”，使人心情失落。彼时（2008 年）国内养老市场刚启步，传统福利院仍是主流，北京市场最早一批民办养老品牌（如爱暮家、千禾、汇晨等）亦是初入市。

2008 年，洪立老师与工作伙伴成立了乐芭玛公司，开始海量学习认知症照料的知识，做大量的功课，了解到认知症与老龄化关系密切，国外很早就在进行认知症药物研究，非药物干预的先进做法也渐渐成熟，社会对认知症家庭照护者的支持力度也比较大。然而，国内认知症照护领域却比较空白。经过研究老人各阶段服务需求和细致对比，他们发现在养老产业大概念中，认知症几乎是最难的一个板块了。他们决定勇敢地挑战最难的这一"关"。

经过一年多时间的调研、学习、积累之后，2009 年 9 月 21 日（也是世界阿尔茨海默日），洪立老师带领乐芭玛团队，发起了"记忆健康 360 工程"，通过公共健康平台传播、主题培训、网络知识推送等方式，进行认知症知识的大众教育及信息普及；同时，为认知症家庭照护者提供线上（微博 /QQ 群 / 微信群）线下的支持。

回顾过去的九年时间，乐芭玛公司在认知症知识传播及普及方面取得丰硕的成果："记忆健康 360 工程"项目作为来自中国地区的非医疗专业领域的声音，受到国际组织的关注认可，获得了来自国际方面的支持；与王华丽老师合著的《聪明的照护者——家庭痴呆照护教练书》已印刷三版，受到大众、业界、政府的高度认可，真真切切地为许多认知症家属、照护者提供了支持与帮助。

洪立老师说，从事认知症相关工作，能够帮助很多像外婆一样有认知症的老年人，改善他们的生活，从某种程度上弥补了她对外婆的许多遗憾。另外，将认知症照护的许多技巧与方法，应用于日常沟通、家人关系处理也是十分有益处的，从业者也是受益者；时间久了，推己及人，更能感受到认知症老人以及照护者更多的难处与不便，越发觉得为他们做事情，是自己以及乐芭玛团队的责任了。

痴呆——由不同病因引起的、以记忆和认知功能损害为特征的一系列综合征。

痴呆类型（医学界）	痴呆症状主要表现	痴呆症的多种叫法
阿尔茨海默病	认知功能下降	失智症（台湾）
血管性痴呆	出现行为问题	认知症（日本2005年）
路易体痴呆	工作和生活能力下降	脑退化症（香港 2010年）
额颞叶痴呆	严重影响生活及社会功能	认知障碍症（香港 2012年）
帕金森痴呆	……	阿尔茨海默病（国际惯例）
……		……

阿尔茨海默病（中期阶段） 中度状态，延续2-10年

表现特征	照护建议
记忆丧失愈发严重 （短期记忆衰退，长期记忆也有损伤） **伴随其他症状** （日落综合征、无法判别是非、产生幻觉等） **沟通能力下降** **视觉、听觉都可能产生障碍**	**增强沟通技巧** **强化生活照护** 帮他穿合适的衣服、刷牙和口腔保健 梳妆打扮/吃饭/散步/洗澡 大小便/睡眠都进行特殊关注 **应对问题行为** 重复行为、错认行为、激越行为 攻击行为、幻觉、跟脚行为、猜疑行为 游荡和走失、不恰当行业、抑郁 **不能独立生活，需要时刻陪伴**

不可否认的是，对于认知症陈旧刻板的消极印象、病耻感和歧视，是中国认知症社会照顾与支持事业发展的巨大阻碍。2016年，“记忆健康360工程”与英国阿尔茨海默学会正式合作，在中国发起社会创新行动——“认知症好朋友”，挑战歧视和病耻，并代表中国加入Dementia Friends的全球协作网络。

小编问洪立老师，当时为什么选择上海作为中国“认知症好朋友”的启动之地。洪立老师回答说，因为上海已经进入深度老龄化，认知症发病率高，很多认知症老人就像当年自己的外婆一样，需要来自社会的照顾和支持。“两年后的今天，我们在上海的认知症友好机构，已经在共同推动认知症友好社区的建设。这真的是一个令人非常欣慰的结果。”洪立老师说。

PS：小编和洪立老师见面的地方是一个咖啡馆。半个小时后，洪立老师就在那里参加一场“认知症好朋友咖啡时光”——面向家庭照顾者的团体支持活动。从2009年到现在，“记忆健康360工程”面向家庭照顾者的支持工作一直没有停止过。

“目前，90%以上的认知

症人群是在家里生活。家庭照顾者缺乏支援，承受着来自身体、心理和经济上的巨大压力。他们为了照顾自己的亲人，不得不放弃自己的生活，甚至放弃工作。他们需要有人聆听他们的心声，也需要得到可靠的信息、辅导和支持服务。这是这么多年，我们一直做认知症家庭支持的原因。通过和家庭照顾者一起工作，我们从他们身上学到很多东西。为认知症家庭提供支持已经是我的使命。”洪立老师这样说。

非药物干预 & 蒙台梭利认知症照护

近几年，国内同行对认知症的关注越来越高，医疗健康领域的许多企业也纷纷增设认知症服务内容。在众多关注认知症的团队中，小编发现乐芭玛旗下的“认知症优质照护学院”比较特殊，他们将“优质”作为培训、服务的重要指标，嵌入品牌名称中。对此，洪立老师表示，在英语体系中，“quality”就有质量、品质、美质、优点之意，是对优质、高质量的形容。人不能只有生活，更应该开心、充实、健康地好好生活。即使身患认知症，也不应放弃对高质量生活的追求。强调“认知症优质照护”，将“优质”作为服务目标、指标去追求，是希望给予认知症人群及照护者们更专业的支持，帮助他们获得更优质的生活。考虑到认知症的很多共情、以人为中心的理念与方法对于其他的老年人也比较适用，希望将服务向更多有需求的老年人延展，近期已将“认知症优质照护学院”正式更名为“乐知学院”。（PS：虽然“乐知学院”这个名字更好更阳光，但小编还是更喜欢“认知症优质照护学院”，怎么办，好纠结啊！）

许多小伙伴都在关注洪立老师近期倡导的认知症非药物干预理念、蒙台梭利老年与认知症照护法。为此，小编特别向洪立老师请教。洪立老师表示，认知症病程漫长，它的长期照护会涉及身体、心理与生活的各个方面，需要跨专业协作，医疗方面以给予诊断与药物治疗为主，并为认知症病人提供其他的慢病管理与治疗。另一部分是生活照料支持以及非药物干预的内容。

现阶段市场上有许多国外的认知症照护理念，与国内医疗体系中认知症

照护理念相比，差异较为明显。许多小伙都疑惑，对认知症照护，哪一种更适合呢？洪立老师表示，国外认知症照护服务发展时间较长，已有许多先进的做法；但不管何种照护模式，归根结底都是以人为中心的照护模式，万变不离其宗，体现人本主义的照护文化——Person-centered Care（PCC）。国外的好理念要落地国内，单靠翻译方或媒介方，并不能解决社会环境、社会观念差异所带来的问题。还需要和本地的专业工作者对接，了解当地的文化以及客户的真正需求。

玛利亚·蒙台梭利所提出的“蒙台梭利理念”一百多年来让全世界的少年儿童和他们的父母受益。美国应用老年学专家 Cameron Camp 博士，20 世纪 80 年代首次将蒙台梭利教育法和认知症照护相联结；在 21 世纪后，逐渐形成了蒙台梭利认知症照护体系，在加拿大、澳大利亚和美国有了更多的实践，国际蒙台梭利协会 (AMI) 专门成立了老年与认知症咨询小组。2013 年，澳大利亚认知症协会正式推荐把蒙台梭利方法用于认知症长者活动设计和安排，如今蒙台梭利照护法应用在国外已日渐成熟。

与其他的认知症照护理念相对比，蒙台梭利文本会贯穿认知症全病程，更加关注老年人依然保留着的能力，强调有准备的环境、有意义的活动以及工作角色（社会角色）。洪立老师认为，蒙台梭利教育法与老年认知症照护法结合是针对认知症照护一套全新配方，希望将蒙台梭利照护法推荐给非常领先、有远见、有胆识、期待照护文化变革的企业试用，相信大家会受益良多。目前，乐芭玛团队正在积极地推进蒙台梭利照护理念在国内的落地与应用。

希望就在不远的前方

认真研究了一遍洪立老师身上的标签——“乐芭玛”“记忆健康360工程”“认知症优质照护学院”（乐知学院）、《聪明的照护者》、“认知症好朋友”“认知症友好社区”等，小编仍未搞明白洪立老师和乐芭玛团队的主营业务是什么。社会企业、专注公益、培训机构、主做培训？似乎都不足以支撑他们团队生存发展的需求。对此，洪立老师回应，乐芭玛是一家社会企业，“记忆健康360工程”、“认知症好朋友”等项目，是致力于公共健康传播、认知症家庭支持全球社会行动组成的部分，侧重于社会公益；认知症优质照护学院（乐知学院），强调专业教育培训、创新服务研发、管理咨询服务，是对外输出的商业部分。

在认知症教育培训方面，认知症优质照护学院（乐知学院）的业务十分有特色。洪立老师认为，外部培训机构可以通过培训解决员工的知识与技能问题，是企业运营服务的支持者，而非教官，更不可能改变企业文化（中间内容你们懂的）。认知症照护——非药物干预方面，门槛不应太高，每个员工都应该有学习、提升、被认可的机会。企业应当鼓励一线员工，支持他们参与培训、提升技能，为他们晋级成为多技能养老人才提供条件。

在保障培训内容、培训质量的前提下，企业与培训机构的合作方式可以灵活一些，推出了三天（24个课时）的工作坊模式、两个月的在线专栏模式。在培训的细节方面，认知症优质照护学院也在不断地进行新的尝试，培训内容不断深化，比如认知症照护基础培训班就是经过了三年多时间反复培训验证，最终确立了重新认识认知症、以人为中心的认知症照护、与认知症长者建立有效沟通、为认知症长者安排有意义的活动、理解和应对反应式行为等5大模块内容。针对不同从业者与企业的情况，定期开设城市培训班外，也为机构及相关企业提供定制培训服务。总之，希望为更多企业、更多从业者提供支持。

9 年时间，洪立老师从认知症家属变身服务认知症的从业者，从广告人晋升为社会企业家。洪立老师表示，作为家属，她晓得对认知症老人、照护者与家属而言，专业知识的重要性，更懂得专业支持的必要性；作为广告人、市场传播研究者，她晓得沟通的重要，更明白沟通技巧、沟通方式的重要性；作为从业 9 年的养老人，她也晓得养老这条路很艰难，深知改变大众对认证症认知、提升国内认知症服务需要更久的坚持。她和乐芭玛团队将在这条路上继续奋进，希望可以为中国养老产业发展和对认知症难题的攻克多尽一份力量。

洪立女士

北京乐芭玛科技有限公司 董事总经理
记忆健康 360 工程 主任
乐知学院（原认知症优质照护学院）联合创办人
中国社会福利与养老服务协会常务理事
国际老年精神病学协会会员

2008 年进入养老产业并致力于认知症照护研究和实践，是中国认知症领域重要的知识 / 解决方案提供者和行业推动者。

出版《聪明的照护者》等多本认知症照护书籍，面向家庭 / 社区及养老机构提供系列培训课程，在线培训荣获国际阿尔茨海默病协会大奖。

2016 年开始与英国阿尔茨海默学会合作，在中国启动“认知症好朋友”，成为 Dementia Friends 全球社会行动的有机组成。

2018 年与国际蒙台梭利协会合作，正式将蒙台梭利老年与认知症照护法引入中国。

周素娟
在养老路上乐此不彼

（2018 年 11 月 2 日）

题记：常听小伙伴们提起，他们对周素娟老师十分崇拜、仰慕。小编一直在默默找机会，期盼能当面请教。经过许多次"擦肩"，终于在深秋完成了这个心愿。两个半小时的访谈，犹如醍醐灌顶，解开了小编心里许多的疑惑，使小编受益良多。在此，小编真诚地向周老师说一声：谢谢！

养老服务的对象是家庭

看过的项目越多，心中疑惑越多，对养老服务的认知变得更加模糊了。小编一直在想，对于养老项目，除硬件环境、餐饮外，养老服务更深刻的内涵是什么？对于小编的疑惑，周老师给了一份比较独特的答案。周老师认为，探讨养老服务内涵之前，首先要圈定养老的客户，明确为谁服务。养老看似在服务老人，但不仅仅是只服务于老人，更多的是还要服务一个 / 组家庭，为他们解决由养老产生的一系列问题。

养老从业者都需要了解"老人为何而来"，比如身体不便、无法自理，比如子女太忙，无暇照顾，再比如生活孤独、想找同龄人做伴等。每位老人来的理由不尽相同，但有一条却很相近，就是"方便自己生活，提升生活质量，减轻子女的负担"，老人希望通过入住养老机构的方式，化解由于养老产生的家庭问题。若能从服务家庭的角度理解养老服务，从业者会对自己的工作产生不一样的认知，处理事情的方法、对待客户的态度都会转变。

业内秘传，选养老院看三点：一是看老人和员工，老人是否开心，员工精神是否饱满，员工操作是否专业，员工心情是否愉悦；二是闻气味，空气是否清新，有无异味（“老人院”味）；三是听声音，听员工与老人的交流过程，语气是否温和主动，听老人反应是否亲切自然。周老师认为，客户对中高端、大型养老机构的服务要求会更加严苛。养老企业需要有清晰的服务与管理理念，去构建规范的服务与管理体系，以有序的工作机制强化为老人提供“全人服务”的实力。面对突发状况，服务团队需要从老人和家属的角度多换位思考，在风险管理得当、充分沟通的前提下，可以考虑启动“先处理、再面签”的升级服务模式，尽可能避免“一有问题，就找家属”的现象。通过多学科跨专业协作工作机制，最大限度提升服务质量和管理效率，减少养老对原家庭生活产生的影响。拥有解决家庭养老问题的综合实力是中高端、大型养老机构的核心竞争力，也是家庭选择养老机构、进行入住决策的核心看点。

构建养老服务模块，必须考虑社会因素，服务不能只做围墙内的工作，还得突破围墙，强化社交、心理等细节内容，给予老人身体、心理、社会、家庭全方位的照顾。入住中高端、大型养老机构的多为高知、高干老人，老人往往不愿意脱离社会、单位组织。作为养老机构要通过多种渠道方式与老人的原工作单位建立联系，组织活动，让老人永不脱离组织。比如，与老人的单位建立合作共建关系，原单位到养老机构一同过党组织生活，让老人感受到与组织的亲密关系；比如，邀请外部志愿者 / 外部团队来院与老人互动、组织社团活动、开办兴趣课，让老人与外部社会互动，减少老人脱离社会的感受；比如，定期联系子女，增加代际交流，用更和谐的家庭关系，减少老人们离家的感受。周老师表示，“全人照护”是需要养老机构积极推进的一种理念和模式，完成为老人身体、心理、社会及灵性等升级服务，虽然需要更多的专业人员，耗费更多的人力，但这是老人及家属的需要，是养老服务的必然之路。

养老管理“四点谈”

养老服务的管理似乎是一个玄之又玄的问题。周老师在三甲医院工作 26

年、在养老行业工作了10年，从事管理工作20余年。周老师也和小编分享了一些管理方法，供大家参考学习。周老师认为，养老服务管理要从四个维度去抓。

首先，是“带队”的维度。养老从业者要有情怀，不了解养老行业，盲目进入，很难在行业中坚守。中层以上管理者对行业、企业要有更深层的认知，一旦选择，就要做好“打硬仗”“打持久仗”的准备；带团队，首先要以身示范、自我践行，管理层的“不坚定”会严重影响团队氛围，对团队信心造成毁灭性打击。

其次，是“姿态”的维度。养老管理要遵守“一点一线”“一引一托”的原则，强化管理“服务客户、服务一线”的职能，重视工作“培植团队新生力量”的属性。其中，“一点一线”是以客户为中心，以一线部门服务需求为核心主线，管理者要为一线服务提供高效的便利与支持；“一引一托”是把复杂问题简单化，为他们指明方向，但不能替他们做事，重在引导。创造“干中学、学中干”的环境，为下级团队解决问题，提供向上发展的支撑，重在“托起”。

第三，是“工具”的维度。养老服务十分细碎，一不留神就会出现意外，为企业带来不可弥补的风险。养老管理必须要建立有规范、科学、完整的体系，按照流程工作，不能做“救火大队”。企业拥有规范的体系，工作推进忙而不乱，才会更有信心、不畏惧。不管何种体系、何种流程都需要由员工来执行实施，企业设置体系时，要增加强化与员工责任、工作意识相关的内容；给予员工充分的尊重，一线护理员更需重点体现。管理体系若不能把一线护理员融为一体，会严重影响他们的服务情绪，流程执行则无法保障，会对服务质量、客户感受产生极为不利的影响。

第四，是“服务优化”的维度。优秀的养老管理者需要多学科知识，作为医学专业的养老机构管理者，除更加深入了解老年医学外，掌握一定心理学、社会学、老年学知识也是必要的。一方面，入住养老机构的老年人多有慢性病，而慢性病通常伴随不同程度的心理问题，严重者会发展为抑郁症，有的甚者产生自杀的念头。掌握心理常识的养老管理者可以更早、更精准地识别老人的状况，及时调整服务，规避风险。另一方面，养老工作者长期与老人打交道，容易积累负面情绪，员工也需要心理疏导，好让员工感受安全、有希望；定期进行心理团体辅导，调整员工状态，是保障养老服务质量的重要措施。

养老服务的管理要有专业性，除有专业的深度，还要有宽度，重点要稳住人心。对团队中层而言，要营造积极愉悦的职场环境、充分发挥其才能，还要设置内部培养体系，为他们铺设晋升通道，方可稳定军心。对于普通员工而言，要有好平台、好项目、有所学、有挑战，能够调动职业兴奋点；还要有快速提升工作能力、累积行业经验、持续成长、不断晋升的可能，方能留住他们，持续贡献。

作为养老企业的高层管理者，周老师对管理有着更高的要求，多年以来，节假日最关键的一天如春节的除夕夜、新年、中秋节、国庆节等，她一直保持在岗和老人及同事一起过节。经常一天工作 12 小时以上，养成当天文件当天签批、当日之事当日处理的工作状态。经验丰富的前辈躬亲示范，为年轻的小伙伴们打个了“版”，我辈须得跃马扬鞭、多多努力啊！

欲穷千里目，更上一层楼

小编身边有许多老服专业出身、“根红苗正”的小伙伴，是养老行业的正规部队、职业养老人。经过一个阶段的实践积累，成功晋升为楼层长、照护小组长，但却在这个岗位上久久徘徊，难能晋升。小编特别请周老师，给他们提供一些职业发展的建议。

周老师表示，作为养老人，有老服专业学习做背书，起步优势很显著。初入行，不要怕困难，让自己多吃点苦，踏踏实实地积累一些经验，遇到问题，要去想办法解决，夯实基础，才能稳健成长。不要把自己架空、只关注管理、好高骛远，缺少实践经验，很难起飞，即便侥幸起飞，也会摔得很惨。个人发展与企业/平台扩张有关，但能否突围的关键因素是与个人学习、自我奉献、能力成长紧密相关。任何人突破自我、提升学习的过程都很辛苦，甚至是痛苦的。但只要不放弃自己，持续学习、保持上升的状态，晋升只是时间问题。

谈到学习与提升，周老师和小编分享两个关于学习提升的经历。2013年，她与团队赴美游学。那时，在燕达医养结合的大型CCRC项目实践运营已三年多，他们带着从事养老工作中的一系列问题以及我国未来养老发展的重重疑惑，走出国门。白天深入学习，晚上开会讨论总结，如饥似渴，日复一日，循环进行。回顾那次游学的经历，至今仍觉兴奋，但那段时间所获得的知识、对团队及个人的提升，却使大家至今受益。2014 年，聆听了清华大学裴晓梅教授及国内 InterRAR 研究团队关于长期照护评估、服务与支付等系列研究成果，又让她兴奋不已。基于美国学习的经历，让她坚定在长照领域尝试应用国际评估体系（inter RAI），2016 年在一个公建民营长照机构中首先应用国际长期照护评估工具进行评估，建立了全人整合照护模式的示范点，试图把国际通用的复杂体系，进行简单化、可操作化改良。创造性构筑国内与国际接轨的长期照护服务体系，需要花费大量的沟通成本，项目团队经历了很多磨合的适应期，但幸运的是他们坚持了下来，完美地将国际评估体系（inter RAI）落实在工作中。如今，项目中的护士（由主管护师担任）都可以利用 inter RAI 体系，为老人制订“全人整合照护”计划，将 24 小时生活中的服药、照护、活动等妥善地安排执行。需要多个专业协同、高质量的养老服务，对于项目团队而言，已不再是个难题了。再回头看，建立能从纵向专业度、横向专业广度，对工作人员、管理者、服务者的工作全面协调服务机制的过程充满波折；但应用的结果，对于项目、行业所带来的价值则是无法估量的。每个参与者对老人服务的理解有飞跃性的提升，专业认知度从中大获受益。

周老师建议，已成长晋升楼层长的年轻人，首先要核查自己的能力。为自己设定一个小目标（照护部主任 OR 驿站站长），对标岗位的条件，找到自己能力短板和技能缺项（专

业执照 OR 管理能力 OR 运营能力 OR 营销技巧等），制订针对性计划，重点学习，提升自己能力。企业通常会为员工提供与职业发展相关的内培外训机会，可以适当地争取；另外，行业里也有许多提升专业技能的公开课/培训班，可以有选择性地参加。

随后，周老师和小编分享了燕达团队的培训设置：员工入职前，有岗前培训，具体模块有企业通用版、多专业培训版（疾病、心理、沟通、法律等），可以使员工达到上岗的基本要求。员工在岗期间，有岗中持续培训机制，分别在中心层面（1次/月）、部门层面（1次/周）、基层管理层面（每日晨会以会代训，1次/天）进行不同类型的培训，定期考核，并与绩效挂钩。比如，基层管理层面（小组长以上）的培训内容均与实务相结合，可能会涉及制度、流程、风险防控、护理技巧、管理要求等；他们每天会抽 10–15 分钟进行实践知识分享，每天一个小题目，同时对前一天的知识点进行考核，日复一日，往复交替。经过一个周期“以会代（培）训”的岗中培训，参与员工的工作能力都会有很好的提升。

周老师表示，很多的年轻养老人处于职业规划迷茫期，他们对自己的优点、短板缺少客观认知，又比较忽视自我提升，期待好职位，又没有足够的能力相匹配，一心向“上”，每每遇阻。建议客观地反思一下个体情况、专业结构，找到阻碍自己职业晋升的源头，定向突围。同时，也呼吁期待吸引专业人才的企业，全面审视企业培训体系与员工需求之间的错位，以员工职业发展为中心更新内容，帮助员工提升工作能力。员工能力增长了，对企业的贡献也会随之增大，更多贡献会促进企业发展，员工职业晋升的机会必会随之到来。若员工能力匹配，晋升已抵天花板，平台无法支持发展需求，员工不妨考虑换个更有发展空间的新平台试试。

做好服务就是最好的营销

2018 年 10 月，燕达养护中心二期开放，迅速成为养老同人关注的热点，小编也十分好奇燕达团队将如何应对 8000 张床位的营销任务。周老师表示，首先，二期的营销主要靠服务，做好服务是拉动入住率的关键。2010年燕达一期开放，至今已八年多，燕达医养康深度融合的服务模式，在市场形成了鲜明的服务标签。一期客户及家属对燕达高度认可，开业后，“老带新”式客户导流量与日俱增，一期老人及家属纷纷介绍亲友入住，一位老人能引荐3-5位老人成功入住。

其次，扩大共建单位合作，以精准养老方案抓取精准客户。在一期“合作共建单位”的基础之上，燕达又与近十家京津冀单位、部委高校等老干部机关达成合作共建协议，合作共建单位的数量已增至60余家。本着缓解单位退体干部职工养老问题的立场，燕达团队会为他们提供精准养老方案，给予一定比例的定向折扣，此举受到各单位及老年群体的热列欢迎，而燕达二期也在合作中，获得了一定数量的精准客户。

再者，进行多维度服务展示，以真诚助力客户入住决策。具体措施有“全员营销3分钟”“首问负责制”等。其中，“全员营销3分钟”是在保障服务好现有客户的基础上，要求所有员工做到当有家属、新客户来访时，首先要完成“三米微笑”（目光对视、面带微笑、打招呼或点头示意），针对客户或老人家属提出的问题实行 “首问负责制”，即指当老人家属或客户提出问题或请求时，全体燕达人都有资格、有义务为客户提供解决问题的支持。

养老圈的小伙伴们都觉察，近期许多业界活动纷纷选址燕达，燕达品牌推广力度更是前所未见。对此，周老师这样说，首先，感谢业界同人对燕达品牌的认可。燕达十分乐意与国内外专家、专业团队的交流，希望借用他们的声音、力量，提升养老行业的专业度，加快行业资源的整合与共享。其次，燕达团队认为养老服务是一项专业服务，专业化道路是行业发展的必然趋势。燕达模式经过了市场8年多的考验，希望依托多元化的会议及平台，将燕达项目实践过程中的经验、教训，分享给业界同人，让大家少走弯路，少交不必要的“学费”，减少试错成本。亦想借此契机，找到中国行业发展的同行者、合作伙伴，共同探索协同发展之路，为推动中国养老产业的进步尽一份力量。

周素娟女士

燕达金色年华健康养护中心总经理

中国老年保健协会老年照护评估与管理分会副主任委员

中国老年学和老年医学学会营养食品分会委员

中国医学促进会健康养老分会成员

照护者关爱联盟（CGCA）成员

医学硕士，具有26年三甲医院临床、医院管理以及医学院教学经验，从事大型医养结合型养老机构及社区养老运营管理工作10余年。先后在美国、日本及台湾深造学习养老运营管理。

时间留言：不断探索全人整合照护的服务模式内涵，为老年人创造健康、优雅、有尊严的品质生活是一件很幸福的事！

张帅一
从侧面解读诚和敬养老驿站

（2017 年 12 月 27 日）

题记：若论养老圈里年轻的 IP 人物，诚和敬驿站的张帅一总可谓是典型代表啦！许多小伙伴都听过他的演讲，吸引了很多的关注。小编在思考，为什么是“张帅一”呢？这一次特殊的访谈，更像是期末考试。有鉴证，所谈必是诚恳之言！可评审，所涉内容必是发自肺腑的坦诚之语。

诚和敬驿站快速发展的小秘密

众所周知，帅一总出身地产营销，在地产白银时代之前，成功转战养老。复盘当初转型的动机，帅一总表示：在国内一线的地产公司，经手了好几个大项目，曾经崭获了一些华丽业绩。2012 年初，他开始琢磨后地产时代行业的发展方向是什么，地产营销人的未来在何方？一个偶然的机会，他进入了公司产品研发中心，为公司寻找发展转型新方向的同时，也对自己进行认真的思考与沉淀。

诸多的业态中，养老产业呈现出格外多的朝气。和公司平台同步，帅一总开始探索养老产业在中国的实践之路。那一年，同步探索养老产业的企业有万科、远洋、保利等。产品研发中心大量研究国内外养老发展的经历、与国外的养老服务商接洽谈判。在这个过程中，帅一总发现，以地产思维进行养老决策，期望养老项目在短时间实现盈利，存在很大的局限性。在国内养老产业起步时期，撬动公司自身资源，投入养老产业，进行项目实践才是企业介入养老产业的最直接、最实效的方法。2013 年，帅一总加盟了北京国资旗下诚和敬养老团队。

关于诚和敬驿站得以快速发展的原因，帅一总表示，一方面，诚和敬集团十分看重养老产业的长线投资性和未来发展空间，给予驿站公司相当大的资源倾斜与资金支持，为诚和敬驿站业务快速发展提供了良好的土壤。另一方面，两年多“小规模，多功能”养老设施的实践与尝试，所积累的丰富运营经验，形成的精良团队，为驿站的大规模复制提供了先决条件。其次是集团高层的助力，诚和敬驿站创业之初、拓展项目的攻坚期，国资公司及诚和敬集团的领导带头发动资源，在北京市范围内开展驿站拓展，以实际行动支援驿站团队，为品牌初创期提供了极大的支持。目前诚和敬驿站在京已签约近 85 家站点，到年底将实现 70 家运营的目标，各项工作也渐入正轨；每每想起创建驿站之初、举步维艰之时，公司领导们的鼎力支持和充分信任，仍觉得十分鼓舞，内心充满了温暖和感动。

心怀希望，快乐为老

关于围绕“人”的企业文化建设是诚和敬品牌鲜为人知的一个特色。若觉得高层领导为驿站发展倾情助力，令人惊讶；那么诚和敬驿站占比超 70% 的内部员工推荐入职率绝对会超出你的最大想象。诚和敬集团虽为国企，却不刻板，认为积极向上的年轻人能为国企注入新鲜活力，年轻管理者会为企业发展贡献更大的想象空间；员工开心、进步，企业必能向好的方向发展。诚和敬秉承“诚实、和谐、敬爱”的企业文化，积极营造“平等相待、高效工作、快乐生活”的企业氛围，打造“诚和敬之家”的特色文化。同时，以“德才兼备、以德为先”为原则，为“80 后”“90 后”的年轻人设置了晋升通道和内部孵化体系，无论是基层管理序列的员工，还是专业序列的同事，都有希望被提升，成为公司的核心骨干。帅一总表示，他本人正是青年培养计划的受益者，集团内部像他一样被培养的年轻干部还有好几位。想想也是，员工心怀希望、快乐工作，对公司满意，当然愿意转介他的朋友们加入诚和敬。“80% 转介入职”也不足为奇啊！

约一年时间里，有近百家诚和敬驿站在北京落地。解决近百家驿站的人才供应是大工程，诚和敬团队的快乐文化在团队发展、稳定方面，发挥了相当大的效用。帅一总分享，诚和敬驿站员工大致有三类：一是老服专业的中专生及大专生，

了解养老，对这份职业有着天然的热情，在快速发展的社区居家板块发挥所长，快速获取最好的个人发展。二是NGO组织及从事社区工作的年轻人，他们有理想、有情怀，希望在原来的工作环境中，获取更广阔的发展空间，社区居家服务、养老驿站与他们原来工作有许多相近属性，是他们升级发展不错的选择。三是传统餐饮行业中的年轻从业者，他们有一定的文化基础，有耐心、能吃苦，对服务的理解非常到位，此前从事着高强度的工作，却很难获取发展晋升的空间，同时也面临工作与生活的平衡，转入社区养老领域，能够接受基础工作和一线服务，比较认可为老服务的职业，是养老企业可以大力争取、扶持培养的优质对象；传统连锁餐饮从业者的加盟，对诚和敬驿站的品牌化、连锁化复制，发挥了很大的作用。此外，诚和敬驿站坚持因地制宜，在每一处驿站，都会招聘当地社区领袖级的叔叔阿姨加入运营团队，老中青搭配，积极深入社区。

帅一总认为，能坚持做养老的人都善良、有爱心，提供社区居家服务、帮助老年人的同时，从业者也能收获心里的满足感。抛却平台与发展因素，这份满足感与成就感也是吸引更多人加入社区居家养老行业的原因之一。

关于2018的三个畅想

帅一总表示，诚和敬驿站发展的过程也非一帆风顺，经历了“厚乐居”

时代的尝试与积累、新政策下的实践与探索、坚持需求导向的多轮服务梳理与调整，“一网两翼”（长者公馆—机构、驿站—社区＋居家）的网络模式形成的时候，迎上了扶持社区居家发展的政策东风；现阶段，诚和敬驿站获得的成绩，有政策因素，有公司助力因素，也有幸运的成分，更是整个团队的努力成果。下阶段，如何守住成果、扩大战果是诚和敬驿站团队面临的最大的挑战。

岁尾年末，小伙伴们都在为明年的养老计划而烦恼。小编特意问了帅一总来年市场走向的想法，希望能为大家带来一些启发。思考片刻，帅一总和小编分享了他的看法。他认为，2018 年各街道还会进一步推进养老照料中心的落地。借助这些养老照料中心，社区失能失智老人将会就近享受到机构养老的服务。大型养老机构受土地政策、证照及市场竞争的影响，供应量会相应减少；对纯商业机构而言，这是一个新的挑战，也是一个新的市场机会，市场上将会产生一些中小型特色（主题）养老机构，借助主题环境、特色服务，形成新品牌，获得特定圈层的认可，产生一定的服务溢价。

明年会有更多大型企业、巨头企业介入养老市场，网络化布局的作用将更加突显，企业品牌的影响力将会进一步加强。相关行业的企业会跨界进入养老行业，从而产生新的竞争对手，比如阿里健康从药店介入社区居家服务。这些非典型性竞争对手的加入，将加剧养老行业竞争演化的进程，竞争必将趋于激烈。社区居家养老领域会出现新一波的洗牌运动，一些企业会主动地或被动地进行变革，和资本市场的收购、并购同步。

面对未来多变的市场竞争，养老企业应该在坚持发展方向的前提下，对自身品牌强化塑形、打造品牌的对位标签、进行运营服务差异化定位。同时，

还要做好跨界运营的团队培训与准备，以开放、合作的心态，寻找多一些的跨界合作资源和机会，为企业发展争取更多可能与更大空间。诚和敬驿站创建品牌之初，就同步启动了相关布局，希望通过平台化运作、配合集团开展产业孵化及投资，进行全产业链协同发展。

帅一总认为信任是社区居家养老服务的前提，建立信任关系是社区居家服务的基础，驿站模式拥有可多点联动的场馆、稳定开放的互动关系、贴心有温度的服务，在建立信任方面优势十分明显。社区居家养老是社区服务的一部分，不应该被局限为养老服务本身，随着社区环境的发展，社区配套将持续升级，社区居家养老的服务内容与范围也应进行相应升级与改变。在未来的行业环境中，从事社区居家板块的养老人应立足养老，以养老为切入点，开拓思维，打破局限，跳出养老思维，梳理养老服务的脉络与内容，进一步探索养老产业盈利之路。

张帅一先生（锡铂族）

北京诚和敬养老健康产业集团副总裁

诚和敬驿站养老服务有限公司执行董事

中央民族大学经济学与民族学双学位专业，中国人民大学经济学硕士，先后任职于华润置地及远洋地产养老业务发展中心。2013 年加入诚和敬，历任诚和敬品牌营销部部门经理、诚和敬旗下厚乐居健康科技有限公司总经理，全程参与诚和敬社区居家养老业务的开拓及项目运营，同时对养老集团公司品牌建设、项目营销推广、养老金融产品的研发等方面也进行了积极尝试。

时间留言：诚和敬在新的发展时期，更加明确了自身的定位：超大型城市社区公共服务和养老产业的探索者。2019 年是诚和敬的“市场年”，诚和敬驿站正在提质增效，积极创收，努力实现社会效益和经济效益的平衡。

张子维
社区居家，最好别玩花招

（2018 年 1 月 21 日）

题记：2017 年是养老江湖的序曲，2018 年养老的江湖风波再起！子维总是小编的上级、上线，也是小编养老路上重要的朋友，每遇困顿、每遭挫折都会给予小编许多坚定地走下去的力量。这位医学背景的养老人，脑子里盘算的都是商业模式、经营规划，和医生气质很不相符。好领导难遇，好朋友难得，新年伊始，小编特别邀请到子维总，谈谈她对 2018 年社区居家养老的看法及见解，作为小号的“养老的精神礼物”，分享给养老圈的小伙伴们，希望对大家 2018 年的工作有所助益。

存在代表有需求

市场中，关于社区居家养老定义的讨论，从未停止过；小编身为社区居家养老的局中人，亦是有些迷茫。子维总比较看好社区居家养老的发展，她认为：人们在社区里经历从生到死的全部过程，社区是一个承载内容很多的能量场。社区居家养老客群的定义非常广泛，“40−60+”的低龄活力老人与“70−80+”的高龄老人都涵盖在其中。未进入失能失智阶段的老年人群，大多都会留在家里养老，是一个庞大的群体；但社区居家养老服务更强调做好从家庭到长照机构的过渡和缓冲，其中，过渡指通过社区养老服务机构得到解决某些单一、短期需求，在老年人进入长照机构前的阶段进行服务过渡；缓冲是指通过在社区和上门提供的健康养老服务，降低风险，延缓老年人进入失能失智阶段的节点。

子维总认为，相对不同层次老人对养老服务的需求差异而言，社交需求是社区老年客群的需求共性，是老人们走出家门的重要原因，远高于对护理需求及其他刚性的需求；但老年人的社交需求、社区养老的社交属性，难以进行产品转化，是业界普遍无法突破的现象。同业们更应该进行反向思考，以"为解决问题"而"提供服务"及"服务有效性"来梳理社区养老的业务逻辑。社区中 90% 的居家老年人的服务需求是点状的，整体需求很广泛，但单体的服务需求很少，即客户群体很大，但每个人的服务需求很少。从经营角度来审视，有需求的老年人群才是社区居家养老的"准客户"。因而，建设社区居家养老项目之前，就应该先在服务辖区内老年人群中进行服务对象的筛选，并对他们的需求进行细致的调研，圈定出刚需、主流（有相同且一定数量服务需求）的人群，找到项目的"准客户"所在。

至于具体如何圈定社区居家养老服务的内容，子维总有一系列特殊的思维导引。她认为，无论从广义还是狭义来看，社区居家养老服务内容的圈定都是个复杂的命题。从服务视角来看，服务内容由客户的需求决定，在合理合法的前题下，老年人的合理期望都应该被满足；但从经营角度讲，我们需要对客户的需求进行调研和甄别，提供有服务价值、可以持续让客户买单的服务才是长久发展之道。

总之，社区居家养老提供的主体是一个平台、一群同伴、一处环境、一个对应场景的体现场所，既要为低龄老人解决社交、娱乐、精神的服务需求，还要为高龄老人解决家庭居住安全、功能退化、日常生活照料等需求。在服务开展过程中，企业根据自身资源及服务能力评估，确定每个企业最适合开展

的服务项目。有如此庞大人群和精准服务需求，社区居家养老前景诚然广阔，但知易行难，要做好社区居家真的十分不易，同行们还需要经历很长一段时间的奋斗。

找对角色，踏实做事

长照机构的客户类型比较固定，服务模式及服务内容相对清晰，呈现专业化、垂直化的属性更多；社区居家养老则是另一套逻辑，服务对象是比较广泛的人群，客户需求是庞杂散乱的集群，很难用一种方案去满足社区居家的全部服务需求，单靠一家公司或几家公司同样难以做到。社区居家养老的业务方式更趋于平台式的运作法则，有搭台的，还得有唱戏的，平台的背后必须有庞大的资源体系去支撑。这些资源体系有可能是企业自身拥有的，也有可能是企业通过对行业供应商整合、社区合作融汇调动而成的。一家企业拥有什么资源，便有可能成就什么样特色的平台，企业平台的特色会进一步圈定所提供的服务内容；反之，对缺少重资产投资能力的企业而言，找对角色比筹备新搭一张台要更加实用。

子维总表示，社区居家养老看似简单，项目落地、服务实际展开却很复杂。客户（门户）是社区居家养老必须突破的进入壁垒，掌握实效的获客渠道/资源是社区居家养老的核心工作。选定合适的区域，圈定客户需求之后，社区居家养老企业还需要根据自身公司的特长，进行具体业务的经营规划，在客户需求、支付意愿、支付能力、服务成本与服务“外显”（被客户认可）的价值之间，找寻客户需求与产品转化的平衡点，提供适合区域老年人特性的产品体系，辅以合适的手法，送入社区家庭。

社区居家养老最终需要落实到人与人的交流及服务互动方面，服务半径是有限的，理想的情况是在客户密集度高的社区里，集中展开服务。在有客户资源、有信任基础、有交互平台，能与客户进行持续性互动的基础条件之上，具有近距离沟通条件的企业在开展社区居家业务方面优势比较明显，物业管理公司即是最典型的代表之一，具备搭台可能性。但即使拥有充沛的客

户资源，仍需要考验企业的经营能力和服务能力。

经营能力主要体现在两个方面：一是消费转化，可以将客户资源有效地输入经营链中，有条件进行消费转化。二是产品打造，企业要有实力进行产品塑型，能形成有效的、具象化的、较大价值外显的服务产品。所打造的产品必须具备易为客户接受的基本属性，具备聚焦化、有效化、盈利性、产品化的特性，能够进行向经营链输入的条件。低效服务、虚拟服务，隐性价值体现较大，很难为客户认可、使之买单，对社区居家的运营产生实质的盈利贡献十分有限。

撬开社区之门不难，但是能够持续性提供服务是考验社区居家业务的核心，即后发力。有客户、有产品、进入社区与老年人家门之后，要提供多元、单点、高质、持续性的服务，最核心是服务团队与服务资源。如何精准搭配自有团队，不少人，不多人，是需要持续调整和计算的。在这个平衡中，以自有优势力撬动外部资源、合作共进，就显得尤为重要了。

如果说，机构针对消费能力相近的圈层客户，以客群、环境为主题，提供专业服务，是有固定曲目的“集群汇萃”；社区居家更贴近于细分市场，更适合个性服务，更适合以一项或几项亮点服务形成“单项目表演”，差异化服务就是最大的生存优势。子维总表示，社区居家养老没有什么噱头可言，更多是做实事，最好是踏踏实实地做事，最好别玩儿花招。

社区居家的“事前三思”

从经营的视角来看，设置一定数量的床位，以基础服务稳定一定批量的刚需客群，是社区居家发展的基石；就餐、理疗、日托、老年大学等相关服务也需要落到实处。子维总认为，虽然社区居家的需求是广而杂的，但社区居家的服务却不能以“广而杂”的方式去应对。小编请子维总为小伙伴们梳理了一下社区居家的业务逻辑，希望对大家有所帮助。

社区居家业务开展的第一步是进行区域评估。在项目所在区域“广而杂”的需求中进行筛选，排除低频服务、无价值服务，圈出有效的、可持续的服务内容，根据区域人群特点进行服务容量的量化评估。

第二步是产品设计。需要综合服务内容、运营成本等因素系数，以区域客户可以接受的价格水平为参考，进行套餐化设计，操作的关键是要找到服务内容价值与客户心理预期效果之间的对位点。

第三点是服务能力建设。所有的服务都由现场团队、具体服务人员来落地、实施。社区居家养老的服务特色很难把握，社区居家对应的驿站、小微机构规模都十分有限，很难进行细节分工。有照护特长、有销售特长、有社工优势的人都有可取之处，都可以介入社区养老；但他们又很难靠一技之长，在社区居家领域中找到个人未来规划发展的理想发力点。

社区居家企业强调人的综合素质，人才选择的空间却很有限。一方面，社区居家养老非高薪行业，给予员工的薪资很有限；另一方面综合素质要落实到具体招聘、培养中，困难十分的大。更多时候，企业也无奈，只能“边干边培养”“边用边调整”。子维总表示，人的问题如何解决，究竟什么样的人更适合社区居家养老，是一个很难界定的问题，她也在不断探索中。

子维总认为，社区居家只有形成连锁化，才能真正实现资源协调与联动，进而推动社区居家企业及业务的快速发展。要实现社区居家的连锁化，需要大量的资本投入；要保障社区居家的持续化运营，还需要相当多的资源支撑；要建设一支强有力的执行团队，有一群志同道合的盟友，才有可能落实。总之，社区居家养老服务是一个“很烧钱”的业务，但仅有“钱”也有无法解决的问题，软实力的构造需要企业付出很多的心力。总之，她本人愿与国内的同行共同努力，将社区居家养老的蓝海勾画出来，实现社区居家养老的产业大发展。

张子维女士

首慈康健养老集团连锁运营中心 总经理

临床医学专业，在医院管理、医疗投资行业近十年，具有专业、管理、投资复合型从业经验。2014 年加入保利养老团队，参与了保利安平·和熹会多个养老项目的定位与策划，2017 年着手保利社区居家养老升级工作，带领团队创建保利养老小微机构品牌——保利和悦会，统筹保利和悦会落地推进工作。2019 年，加入首慈，搭建首慈养老产品模型和管理体系，全面负责项目的运营管理。

时间留言：时间流转，梦想永恒，追求不止，2019 年初加入首慈，组建新的团队，在民企以市场化为导向的平台上，做符合市场需要的养老服务产品，期待着能有优秀的作品落地，实现自己心中的小理想。

张昊岩
今天不谈亲和源，老了·那又怎么样

（2017年9月15日）

题记：中秋还没过，重阳似乎已近在眼前。小编作为养老人，每到九月便很兴奋，总想寻找行业中的新鲜花样。今年，亲和源的“老了·那又怎么样”论坛，激发了小编大大的好奇。说具体点，小编没看懂，亲和源这回是要闹哪样！翻了翻通讯录，忍了又忍，还是没忍住。小编还是拨通了昊岩总的微信，一探究竟。

“老了·那又怎么样”

今年养老论坛比较多，年年养老论坛都很多。亲和源之前的论坛，从幸福养老、现代服务、老年友好城市，到养老产业发展、金色产业发展、交流与合作、医养结合、善经济、积极养老战略，一直是业界学习的榜样。2017年，“老了·那又怎么样”，却与往年论坛的气质不大一样：养老圈的熟面孔似乎少了些，养老大BOSS奚志勇总也只是固定露面。作为业界领袖，仍愿意创新冒险，放任团队大胆变（HU）换（GAO）打（XIA）法（GAO），小编甚是费解。

对此，昊岩总分享了他的想法。“老了·那又怎么样”是一场好玩儿的论坛，比如专业论坛板块的嘉宾分享内容10-20分钟，然后在现场回答问题、进行深入谈话5-15分钟，听众即时将问题发送到后台，在现场形成问题弹幕，嘉宾即时做答；下半场，大咖观点板块，嘉宾则会互相提问，现场论证。玩法与其他养老论坛不同，有炫科技、PIAY、高大上的成分，但最重要的是

想突破传统“你讲我听”的养老分享模式，玩得大一些。

论坛组委会要求演讲者不得进行自企业的本位演讲、不准简单煽情讲情怀、不得使用翻新PPT；除了现在，还得讲未来，站在产业发展的角度谈养老事业，内容必须新鲜，观点不可含糊，分享经验，还得提供建议、指明方向，对同行有启发，对听众有助益。

放弃以往辉煌业绩的加持、不用套路的嘉宾，站在台上，从高维度分享对产业突破、养老未来思考。嘉宾们出产新鲜内容、全新论点已是十分不易了，还得面对同行随时会提出的恐（XI）怖（LI）问题，实时做答。可谓是向左一步是天堂向右一步是地狱，绝对是赤裸裸的挑战自我啊！现场论坛、实时直播，现问现答，这是要玩坏嘉宾的节奏啊！论狠，小编佩服亲和源。

跳出养老，再看养老

“老了·那又怎么样”论坛形式上对嘉宾很暴（ZHI）力（JIE），内容上对自己下手更残（YAN）酷（GE）。纵然小编混迹江湖，有些见识，看了嘉宾名单，也有大半不熟悉，在众多以“内（DA）容（KA）为王”的养老论坛中，排列了一众非养老行业嘉宾，实在让人迷惑，使人不由得想替亲和源团队捏把冷汗。

昊岩总表示，本届论坛的嘉宾邀约，组委会十分认真。他认为，养老受经济的影响、受关系的影响，本质上是个经济问题，更是战略布局的问题，同样也是货币与金融之间的问题。在未来，养老的概念将在新领域中产生新经济，继而液化成流，会成就信息流、资金流、文化流等许多细分的流派，仅凭情怀必将会被淘汰。养老需要进行文化融合、战略重组、跨界思考，打破养老藩篱，找到产业的契机，进行新改变、新提升，才会有未来。大家必须得跳出养老，站在高处，用更宽阔的视野，看待养老的发展。

本届论坛，亲和源邀请了许多不同领域的专家，汇聚一堂，共话养老，比如政府代表党俊武、聂梅生，金融领域的代表马蔚华、张华林，地产领域的代表冯仑、杨乐渝、陈劲松，学术领域的代表王守常、张军，文化领域的代表秦怡、乔榛、叶辛、陶红、高军，战略规划方面的代表廖建文，咨询领域的代表曹虎。他们会从政府、政策、经济、资本、资源、战略、发展、文化、哲学、体验式思维等不同的方面，切入养老话题，不讲技术，探讨革新、眺看远方与创新。“老了·那又怎么样”的嘉宾们，有思想，有高度，有分量，是追求全面社会发展的先行者。相信他们在论坛中展现的养老思考、养老想法，一定能带领业界同行，拓展思维，走出养老之池，领悟到一片更为广阔的产业空间。

同时，“老了·那又怎么样”仍然会保留半天的专业论坛，特别邀请到一些养老企业的直接管理者、养老品牌融资的操盘者，进行宏观市场、资本服务、品牌复制连锁、医养结合等方面的干货分享。亲和源企业发展十多年，亲和源的论坛举办的近十年，今年确实不一样。有点娱乐化，却不仅是娱乐化。有思想，有想法，却不止是想法化地谈养老。

昊岩总一再强调：现阶段，国家不断加速养老产业发展，希望“老了·那又怎么样”这场养老跨界的探讨与尝试，能够带着大家在功能性服务更趋于低溢价、体验感服务趋于高溢价的时代，寻找出一个属于自己的、适合自己品牌的、突破量变到质变关卡的发展方向。

今天不谈亲和源

昊岩总分享，“老了·那又怎么样”比亲和源往年论坛，规模扩大得不少（1200 人左右），由亲和宇宙老龄事业发展基金会发起，亲和源文化传媒

公司进行完全市场化的运作，论坛收入将全部用于老龄事业、慈善与公益。

听到一系列的亲和源子品牌，小编有点迷糊。昊岩总耐心地为小编解惑：如今亲和源被纳入优秀的上市公司——宜华健康旗下，受益颇多，业务操作必须符合上市公司要求，更加有风投意识，更加逻辑、更加规范。集团公司正在打造一条养老的产业链闭环，发展架构会涉及文化传播、适老家具、老年空间、金融产品、运营输出等方面。在每个纵深领域，进行特色发展，比如文化公司会在低龄老人文化、弥留老人文化等比较空白的细分领域进行发展探索，未来建成一条以新体验服务为主线索的文化产业集群。

未来，老年人的状况将不止是简单的生存，而应该是更广泛层面的生活。亲和源作为国内最早进军养老领域的品牌，未来增加核心竞争力的同时，会在遵守契约精神、诚信合作的前提下，进行更多元的业务布局，保持企业活力，谋求更大发展。

又近重阳节，养老行业每一天都在创新，许多养老习惯正在慢慢地改变。重阳已不只是个节日，更是一年一度的养老行业盛会，不管何种形式，养老从业者都在诉说着他们对老龄事业的热爱，以及对行业的希冀。养老和资本之间、机构与金融之间，需要打开一条新通道，进行跨界、融合、分享、发展，达成双方或多方的共赢。

每个人都会变老，生命如此，口碑如此，企业也是如此。听了昊岩总的分享，小编可以预判，“老了·那又怎么样”会是一场烧脑的论坛，全程难有睡（NIAO）点；也会是一场心灵的激励，让养老同行们一起学习“共享养老经济”“零边界成本”“可助力资源”等一堆新鲜内容。说不准还会收获消除养老路上N种阻碍的稀世秘（GAN）籍（HUO）。

张昊岩

亲和源集团有限公司总裁

作为亲和源核心成员，深度参与上海亲和源老年公寓建设发展各个重要环节，主张并实践从投资方、运营方、资本方、目标用户等多维度进行养老项目的运作及商业价值实现。

时间留言：亲和源是一家令人尊敬的企业，是养老业不断创新的标杆，始终在创新，与亲和源跑步会让人进步。遗憾的是它背后的深厚运营逻辑及行为心理逻辑至今仍未被大多数人充分理解；还是交由时光慢慢去解读它吧！在我决定调整自己的步态与节奏，尝试是否能够奔跑得更远的时候，希望能借着一次次突破让我在养老业继续挺直腰板。回首在亲和源的时光，“感谢”两个字不足以表达，唯有通过更多作为来回报那段燃情岁月。

李锦全
健租宝，养老一大宝

（2017 年 3 月 29 日）

题记：2016 年养老行业受到了资本市场的青睐，年初宜华健康收购亲和源，年中光大控股收购汇晨，让养老人激动不已。农历新年前，北京健租宝科技有限公司（以下简称健租宝）对外公布完成了 1100 万天使轮融资，养老业界再次沸腾。

同时，大家开始揣测，为什么是健租宝？小编早前虽与健租宝团队的小伙伴相识，但一直没有机会窥探到"健租宝"的融资秘密。前段时间，小编在 80 后养老事业联盟骆培涛老师的引荐下，认识了健租宝总裁李锦全先生。小编从那天便开始酝酿"健租宝大揭密"行动。

终于有了机会，李总同意接受小号的访谈。小编约了骆培涛老师一同前往北京健租宝大本营。未到公司楼下，远远看过去，有人向我们挥手，走近一看这位休闲装大哥居然是李总本人，这与小编之前在新闻照片、微信聊天中见到的、总裁范的李总判若两人，小编甚至怀疑自己见到了假的"李锦全先生"。

为什么是健租宝？

带着疑虑，小编参观了正在建设的北京洗消中心，李总亲自为我们讲解，小编感到十分荣幸。大部分设备已经进场，内部阵设雏形已现，惊叹各种进口设备的昂贵、高科技洗消手段闻所未闻的同时，小编就记住了一句话："健租宝的产品本身质量十分好，客户归还后，经过洗消中心，会进行世界最先进的技术处理。从我们这里出去的设备，外观、细节上看起来和新的一样，功能也和新的没有差别，客户使用感受比市场销售的大部分中低端的新产品要好很多。”

小编开始琢磨，那些进口养老产品设备设施，产品质量确实好，产品性能也确实让国人艳慕，但它们的价格动辄几万、几十万，养老企业的大佬们欣赏产品的同时，一定会头疼价格。身价那么高的产品，往往只能在一线养老品牌采购部里流转，几轮比价后，大多都停在养老机构的门外；相对地，它们的身价更不是普通家庭、小康家庭可以高攀得上的。

在健租宝的逻辑中，交一点押金，每月付少量的租金，这些世界最先进的产品与养老机构、家庭、老人之间的距离就大大地缩短了。原来看起来的“不可能”，在这种新的养老产业模式下变成“有可能”，甚至“大有可能”。小编似乎有点懂了，资本市场为什么纷纷看好健租宝。

进入访谈环节，小编发现诚和敬、乐龄、京福安、康语轩、青松康护、二毛照护、国安养老、儆堂集等知名养老品牌和健租宝关系密切；德开、百姓网、58 同城、京东、闲鱼等主流的大众品牌也和健租宝关系密切，震惊不已。小编诚恳地问李总，为什么这么多一线大品牌都和健租宝合作？李总开了个玩笑：“我们的秘密是四个行——项目行、有人说你行、说你行的人自己行、身体行！”

想想也是，2015 年做了 12 年医疗器械的、国内最大家用医疗器械零售商——康复之家将租赁服务剥离，成立了健租宝，进行专项运营。但即使有康复之家多年的供应链、客户基础、信誉背书、是医疗器械行业的“富二代”，健租宝进入细分市场——健康养老器具租赁、养老服务延伸领域，也需要面临层层竞争、重重困难，想要杀出一条光明大道，也绝非易事。小编猜健租宝“四个行”成功秘诀中恐怕“身体行”才是最核心的吧！

李总和我们分享了一组数据，“2014 年日本养老器具租赁市场中仅轮椅、拐杖、助行器的销售额超过 170 亿，到 2017 年市场额增长至 200 亿左右。咱们中国比日本人口基数要大得多、老年人口数量更要大许多，以 10 倍推算市场份额，也会在 2000 亿以上，何况国内市场何止是日本的 10 倍呢。养老器具租赁市场绝对是一个巨型蛋糕！”

过往与业界同人交流中，谈到国外养老器具租赁行业发展成熟，虽然现下共享经济、共享生活模式渐渐被人们所接受，大家也都认可未来国内市场会由“买”向“租”转变，但养老器具租赁更多还是停留在了我们的讨论中，真正涉水的企业寥寥无几。

对比市场的客观情况，国人对养老器具消费在很大程度上还是会受到传统观念的制约，无论是作为使用者的老人，还是作为购买者的家属、机构都有一定的占有欲、对于孝道的表现形式有着近乎执着的坚守，大众更多对租的方式、非新的产品有着天然的排斥心理。其次，我国尚未出台养老器具产品洗消的国家标准，大众对非新产品安全性有比较大的顾虑，这无形中又增加了市场接受租用养老器具的难度；第三，对比西方国家长照险 / 护理险、对比国内已有试点的长照保险制度内容，养老器具使用的成本仍会让大部分人、机构望而却步，租售都会受到较大程度的制约。尽管养老器具租赁行业已显现出萌芽、发展的迹象，但大市场环境还是不成熟，行业的进入门槛仍然很高。李总坦言，获得资本市场的认可，健租宝团队两年时间获得的漂亮业绩很关键，母公司康复之家的基础条件、实力背书同样很重要。

养老行业一大“宝”

现在的市场，从事养老器具租赁的品牌并不多，李总认为即使抛却康复之家母品牌的光环，健租宝仍然具有压倒性的竞争优势。最显性的特征就是，健租宝成功地将线上产品租售与线下服务有机地融合为一体，并创新出线上与线下无缝接驳的解决方案，健租宝内部称其为“OtH”或者“BtF”方案。

此方案可以成功将产品、服务从线上直接引入到机构、社区、家庭以及使用者手中。

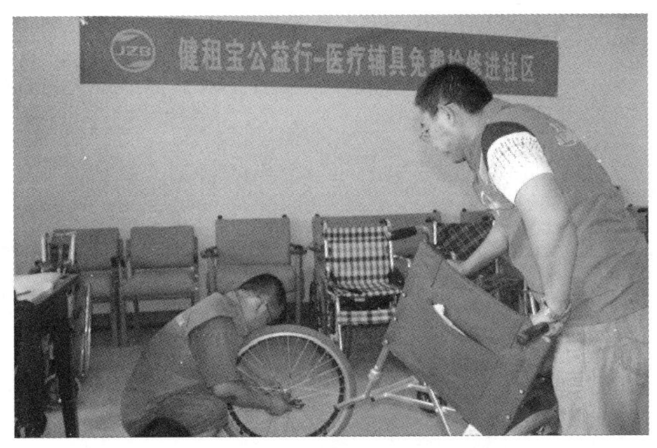

听到此处，小编私下将健租宝与其他几个养老器具租赁品牌对比分析了一番，发现健租宝线上线下合体的服务体系确实很有竞争力。

关于健租宝对外输出的内容，李总曾多次强调：健租宝从不认为经营的中心是产品，经营的中心应该是针对政府、企业、家庭、老年人提供的一系列可持续、可调节、专业化、个性化的养老器具服务方案。作为养老器具租赁平台公司，健租宝对外输出最核心的应该是服务的理念、服务模式以及服务本身。

租本身就是一种经营体制，是可以实现盈利的商业模式，同时也具有很强的融资属性；但养老产业及与老人相关的服务具有很强的行业属性。老人的身体状况是一个变化的过程，与之同步的，老人对适老环境要求、养老器具的需求也是持续变化的存在，仅靠一两种产品的供应是无法保障老人能时时处于有尊严的生活状态的。对比使用企业、使用家庭而言，老人在什么样情况下适合使用什么样的产品、应该生活在什么样的环境中，健租宝更有发言权。

李总表示，基于此前 12 年的医疗器具、老年用品的积累，加上两年多时间以及数万名老年人群服务的经验，可以自豪地讲，“健租宝是做养老产品的行业中最懂养老服务的、养老服务行业中最懂养老产品的企业”。

好的产品是租售平台公司发展的基石，租赁业务需要涉及产品多次循环、重复使用，资本注入中除方达晨创投外的钱璟康复和龙之杰、健租宝的母公司康复之家都是高品质养老器具的生产方或经营商，健租宝的产品观念就是用最好的产品，健租宝对产品选择可谓十分严苛，所有产品均由英、德、日等国家最先进的产品及国内最优质的产品中，层层遴选而出。

对比而言，国内多数养老企业，在解决器具设备问题方面，多为一次性投入，更看重价格和低成本，最后形成的方案、打造的养老环境都十分富有“中国特色”；老人们使用的体验度、居住感受往往要差很多，在后期老人身体发生变化、需求发生改变，想要更换器具或产品，实施的可能性就比较渺茫了。

健租宝介入养老设备器具环节，能以较低的成本、最大优化的方案，为老人、家庭、机构、企业解决问题。具体操作方面，健租宝提出，“以人为本，充分考虑人与人之间、人与产品之间、产品与产品之间的三线关系，在合适的时间、合适的地点、以合适的方式，由合适的人员提供最合适的产品服务”的“135”解决方案。

专业养老器具、养老环境有了流转的可能性，社区居家、机构养老便可以根据服务对象不同阶段的需求，提供最具个性化的服务。而健租宝带来产品流转的可能性、服务调节的巨大空间必会在养老产业中以服务为核心的企业中，掀起一场历史性的专业飞跃、服务革新。

小编认为，对养老产业、养老企业而言，李总和他的健租宝如同孙行者的如意金箍棒，能伸缩、可大小、更实用，确实是个好宝贝！

陪你一起慢慢变老

许多人都知道，健租宝在2016年获得了“大健康好项目奖”“养老行业最具未来潜力奖”“养老务实创新奖”等许多奖项，作为企业总裁李总更是出席了超过50多场的业内活动。小编听小伙伴们讲，和李总真是无处不相逢。想来，一方面李总为人十分勤勉；另一方面李总和健租宝确实是风头很劲！

提及创业时光，气氛变得有点凝重。李总说，2014年带团队筹备健租宝平台，其间经历了许多波折。团队成员大多是一起共事许多年的伙伴、兄弟，大家拥有同样的价值观，认可同一种理念，相信养老器具租赁的未来，所以一起打拼。

如今，健租宝设在上海最著名两家养老机构、虹桥机场的产品展厅，受到业界的高度关注，也取得了相当可观的销售业绩。在北京，新近开展的适老改造、社区居家业务如火如荼，北京洗消中心即将完工启用。健租宝的身影出现在越来越多的地方，线上成交、线下服务更是节节高涨。下阶段，健租宝将会推出康复设备租赁业务，未来会提供“单病种后医院市场居家康复训练”服务。

30 人的团队硬生生拓开了北京和上海市场。今天的业绩，不仅是大家看到的光鲜亮丽，更有许多不为外人所知的艰难。李总说，创业初期，公司能给予员工的十分有限，而团队成员们却不离不弃、共同坚守，这份情在他心里沉甸甸的、很温暖。

健租宝已经走过了最艰难的那段日子，2015 年是健租宝元年，2016 年是健租宝创业之年，2017–2018 年是健租宝企业发展上升的最重要阶段，也是平台大发力的时刻，有这样一群强劲、坚实的健租宝战友、兄弟在他的身后，他对未来很有信心。相信健租宝第一个五年计划末、2019 年时，政策的后发效用会逐步显现，民众对租与共享的观念将大大普及，市场环境、行业环境也会有大的改变，而健租宝平台一定会形成井喷式的大发展。

健康养老器具租售行业是一个良心行业，要专业、要有投入，必须有足够的业绩，形成规模效应，才有可能保障持续盈利；养老服务是个实在事，作为养老服务中的一个重要组成，任何一家企业都要理清商业逻辑、合作逻辑，做好产品，提供好的服务。大健康养老领域有最好的前景，但还需要经历一大段的拓展之路，必须以长线的眼光、前瞻性的思维看待现阶段的工作。

现在租赁、共享对大众而言已不再陌生，民众的意识大有改善，养老器具的租者与使用者是两个群体。随着时间的变化，他们会不断地向前流转，今天使用者是我们的父母、祖辈，明天会慢慢地流转为我们自己。

进入大健康养老领域，才发现这真的是一个“你陪我长大、我陪你变老”的长线事业，需要有情怀，而且这份情怀不是高高在上的口号，而是要落在工作中、身体力行的大爱情怀。现阶段介入这个行业的人都是心怀大爱的性情之人，是勇敢的拓路者。有这样一群人在，中国的大健康养老产业必会越来越好。

李锦全先生

北京市康复辅助器具协会副会长
上海市康复器具协会常务理事
北京市科委特聘专家
北京健租宝有限公司联合创始人

国家一级健康管理师，社会作者，曾任职北京同仁堂、九州通医药

时间留言：记录有时间，但初心从未变；扎根辅具，专业专注；继续努力，寻求突破；为老服务，此生目标。

李文捷
以专业之名，为老服务

（2017 年 4 月 17 日）

题记：小编两次见到李文捷老师，她都背着大大的包，不管是在泰客讲堂，还是在公司受访，步履匆匆。不知为何，文捷老师身上散发着一种气息，使人不自觉地想要和她站在一起。即使是初相识，小编也有这种深刻的感觉。

从 2016 年夏天的“快速老龄化下的中国适老行业论坛”开始，小编一直在关注文捷老师和她的易享生活，试图找个机会，可以倾听文捷老师和易享生活背后的故事。终于，2017 年 4 月，完成了小号对文捷老师的访谈。

为了老人生活更美好

1992 年到 2015 年，中国经济高速发展的 20 多年中，文捷老师一直在从事城市规划设计工作，在城市设计院、在外资公司、在自创机构，获奖无数，成就案例无数。带领阿特金斯品牌达到中国区市场峰值，创办易肯设计机构，文捷老师作为政府顾问、城市规划专家、智囊，一直在输出思想，事业风光，生活顺遂。

一个偶然的事件，触动了文捷老师。文捷老师的母亲在家中摔倒了，文捷老师和家人开启了阶段性的受伤老人照料模式。母亲年过七旬，受伤后生活十分不便，张罗母亲起居的那段时间，文捷老师对老年人生活习惯与生活安全进行了比较多的思考。

身为设计从业者，她站在专业视角，有了一些新的发现：随着年龄不断的增长，老年人的身体机能在逐渐衰退，而他们生活多年、最亲切、最熟悉的家庭环境也变得“不熟悉”。玄关、卧室、卫生间、厨房存在安全隐患，照明、地面、家具也有许多不适应，老人们洗澡、如厕、起夜都很不便。他们常常处于一种无力调整、勉强适应的状态中，他们的生活变得辛苦，“美好”“享受”这样的词离他们的生活越来越远。

母亲的摔倒，让文捷老师深思，她拥有的专业——设计专业一直在为人服务的产业链中创造价值，同时设计专业也有义务帮助老人，有责任为老人服务，使他们的生活更安全、变得更美好。中国老龄化越来越严重，为老人打造适老化居家环境服务的领域业务市场前景十分广阔，而有实力提供精细化居家适老化环境改造及相关服务的企业少之又少。基于广阔的市场前景、专业的社会责任，在创造更大的专业价值的立场，文捷老师决心进军居家适老环境改造领域。

以专业之名，易享生活

2015 年 5 月，文捷老师与事业伙伴吴晓蓉女士合作，筹建易享生活品牌。

确立了易享生活“社区养老与健康服务运营商”的品牌定位，以适老化改造、社区养老驿站建设与运营、上门居家养老服务为主要业务方向，以营造健康快乐“社区家”环境为品牌使命。易享生活品牌一经问世，就获得了北京市民政局、各区民政局等政府单位的大力支持，受到了全经联、清华启迪之星孵化器等组织企业的高度关注。

11 月，北京易享生活健康科技有限公司正式成立；次月，便承接了甘家口社区养老服务站的适老化改造工程。截至 2017 年 4 月，易享生活累计走访了 300 多位老人和子女，提供了超过 500 次的适老化改造咨询，完成了超过 300 次的上门评估，完成与正在进行设计的方案超过 200 份，完成与正在施工的项目超过 100+ 家，并与 30 多家设计装修及养老服务单位建立了合作关系，完成了 15 个品类、40 多家知名品牌产品供应商的产品供应链建设。一年多时间，易享生活用业绩在适老改造业界树立了自己的口碑。

文捷老师表示，适老化环境改造需要有体系地、系统地进行精细化作业。涉及面较广，需要全面了解老年人的生理特性与生活习惯、改变老年人及家属的思维逻辑、价值观，提高决策效率；需要掌握方方面面的专业技术，需要了解工程涉及各类产品的属性；需要找到高质量、快速响应的工程合作方；还需要拥有与老人及家属沟通的技巧、跟进工程的专业人才、集采适老产品/用品的实用渠道。

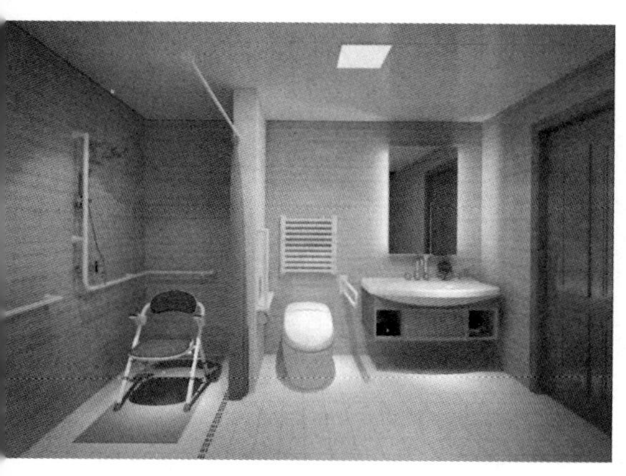

总而言之，涉入适老化环境改造的企业需要同时拥有将老人需求与专业解决方案进行软性结合并实施的能力，以及充分进行相关资源整合的实力。从执行层面看，这个行业有一定的技术壁垒，就公司生存及可持续发展的综合条件而言，这个行业有较高的准入门槛。

当下，介入适老改造领域的企业渐渐增多，小编很好奇“易享生活”核心优势的组成有哪些。问题尚未问出口，小编便在文捷老师易享生活的介绍中找到了答案。

适老化环境改造，对普通企业而言，或许是加几个扶手、铺防滑地面、装报警器，组合一下产品，打个包，报价施工而已。但于易享生活这样的专业团队而言，却大有学问，处处是关键。

易享生活提出了包括实践、调研、对策、方案、施工、产品、运营、服务等共 8 个环节的精细化适老环境改造作业体系；还建立了包括科普推广、专业评估、适老设计、精细施工、品牌产品、过程直播、售后质保、健康管家共 8 项内容的适老环境改造服务体统；并先后整理发布了《居家环境安全手册》《居家适老安全改造产品手册》两套专业指导手册。

易享创始人吴晓蓉女士和李文捷老师均有清华院校背景，她们从事医疗、教育、文化、人力、规划、建筑、设计等相关领域工作数十年，经验丰富；易享团队的其他成员大多是有多年实战经验的名校专业人才。易享生活团队的 DNA 以及来自专业实力的明显差异，将易享生活品牌与普通适老改造品牌进行了标志性的区分。他们企业的竞争力、优势，不言而喻。在此，小编就不进行重复叙述了。

2016 年，易享生活受到清华校友总会委托捐资改造钱锺书故居、获得全经联基金及全经联创新基金天使投资、成为全经联养老创新 IP、北京市指定适老改造服务商、北京市养老助残卡指定商户，对于文捷老师与易享生活团队而言，真可谓是实至名归。小编甚至相信，这些在他们的意料之中，一定是自然而然、必会到来的事情！

以未来之名，呼吁爱老

易享生活倡导“65 岁，开始适老居家环境改造”的理念，认为具有针对性的居家环境适老化环境设计、定制化服务、一站式全面解决方案，“防跌倒产品”“适老化改造”等产品套餐，可以很好地排除老年人在居家生活中的安全隐患，在一定程度上减缓老年人身体机能的衰退，给予他们一定的心理安慰。但这样的观点，还没有获得社会层面的广泛认可，现在许多老人、家属仍有许多不理解。

公司成立之初，文捷老师和易享生活团队便开始在社区和微信平台推广居家安全知识，期待影响更多人重视老年人居家安全问题，积极应对老年人居家适老化环境改造的需求，为老年人营造更安全的、更适老的、更美好的生活环境。

谈及此，文捷老师表示，在易享生活工作的过程中，有许多遗憾。有时候，家属还在犹豫是不是要为老人安排适老改造的过程中，老人便在家中发生意外去世了。许多许多伤感的案例，让人觉得沉重，易享工作团队的同事们，常常遗憾时间过得太匆匆，感叹没能早一点、多一点为更多老人做适老化改造。每次项目完成，看到老人入住的喜悦、家属放心的表情，易享团队又会觉得备受鼓舞。

文捷老师和小编分享：时间给予老年人的美好体验很有限，易享团队的力量也很有限。他们会尽力做得多一些，珍惜多一些，争取让多一位老人，早一天在舒适、宜老的环境中开启美好生活。全社会都需要精细化适老环境，未来老年福祉用品行业蕴含巨大需求，居家养老更是需要多维度的整合服务。在此，呼吁全社会、更多企业、更多爱老人士加入养老产业队伍，为了天下老年人的美好生活，共同努力！

李文捷女士

易享生活创始人 & 首席战略官
国内知名城市及产业规划专家
国家一级注册建筑师
全经联商学院创新讲师及城镇委委员
清华房地产协会理事及策划专委会副主任
中清商学院创新导师
中清文旅智库首席专家

毕业于清华大学建筑学院，1999–2010 年任职英国阿特金斯集团大中国区董事、城市规划设计与咨询事业部总裁、北京阿特金斯顾问有限公司总经理。2010 年与多位资深合伙人联合创立易肯设计机构。2015 年与吴晓蓉女士联合创立易享生活养老服务机构，专注适老化环境设计改造与医养结合模式落地。

时间留言：三年来，易享生活为超过 2500 户老人和家庭进行环境适老化改造和居家养老服务，借由大量入户实践，持续优化“适老服务体系和产品供应链”，强化“设计 + 产品 + 服务”的商业模式。公司以家庭适老化改造服务为入口，加快市场化进程，提升公司的综合服务能力，希望能为更多老年人的生活提供支持。

汝才良
旅居养老只是一个过程服务

（2018 年 10 月 12 日）

题记：小编剥下“养老地产”外壳，正式转入养老的时候，有幸参加了 2016 年全经联养老地产创新年会。现场大咖云集，亮点纷呈，汝才良总带着南方口音讲：“我做养老的前三年亏了 2000 万，建议研究养老少于三年的企业不要搞养老，没有其他产业支撑的企业不要搞养老，没有优秀运营管理团队的企业不要搞养老，只靠银行贷款作为融资平台的企业不要搞养老，商业模式与现行法律不符的企业不要搞养老！”此话一出，全场寂静了，大家都被这位“大哥”的观点所吸引，小编亦在其中被震惊。那时就想，若有机会，一定要向这位“大哥”讨教一番。

一入养老，无归途

汝总是最早进入养老行业的一批企业家。2015 年，天声集团计划在离嘉兴市中心 8 公里远的湘家荡开发项目，准备拿出一部分“试水”养老或酒店。年底，商业地块开业，各项开发工作进展十分顺利，唯 5 万平方米的“试水地”与知名酒店连锁品牌多番接驳，总不能如意，踌躇难定。还有一个原因，是汝总重视孝道传承，看好银发经济，更希望以 5 万平方米“试水地”切入养老，为老年人及有需求的家庭提供专项服务。缘起一块“试水地”，此后三年，汝总带着团队开始了中国民营养老院落地运营的考察与研判。

三年间，汝总先后前往日本、韩国、德国、香港、台湾等十多个国家和地区考察养老项目。时隔数年，汝总仍记得，从台湾归来时，他们团队做了以养老为方向、将5万平方米投入下去的决策；第二次考察香港，看到香港将许多厂房改造为养老项目，深受启发，决定以“十年不旧、二十年可用、三十年升级可用”为目标对湘家荡的部分建筑进行预留性规划，待当地政策允许，就立刻进行养老改造。彼时，北京朱凤泊团队正在筹建北京太阳城、上海奚志勇团队正在筹建上海亲和源。

至此，小编忍不住要曝光一下汝总鲜为人知的养老“前经历”：工商管理专业出身，在体制内（政府部门、国企单位等）担任公职多年；1991年下海经商，用18年时间成就了嘉兴市的龙头企业、市值近6亿——天声集团。毫不客气地讲，“养老前”的汝总是妥妥的“富豪”“有钱人”。回顾投身养老九年时间，汝总感慨良多：经营天声集团18年，本着取之于民、回报社会的念想，2009年响应嘉兴市民政号召，进军养老，拿出1亿元资金建民营养老院。做养老9年，经历数次难关，催白了一头黑发，几度落泪，可谓是把过去18年没有操完的心全用上了。养老路是一条不归路，一旦开始，就不能回头，更没有退路。但也感到庆幸，这是一条通向未来的阳光大道，未来必会越走越宽、越做越有前途。

相响以湿，守得云开

历经三年打磨，边装修边营销，2010年汝总的第一个养老项目终于要面世了。汝总团队为项目取名“逸和源”，借取北京“颐和园”自然风光休闲放松的意境，希望为老年人提供逸养天年的舒适居所。凭借着天声集团在嘉兴、杭州、上海等地的良好口碑以及多年经营良好的政府媒体关系，“天声集团1亿元进军养老”“浙江省最大的民营养老院”“三星酒店式环境&1800-2500元&包吃包住”等关于逸和源的消息，很快就传遍周边省市；项目一期1000张床位，未开业，院外排队轮候的老人已超3500位。各界都十分看好逸和源，一切似乎都很美满，只等着一个出彩的开业仪式啦！

11 月 10 号，开业当天，仅 10 人入住，其中一位还是汝总的父亲。残酷的现实，让逸和源团队瞬间陷入困局。其后几个月，尽管团队全力拓客，但营销始终不见起色。首年入住老人低于 60 位、入住率 6%，次年入住老人 160 位、入住率 16%，第三年入住老人 260 位、入住率仍未突破 30%。三年持续投入 1.6 亿，亏损超 2000 万。面对来自社会、媒体、政府、合作方等多方的关注与审视，逸和源团队的压力可想而知。

回顾那个阶段，汝总说：2010 年年底是逸和源最困难的时候，春节前，他卖了三套房子，为员工发工资、给合作方结款。反思项目无法突破困境的原因：一方面，企业没有准备好，运营能力不足；另一方面，政策环境没有准备好，能提供的支持很有限；再次，市场也没有准备好，老人们的观念比较守旧，对离家这样的养老方式接受度很低。同时，他也深深明白，项目业已建成，社会舆论密切追踪，不管路多么难，只能煎熬挺进，等待黎明。

2011 年，汝总带团队进行第二轮养老产业考察，重点研究市场中养老项目的营销做法，发现养老产品有以押金、会员费等形式进行合法证券化演变的趋势，国内也出现了借用“会员费”与“实地基地产品的使用权”等形式，在守法保障老年人资金的情况下，设置分年龄阶段养老体系，快速盘活积存的空置住房、服务余力、解决项目现金池空缺以及持续发展的行业先例。他们看到了打破逸和源困局的机会。

考察结束，便邀请嘉兴学院统计系调研团队，在嘉兴市范围内对老年人进行入户家访，核实“75 岁以下的老年人喜欢去各地旅游，不太可能长住养老机构”。信息的可靠度。经过多轮严格缜密的研讨，2011 年年中逸和源预付 30 天到 180 天居住权益的"小额会员卡"产品体系（2013 年进行会员卡体系价格调整），以老人易于接受的低门槛——6800–11800 元区间价格作为起步门槛，在嘉兴、杭州、上海三地进行推售试水，很快即获得了市场及客户的认可；到 2012 年年初，成功发展会员 3500 名。与小额会员卡推广成功相对应，湘家荡项目当年入住率出现 5%–10% 的小幅提升，2012 年下半年湘家荡项目入住率开始大幅增长，到年底项目流动资金已近 3000 万。至此，逸和源模式渐入正轨。

旅居养老只是一个过程服务

很长一段时间，小编都认为逸和源主业是旅居养老，很想帮小伙伴们探听一下逸和源旅居业务的秘密。汝总说，讨论逸和源旅居业务之前，需要复盘一下逸和园 9 年时间产业布局的路径：2009 年建立湘家荡项目，设定功能定位是机构养老总部。2012 年，推出"小额会员卡"产品，聚集客户池；同年与 10 余家 500 床的养老机构达成合作，进行异地客户输出互换。2013 年，建立湘家荡康复护理院，实现"小病不出院、失能失智长者特殊护理、老年慢性病治疗、大病初愈后康复、临终关怀"等医养融合的五大功能，为 85 岁以上的高龄老人提供养老解决方案。2015 年，以打造旅居标杆为目标，投资千岛湖项目，设定功能定位是旅居享老总部，同年成立旅居养老营销平台，以逸和源的 5 个自有基地、2 万多会员与 46 家联盟单位达成合作，全面开启异地旅居养老业务；

2016 年，与衢州第三人民医院（三甲医院）合作，合建衢州老年康复医院，在其周边同步筹建 260 床的公建民营项目、1000 床的康养中心，设定组合项目的功能定位是医养融合总部；2018 年，以嘉兴为试点，建设嵌入式小微机构、日间照料中心、社区服务中心，布局社区养老。逸和源用了 9 年时间，以重资产大力投入，建设了 3 个总部基地，先期布局机构乐老、旅居享老，其次启动养老融合总部基地，再次开启社区居家助老。

综合分析一下，逸和源养老产业的闭环中，机构养老属于重资产投入，是产业闭环的核心，在集团总体盈利规划中盈利率为 15%，是逸和源最先布局的部分。旅居享老属于过程服务，是维系客户关系的“扛把子”产品，是逸和源体系中的聚集客户流量担当，堪称逸和源在养老业界的名片，有很高的风险安全预防要求，但不能沉淀高额利润，在产业闭环总体盈利规划中盈利率仅为 5%，是逸和源重点发力的业务组成，也是逸和源第二个发力的业务板块。医养融合业务在闭环总体盈利规划中盈利率超过 25%，逸和源第三步投入的重点板块，未来会承担逸和源数万名会员后续的养老服务，是公司业务发展的重头。社区助老业务强调为政府分忧、服务展示、建立信任的作用，更侧重它的导客功能，是公司产业闭环未来发展的重要方向，但需要来自企业、团队、市场等较多方面的先期准备，会经历很长的耕耘期，故公司选择较晚启动该业务板块。汝总再次强调：“虽然，业界对逸和源旅居知晓率更高，但旅居养老只是逸和源的一项过程服务产品，不承载企业‘赚钱’的主要任务。”

汝总认为逸和源之所以受到老年人及业界认可，20 年间天声集团在江浙沪等地的踏实经营、汝才良个人的社会信誉打底，重资产背书企业，发展会员制较为可信是主要原因；其次是逸和源在旅居养老领域起步早、基地网点多、覆盖区

域广的原因；再有就是近年逸和源推行的基地标准化建设、服务标准化规划、会员服务管理等管理升级措施的功劳了。

客观来说，逸和源旅居养老业务板块还有许多不足，比如客户管理信息体系建设、客户关系维护、相关业务联动延展等方面，都还有比较大的提升空间。旅居养老服务是逸和源品牌与广大老年人会员之间的纽带，逸和源团队在旅居养老方面会持续发力，目前正在研发新产品，以提升服务体验感。据小编所知，逸和源团队正在研发"反季旅游""'老＋小'亲子游"产品，还与 G100 组织中近百家气质相符的机构（解释一下 G100"四有养老机构"：有基地 500 床以上、有会员 1000 人以上、有输入能力 50 间房以上、有输出能力——可输送异地团）合作联合研发更为多元的旅居产品。想想还是挺期待的，小编相信逸和源旅居养老的升级产品很快就会入市啦！

四标五准，莫把旅游当旅居

获知旅居养老不是逸和源的主要盈利产品，小编内心的震惊很难形容。汝总表示，政府所倡导的"9073""9064"养老模式是对中国养老产业的宏观描述，是方向指导，但不足够细致。随着养老业务的开展，市场所提供的服务与老年客户的实际情况存在一定的差异，年龄阶段不同，老人们选择养老的方式倾向也不同。比如，65－75 岁老年人选择的养老方式，就比较符合 9073 的指导比例。对于 75－80 岁的老年人而言，选择居家养老的可能是 60%、选择社区养老的是 20%、选择机构养老的是 20%，是"60∶20∶20"。80 岁以上的老年人又不同，可能是 20% 选择居家、20% 社区养老、60% 选择机构养老，是"20∶20∶60"。

无论是医院办养老院，还是养老院办医院，医养结合都有很多的包袱，进入门槛很高，快速发展起来难度很大。机构需要大量的社会资源、资金的投入，需要老年人及社会大众有较为宽容开放的养老观念，发展起来制约条件较多，但机构能以集中形态解决有较高养老需求的刚性养老服务问题，社会贡献较高，是投入产出比例较高的一种养老模式。旅居是老年人从家往机构过渡的一段经历，是精神生活、健康生活的更进一步追求，要美好感受还要细节真章、要物美更要价廉，不要到物超所值不罢休，强调体验与服务。要做好旅居需要投入大量的资源、资金、精力，但老年人愿意为此支付的费用很有限，不设“暗招”“猫腻”，正正经经经营，盈利空间十分有限。虽然有大批客户、有流量、有现金收入，但高额利润绝对是奢望，从缓解老龄社会的矛盾而言，养老服务的前端更重要，关注老年人精神娱乐需求、对老年人实施健康管理、干预十分有必要。

谈及旅居，小编必须得请教一下汝总，作为中国旅居养老最早的发起者之一，他心中好旅居产品的评判标准。汝总表示，可以用四个指标判定旅居养老产品的真伪，其中，“主指标”分别是在外地居住 15 天以上、住在养老机构、以“养 + 居”为主，“辅”指标是业务兼具为养老机构服务、导客作用。旅居养老的参与者是老年人，他们出行健康医疗风险很高，居住游玩期间适老化环境、医养安全措施必须到位，但大多数酒店都不具备此条件，承办单位设立临时医养康服务团队也不尽客观，更不必说建设适老化环境了，故而具有医疗保障、适老环境、可提供老年人居住娱乐配套的养老机构是最优的选择。旅居养老与老年旅游不同，强调健康养生娱乐的服务体验，以怡情养心为主要目的，兼具观光赏景。来去匆匆的短时间观光是旅游，而非旅居。遗憾的是许多老年人对“四个指标”知之甚少，往往错把旅游当旅居，常常落入“保健品团”“低价 ×× 团”的圈套，被违法平台坑骗，折进老本的老年人更是不在少数。

汝总也为普通老年人判断选择好旅居养老产品提供“五项标准”参考。第一看门槛，设置高门槛、要求大额充值 / 储值（3000 元以上）的旅居平台 / 产品，要谨慎甄别。一部分没钱又想赚快钱的人都期望以“花式包装”“虚幻产品”等方式，设立旅居平台，以达到其非法集资的目的。第二，看住宿场所。安排老人在无医疗保障、无活动场地、无“居”类服务场所居住的产品，要认真辨别。老年人出行风险高，缺少医疗保险易出问题。老年人适合慢游，外出观光与居地娱乐要合理搭配，配套场地太小，很难玩得尽兴，更谈不上旅居体验感；有 300–500 平方米以上的配套服务场地的居住产品可以优选考虑。第三，看餐饮。出行期间餐食营养搭配、吃得健康十分重要，老年人可提前索要标准菜谱进行参照，做到心知肚明。第四，看基地/公司。具有自有基地、有实体产业支撑的旅居平台，通常比较靠谱。做出行决策之前，建议老年人先察看一下过往"团友"的旅居实况图、旅居评价，做到知己知彼，踏实安心。第五，看景点。老年人外出旅居，对于景点观光的追求不言而喻，居住基地周边可以玩的景点多，游得方便很重要。老年人身体条件各异，100公里以内、车程1小时内有多个景点的基地/产品可优先考虑。总结一下，好旅居产品必须得符合低（WU）门槛、住得安全、玩得尽兴、吃得健康、花得踏实、游得痛快五项标准。

一步一脚印，踏实干养老

近年"养二代"已渐次进场，汝捷是其中的一个代表。小编十分好奇，老资历养老人汝总会如何看待"养二代"以及"接班"问题。谈及汝捷，汝总很欣慰地和小编分享：汝捷是一个善良、专注、努力、坚持的孩子，是他人生最大的财富。至今仍清楚记得，2014年汝捷回国，随他去国外考察养老项目的情景；以及汝捷第一次参加员工见面会时，讲"我是富二代、负二代，更是一个创二代。养老是对社会负责任的事业，是善的传承，更是对家族'大孝'品德的传承。养老产业是值得守候的朝阳产业，我愿意投身养老事业"的感触。关于接班问题，汝总说，他已开始放权、交棒了，"允许汝捷有推倒重来的可能"就是明显的证明。就具体收放问题，父子二人也进行了细节约定：比如要尊重原来的团队；比如要学会肯定、在肯定的同时否定，梳理完善再优化；比如允许试错，但得控制风险；比如父子意见不统一，对父亲的意见要充分听取，保留、汲取、反思，最终由汝捷来做决定。

汝总表示，这几年汝捷从一线工作着手，一步一步，低调、虚心、细心地学，在基础管理、服务标准建设、逸和源产业闭环建设方面都获得了不俗的业绩。能感觉到他在用自己的行动践行他的养老承诺。2016年汝捷陆续接手千岛湖项目、衢州项目，担任项目的独立操盘手。如今，是真正的逸和源接班人，

当得起“养老后起之秀”啦！作为父亲，他为有汝捷这样的儿子感到骄傲！

看到“80后”的接班人华丽入场，“60后”的汝总会忍不住感叹养老行业人来人往、时光如梭。谈到人的话题，汝总表达了他对养老人才的看法。他表示，近几年，80%以上的企业都面临着难以为继的尴尬情景，坚守在这个行业的企业不足20%。中国养老行业以及从业者都比较浮躁，投资方狂热而功利，期待快进快出，追求高额利益，这与行业现实不相符。企业没有核心产品、缺少核心服务持续亏损，在生存线上苦苦挣扎，甚至走入“非法集资、资金断链、老板跑路”等法律泥潭，或壮士断腕选择转型。许多职业经理人眼高手低、缺少定力，没有业绩傍身，更谈不上与企业共生死同进退。经营管理团队多以旁心处之，往往与市场、企业的要求有较大差距；新入行的从业者在一片蓝海的幻想中沉浮，难以找到正向的职业进化方向。

但汝总坚信，现在的乱象横生只是短期现象，养老蓝海是真实存在的，只是水比较深、比较浑、有隐藏（法律）风险而已；但既然社会政府在养老产业里倾注了如此大量的资源、资金，这个产业/行业未来一定会盈利的，一定能赚钱。养老企业要试着学习以养老的名义，思考政府政策以及与老年人的需求，控制企业发展的速度，不盲目输出扩张、唯利是图，做好业绩再说服务，建好经营基础，做好一个点再谋下一点。

养老产业是真正的朝阳产业，养老企业都有很大的发展空间、养老从业者有广阔的晋升可能，是未来可以十年、二十年、三十年干下去的事业。做养老更像用今天的努力“赌”美好的明天，选对方向，设好路径，一步一个脚印，踏踏实实做，也许用不了五年、十年，这个行业就会转变，大家的理想必然都会实现。

汝才良先生

浙江天声投资集团董事长

浙江逸和源康养医连锁机构管理集团董事长

曾在法院、商业局、国有企业任助理审判员、科长、总经理，1991年下海，创建天声集团。2009年产业转型，投资养老产业，创办逸和源品牌，累计投资总额已超9亿元，旗下自建直属项目有浙江嘉兴湘家荡康养基地3600床（配康复护理医院）、杭州千岛湖康养基地1080床（配套康复护理医院）、衢州康养基地1800床（配套三甲老年康复医院），正在布局社区居家养老业务。

2012年，牵头发起组建全国异地交流养老联盟；2017年，牵头组织国内十家知名养老机构共同发起G100中国旅居养老合作会议，至今有400多家养老机构参加G100会议。截至2019年4月，先后走访国内外养老机构492家，著有近60万字的《养老日记》，是逸和源连锁养老机构"社区助老＋旅居乐老＋机构享老＋医护养老"模式的设计探索者。

时间留言：逸和源养老9年，痛并快乐着！投了9个多亿，前五年累计亏损2600万，第六年才开始盈利，这不是一般商人能做的！但逸和源品牌打响了，团队稳定了，自我造血功能健全了，逸和源已经开始实现"政府放心，长者乐意，我们愿意"的目标！逸和源养老路，前途中有"钱途"！

黄涫
跳出养老做不老

（2017 年 6 月 8 日）

题记：几经波折，小编终于约到了我的职场女神黄涫女士。说到人生赢家，在养老圈里，小编只服黄总。她肤白貌美、气质优雅、事业成功、老公很帅、儿女很乖，是妥妥的人生赢家！小编立志以她为榜样，奋斗，再奋斗！

不老的老年健康乐园

2016 年，全经联养老创新年会中，小编第一次听说，不老山庄有个姊妹品牌——不老生活。涉入社区居家养老领域，小编进行品牌研究时，发现不老生活赫然已是万谦养老继不老山庄之后的另一张名片了。

许多企业懵懵懂懂、小心探索社区养老模式的时候，黄总和不老团队已完成了不老品牌社区养老业务的市场验证。2016 年 6 月两馆（安贞馆、洛克馆）齐开，8 月正式启动营销，到 2017 年 5 月，单馆平均日上客量超过 200 人次，95% 的客户来自老客户转介绍，转介绍客户的成交率超过 90%。市场数据再一次证明了老年人对不老品牌的认可。

听到这里，小编不由咋舌，不老生活馆还用做推广吗？黄总笑着回答，老年人的养老消费和年轻人的生活消费一样，属于正常消费。抓住健康养老的需求很重要，建设易于老年人坚持、可持续消费的、健康的养老系统更加重要。不老生活推出了简单易行、轻松无负担、高效有价值的六大服务体系，以年消费 3600 元的基础会员体制，为老年人提供量身定做的身体健康测评、饮食养生、运动理疗、仪器理疗、中医专家问诊、益智活动、文娱课程等服务；同时，还以有偿的形式，提供满足老年人群健康养生需要的优质服务。从基础服务层面及有偿消费方面，为老年人提供一套周全的健康解决方案，同时还设置了大数据分析、网上商城、产业链延伸服务等后延服务体系，充分保障老年人群晚年生活的幸福与质量。

目前，政府大力支持养老，强调基础养老服务的普惠覆盖，这对于养老行业发展而言，是一把双刃剑。一方面，政府扶持、公建民营、服务购买，会引导一部分老年人花钱购买养老服务，鼓励养老消费，是行业发展的利好因素。另一方面，政府的非市场干预，必然会催生一些依靠政府政策生存、缺少市场竞争力的“贫血”型养老企业，他们的存在会在很大程度上限制养老行业的健康发展。黄总认为，养老市场化的本质是基于服务品质、服务内容、服务质量的良性竞争，这样的良性竞争是养老行业发展的强心剂。过于依赖政府政策支持的企业，很难拥有长远发展的可能。

不老生活创品牌之初，明确了市场化的主导思路。筹建店面之前，黄总和她的团队对数万名不老会员进行了详尽的分析，在会员集聚区进行选址，在老年最期待的服务项目中进行服务遴选，鼓励会员（老年人）参与到社区机构服务设计中，和不老团队共同打造不老生活社区养老店面。

相对延庆的不老山庄，城区的不老生活交通更为近便，优化升级后的服务内容更受欢迎。不老生活（安贞馆）、不老生活（洛克馆）均嵌入在社区中，一经面市，即满足了许多老会员（老年人）的养老期待。他们即欢欣喜悦地前往更近距离的面店，进行服务体验。

黄总向小编分享，老人们认可不老生活的原因大体可以归纳为三点：令人尖叫的内容、亲情的服务、感动的体验。不老生活馆已经成为了老年人生活中的固定内容，同区域的会员们一起养老，形成一个新的社交现象。

老年群体的力量不容小觑，不老生活的单店日上客量从 200 人次起，一直缓缓攀升。不老生活馆更像是老年人的健康乐园，融入在他们生活里，为他们的健康养老助力。为此，黄总和她的团队感到无比光荣。

向服务要效益

众所周知，养老是微利产业，大家热情投入的同时，大多不愿直视项目运营的一片惨淡，高歌猛进的同时，哀鸿遍野。早前，黄总曾发表观点：“养老不能只靠情怀，盈利才是养老企业生存之本，具备可盈利的商业模式是养老企业发展的前提条件。”两三年前，不老山庄实现盈利，如今不老生活品牌初创，黄总仍然坚信很快即可盈利。

有不老山庄大系统的服务支持，不老生活进行社区居家客户导流存在着先天的优势，在社区进行物业嵌入，不老品牌市场二次导入并不是最大的难题。原先的不老服务与不老会员之间，存在一定的消费距离，如今的社区机构把不老服务送到了会员们的生活中，距离不再是问题了。

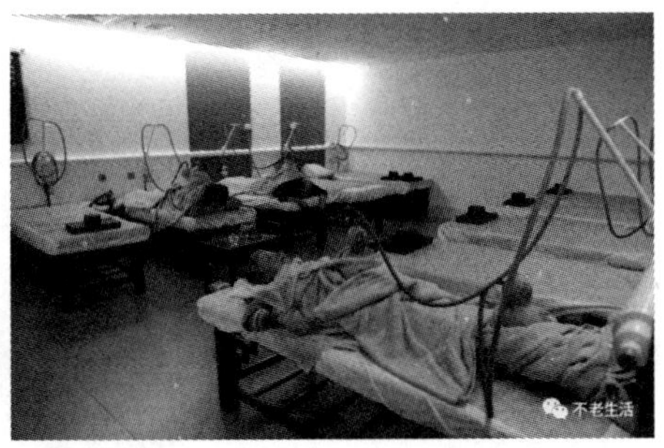

相比被动的机构服务环境，会员们有大把的时间，将不老服务与社会层面的养老服务进行对比，从中挑拣他们更喜欢的、更好的养老服务。不老团队认为内容为王，质量是最终的生产力，依靠最专业的人才，提供有用、有效的服务才是获得客户认可的硬道理。不老团队愿意花费更多的时间，打造优雅、亲和的服务环境，从让客户感动入门体验、亲情服务、感动服务、满意服务，一点点积累，凝练出更具价值、让客户尖叫的服务内容。

为了能给客户带来更适合的服务，不老团队还专门成立了客户委员会，及时聆听来自客户的声音，体验来自客户的不老情感，进行服务创新，铸炼独属不老品牌的养老力量。未来会有无比大的想象空间，黄总和她的不老团队，一直在用心积累，精益求精；他们充满信心，不惧挑战，不怕被挑拣。

黄总认为，在社区机构运营中，社区养老的竞争更多是服务的比拼，是客户花钱购买有偿服务的过程，必须启用专业的人，做专业的事，提供专业的服务，最终向服务要效益。客户有权利进行全网络、多维度的选择，有对比更见真章，有价值才能值得被购买，优质的有偿服务才是企业真正的利益空间。

跳出养老做不老

黄总表示，养老品牌发展中，前五家机构的复制实践是对其商业模式、团队运营能力最大的考验，是最艰难的拓展期。2016 年不老生活社区养老机构两个馆同步开业，有了一个很好的开端，以事实证明了不老生活复制的客观可行性，同时也证明了不老团队复制品牌的业务能力。接下来，不老生活会进行规模化扩张。

两三年内，不老生活馆的扩张仍会以大北京为主，积极争取政府公建民营项目／养老驿站的可能性；同时，不老生活品牌仍会坚持进行市场化运作。未来将利用5-10年时间，建立50-100家网站，建成不老服务网络。黄总认为，不老会员（老年人）是不老品牌的立身之本，是不老服务的重心，服务好会员是不老品牌市场化的先决要素，而人才储备、团队建设则是养老品牌复制的重中之重。

对此，黄总表示，不老团队一直倡导“终身学习，拼命工作”，是一支具有极大潜力的学习型团队。一方面，不老生活是中高端品牌，需要为知识分子、高素质老年人以专业的、高质量的服务，团队招聘挑选员工，更倾向于来自老服院校、中医学校、健康协会中有专业特长的从业者，兼顾社会招聘，塑造成就一支灵活多变、具有极强适应能力、有为老服务之心的健康快乐型工作团队。

另一方面，不老团队认为如果员工只停留在基础工作层面，看不到个人成长及未来发展的方向，企业文化便无从谈起。在员工入职之初，不老平台就为他们设计了完善的培训体系，从管家层面的销售、渠道、拓展等技巧培训，到健康技师的手法提升，再到健康管理的服务咨询等特训课程。不老培训体系的目标是让所有优秀的员工在这个平台上实现从普通业务员到主管，再到馆长的晋升。除员工培训外，黄总与公司的高管时常与员工进行梦想分享，邀请专家为员工进行心理排解，使他们的从业信念更加坚定。

养老不仅仅是一份工作，更是与每个人息息相关的未来事业；每个不老员工都有一个馆长梦，他们都期待着有朝一日，成为不老经营合伙人，将不老生活馆开到自己的家乡。黄总说，一批一批年轻人加入不老团队，见证他们晋升为不老经营合伙人的过程，是比开办新店更加兴奋的事情。

黄总认为，养老服务的本质仍是商业运作，不可违背商业的服务本质、利益本质、竞争本质，打造具有竞争力的服务内容，跳出养老做不老十分重要。养老从业者要本着解决问题的姿态付出努力，保待终身学习、拼命工作。还要有良好的心态，自信乐观，认可养老行业，认可你所归属的企业，认可老年人的正常消费需要，才能够持续地在养老行业中坚守。

不老山庄入住满员的时候，业界皆为之惊叹！时隔两年，不老生活运营大火，再次刷新了业界观念！黄总表示，养老行业的发展需要更多正能量的助力，不老品牌与不老团队正在集中力量先攻克最难啃的骨头，扫除不老品牌复制路上的阻碍，待品牌更加成熟，再遴选优质的加盟商，进行全国发展。未来不老生活会逐步从大数据、APP、智能养老等方面切入，进行服务的再次强化，并将升级现有的会员服务体系，形成最适合老年人生活方式的、最贴近老年人生活轨道的养老闭环式服务，最终推行一套具有不老特色的老年人养老解决方案。不老山庄是个很好的开始，不老生活是个很精彩的延续，未来的不老养老解决方案会更加丰富，更加多彩。为了这个目标不老团队会一直努力。

听完黄总对不老品牌的剖析之后，小编更深刻地意识到，市场化对于养老行业而言的价值与作用，养老企业实现市场化的前提，除了市场份额的占有，更重要是对服务内容进行优化布局、对服务质量的严格管理。环顾养老江湖，各大企业争相涌入，各种模式百花齐放；我们需要更多像黄总与不老品牌这样令人尊重的竞争对手，在迷茫的时候带给同行希望，在发展的时候见证彼此共同的成长！

黄涫女士

万谦养老运营管理股份有限公司副总裁

机构养老品牌——不老山庄、社区养老品牌——不老生活联合创始人，“快乐养生、健康养老”理念积极推广者。

时间留言：18 年光阴，从 3 位到 300 位志同道合的养老人，服务超 10 万人的长者朋友。万谦养老运营管理团队经历了从无到有，从有到胸怀天下父母快乐健康的蜕变之路。不老山庄收到致谢锦旗无数，受到社会广泛赞誉，业务向外延展，构建京津冀健康养老生态圈初具雏形；不老生活为长者就近提供全方位养老服务；不老乐游专注健康出游理念，开拓养老圆梦之路；万谦“不老系”也成功植入西城区公建民营项目——金秋园敬老院，惠及社区养老需求人群；未来希望帮更多老人达成不老的梦想，实现“中国梦·养老梦”的伟大理想。

金恩京
和过去的时光一起入住康语轩

（2017 年 8 月 3 日）

题记：此前，听好几位养老圈的朋友分享过金恩京博士归国创业的事情，对金博士及她的康语轩俱乐部一直很神往。在好朋友殷毅的引荐下，获得了去康语轩找金博士取经的机会，小编感到很荣幸。

生活的另一次"出发"

但凡看到金博士履历的人可能都会好奇，为什么她会选择回国、创建养老品牌？小编也是如此。关于此，金博士回复说："大约是命中注定的吧！"回顾在国外工作的经历，金博士分享道，日本的认知症老年人的服务已经遍布至社区、机构，已然形成了一张成熟的社会网络体系。因为工作的原因，金博士接触了许多日本的认知症患者，看到他们在身体机能、意识渐渐衰退的状况下，仍然能够有尊严地过着属于自己的生活。感叹生命衰老的同时，金博士很羡慕他们在生命变化过程中，仍旧能够保留的那份美好。

她想起了国内的亲人，同时也意识到，中国的老龄化问题比国外更严重、老年人口基数更大、认知症患者数量更多、周边症状况更复杂，国内养老市场发展迅速，但认知症老人照护方面仍旧比较空白；那些患有认知症的老人大多得不到专业的照护，生活往往很艰难。

金博士开始思考，每个生命都很可贵，即使老人们的记忆力逐步退化，但那过去的影子、过去的味道、过去的印记并没有随之消失，通过帮助老人们留住那些美好的经历和感受，用另一种方式延续他们的生活。如果将国外成熟的认知症照护体系引入国内，一定能大幅度地改变国内认知症老人的生活现状。抛却情感、公益的内容，用商业标准去审视认知症、失能老人照护机构是养老事业的一部分，同时还具有宽广的市场前景，只要有专业团队的加持，把服务做好，必能获得持久的发展。确认心意之后，金博士便开始组建团队，创办专注认知症、失能老人照护的机构——康语轩俱乐部。

“家”是无声的表白

等待金博士的空当，小编偷偷地享受着康语轩的“家“时光。室内很安静，偶尔有工作人员陪着推助行器的老人轻轻走过，宽大的落地窗外，雨后的草地上格外清新，两只黄狗在屋檐下舒服地趴着。不需要任何语言、不需要动作，康语轩温馨的氛围已然深深地打动了小编。

金博士向小编介绍，康语轩启用了俱乐部的概念，从居室内部环境的打造、公共空间生活氛围的营造、周边环境联动方面，尽可能地弱化养老的因素，营造“家”的居住感受，强调老年生活的另一种延续。同时，倡导人人都应该享有有人格尊严的生活，将服务对象定位为认知症、失能、临终关怀老人，希望通过精心的介护护理服务，从身体、精神、社会、生存等多个层面，缓和老人们心里的焦虑与病痛，延缓他们衰老的速度，提高他们生活的品质。

康语轩认为，每个老人都是不同的个体，固化环境很难满足他们的细节情感需求，会加重老人的焦虑情绪。除了温馨的公共环境外，康语轩参考国外养老机构的做法，在老人居室内，仅提供必备实用配套（介护床、卫生

间、洗面台等），保留尽可能大的闲置空间，供老人放置自己熟悉的物品、家具；希望为老年人打造一处晚年生活的家，让老人们带着自己的生活和过去的时光一起住进来。

老人们的身体存在个体差异，不同时间的情绪状况也不一样，老人们往往生活得很真实，他们对机构提出即时的服务期待，对服务做出最真实的反馈。因而，养老服务的要求很难用标准化或固定的动作来实现。金博士认为，在认知症老人照护方面，应该更推崇因人而异的、定制化的服务，并明确康语轩的员工必须具备思考力、想象力、执行力，能够体会老年人的感受，根据实际情况，用心地为他们提供适合的、专业的服务，而非程式化地完成固定动作。富含情感的生活环境、享受量身定制的暖心服务，是"家"不可或缺的内容。

这些细腻、温润的内容带来的属于"家"的感动，很难用语言表达。相信只有去到康语轩、置身其中，才能明白吧！

用心就是最强的运营力

初入市场的康语轩，因为布恩音乐缓和疗法、亲肤护理、三焦针法等针对认知症的专业照护服务而在养老圈大放异彩，使得同行纷纷侧目。但同时，小编也会疑虑，如此专业的服务需要很多专业人才，如今的养老圈人才奇缺，康语轩的"人"是从何而来？

聊到人才与团队培养的话题，金博士整个人都变得轻松起来。金博士告诉小编，人是养老服务的实践主体，能否实现养老追求的重点在于人，员工与老人同等重要。运营管理中，强调老人尊严生活的同时，必须要给予员工足够多的尊重。康语轩在人方面的投入从来都是不遗余力的，一直在员工职业提升、专业提升方面进行持续的付出。比如，引进国内外最优秀的讲师资源，每月安排专业的培训；比如，在许多新技术、新产品首次进入中国的时间，推荐康语轩的员工第一批试用、使用；再比如设立海外委培计划，定期送员至日本、瑞典等国家学习。

金博士认为，服务转化是以人为基础的，不能过好自己人生的人是不可能为老人提供良好服务的。想组建一支优秀的团队，必须从细节尊重员工、体贴员工，从长远着眼，为员工规划好未来的职业发展，给员工创造全方位的体会、参与、锻炼、成长的机会。

金博士还透露，康语轩招聘的一个潜规划：养老新人优先录取。她认为，人的职业经历所形成的习惯，会沉淀成为固化做法，借由时间、经验积累的服务固化印象；而这些，很难通过后期培训而改变。相对而言，没有养老经验的新人，反而更容易接触外来的信息，经由全套培训之后，他们可以将康语轩主全新的服务理念落实在工作中。

许多同行都很关注，微利环境下，养老机构如何生存、如何实现盈利？针对这个问题，金博士也谈了谈她的想法。她认为，服务是具有标记化的品牌，只有专业的服务才能形成影响力，成为吸引老人的优势与渠道。对于养老机构而言，实现盈利的基础是让服务物有所值、物超所值，把服务做好，一切都会自然而来。

金博士表示，康语轩是公建民营的项目，在创办的过程中，政府给予了很大的支持，在推进康语轩项目筹办进程的同时，大幅度地降低了项目的前期投入，为康语轩的后期经营预留了比较充足的发展空间。因而，康语轩汲取政府资源支持的同时，对区域社区也负有一定的社会责任。康语轩和孙河乡政府联手发起了一系列关爱高龄老人、健康体检、健康普及、老年服务等社区互动活动，并在周边社区定期组织敬老爱老的慰问活动。同时，康语轩还在筹备养老教育业务，未来康语轩平台，会通过多样化的实践训练、管理培训，把国外最先进的技术与实践技能分享传播给更多人、更多家庭、更多行业机构，联合全社会的力量，改变中国老年人的生活现状，为他们打造更舒适、更美好的生活选择。

金恩京女士

内科医生、医学博士

北京康语轩孙河老年公寓创始人

对认知症的早期发现有深入的研究。2017 年，金恩京博士与其团队一起创立了以服务认知症老人为主的专业化养老机构——康语轩孙河老年公寓；目前致力于专业认知症机构的运营、认知症教育培训和国外技术的导入，以及认知症启蒙教育。

时间留言： 康语轩将继续致力于认知症专业领域的教育培训和机构服务；今年将在北京成立一家以脑卒中亚急性期和恢复期为主的康复医院；同时，与日本合作，成立社区内的脑锻炼中心，开展认知症的预防和早期筛查工作。

姚雪
“爱”是养老服务的前提

（2018 年 12 月 29 日）

题记：坐在姚雪总对面，听她讲述爱慕家的往事，小编的感受十分特别，空气宁静而芬芳，时间仿佛静止了，又似乎在怒放。尽管纸短情长，小编仍想将那种温暖的力量尽力地传递给大家。

养老重在养“心智”

业界有传闻，太功利、急于赚快钱、没有大爱的人无法将养老服务做好，不适合养老行业。在大型公司担任多年高管的姚总气质淡泊、平和仁爱，是难得一见的比较适合养老行业的那种人。2006 年，赴美考察，走访了几十所养老机构，并以志愿者的身份，深入体验美国养老服务。2008 年回国，深感中国老年人生活的“水深火热”，便发愿将美国先进的管理理念和服务引入国内，创立了爱慕家品牌，期待为中国老年人打造全新的晚年生活方式，让中国的老年人生活得更有尊严。如今，爱慕家已是业界同仁争相观摩学习的典型了。

小编特别想知道，姚总怎么看待“养老服务”这个话题。姚总表示，中国最早的养老设施是与“孤儿院”同时代的“托老所”，那时候的“服务”是“别冻着、有饭吃”。再后来，社会福利院、公办养老院发展起来了，尽管服务对象以“兜底扶优”老年人为主，但养老服务却有了比“有衣穿、有饭吃”更高一些的定位——“吃好穿暖、高兴”，强调“好”的质量，增加了对“老人情绪”（精神需求）的关注，最典型的特征就是在基础服务上，增加了社工服务，营造让老人感到愉悦的机会。到2018年，“第一个养老五年”已近尾声，基础服务（生活照护、文化娱乐、营养餐饮、社工活动）已成标配，政府及行业组织对此部分内容制定了许多标准化的评判标准。对于养老项目而言，硬件或许较为容易复制，软件服务往往比较难以界定。软性服务是评判养老项目的核心，是各养老项目要重点突破的内容。

姚总认为，从两个维度去看服务，与流程相关的基础服务（如保洁/保安等）、技能类服务可以通过标准化来实现。基础之上的个性需求则要实施个性化服务方案；机构运营，需要在标准化与个性化之间寻求平衡点；实施服务的过程中，要试着换位思考，理解老人的情绪。养老除了养长者之“身”外，最重要是养其心智，要带着爱去服务老人，让老人们感受到发自内心的爱与温暖，帮助支持老人实现他们的愿望。在服务老人、对老人好方面，要不断进展，没有边际，可以不设底限。

“爱”是养老服务的前提

2016年，小编听姚总分享爱暮家，她强调要把员工放在第一位，老人放在第二位，要爱员工，让他们快乐；他们快乐了，才能服务好老人。2018年，再听姚总讲爱暮家，她仍是强调要爱员工，关注员工的家属及家人，当他们

遇到困难的时候，要施以援手。转念回想，似乎每次分享，姚总都会强调养老企业要对员工好，爱员工。小编深信，姚总在爱暮家团队中，推行“爱员工”的团队文化，是真心关爱他们的生活；除却企业内部因素外，她一定希望更多的同行共同营造一个有爱的行业环境，让更多的养老从业者都能够在爱的环境中工作。

姚总和小编分享了两个爱的小事：一天中午，在电梯里看到十几位八九十岁的老奶奶约了厨师长，去表扬他们；担心影响厨师们的午间休息（厨师岗位 13:00-15:00 休息），她们放弃了自己的午休，特意把表扬时间选在 12:50。几年前，一位员工春节休假返乡，突发疾病，不幸离世。公司获知他家中有子女正要读大学，失去了家庭的主要经济支柱，有可能无法完成学业；便决定启用爱暮家（员工）慈善基金，资助老同事的孩子完成大学学业。如今，这位同学已读大三了。

回顾过去，姚总表示，创办爱暮家的十年时间中，思考最多的是“如何对员工好”。这些年公司进行了许多新的尝试，从夏天的绿豆汤、正气水，平日节令的劳保小福利等细节，一点一点地完善公司福利制度，尽最大的可能关怀员工。关爱老员工实施“五年员工去海南度假”等计划；关心员工家属设立爱暮家慈善基金，在员工及其家属经济困难的时候予以资助等。希望在企业力所能及的范围内，给予员工最大限度的关爱。个人认可度不高的基层员工更需要被认可，让他们更多感受到来自社会、公司的公平与尊重，感受到爱与被爱的力量，不断往复轮回，爱会变成流淌在每个人眉间心头的温

暖。拥有了爱的能力，员工们会自动自发地爱自己的工作，想要做好自己工作。老人及家属的认可是养老机构的生命线。无形的正能量传递决定有形的服务，有爱的力量做背书，团队想做的事，再大的困难都能够被化解。被一群有爱的人服务着，老人们的口碑也自然而然地到来。

姚总认为，爱的文化本质上是尊重的文化，企业关爱员工，让他们得以成长，使他们的价值得到提升，他们会充满幸福感，并把这种幸福感融入到工作中，浸润到服务的细节中。这样真诚、真切的幸福感极具感染力，老人们也能同步感知到幸福感，他们在院的生活会变得开心，老人开心了，家属也就放心了，企业也会同步发展。

做好现在，在平凡中不平凡

小编发现，与许多突飞猛进的养老企业相比，爱暮家近年的市场扩张十分谨慎；养老圈的小伙伴都十分好奇，先发优势力明显、服务口碑优秀、品牌形象好的爱暮家为何迟迟没有启动规模扩张？姚总表示，爱暮家是一家中小型民企，实力有限；在业务扩张方面，必须要有所选择；公司多方研讨，爱暮家现阶段进行全国扩张并不适合，当务之急还是应该深耕北京市场，先在核心区域进行养老网络化布局，再期后望。

现阶段，还是要搞好服务，做好经营；近两年，爱暮家机构经营已初步实现盈利，正计划进行相关业务（小微机构、养老驿站）的尝试。小编想打听更多，姚总表示，待有成效，取得一定的成绩，再进行推广。（PS：小编剧透一下，爱暮家的小微机构已选址海淀区人民大学附近，最快可于 2019 年下半年建成开放。）

姚总认为，每个人的能力、经验有差异，职业规划也不同，从业者们应该选择一个可以共同成长的企业平台，脚踏实地工作，生根、发芽、积蓄；企业也要给予从业者成长帮助，设置老师带学生的帮扶计划，为他们打开从新人 - 主管 - 院长 - 大院长的晋升通道。养老服务是一个一个的细节、一天一天认真的过程；是目标明确的坚持，在平凡中的不平凡；没有太多技术可言，甚至有点枯燥。即使现在市场需求日渐突出，大家还是要秉持平常心，要把自己的事情做好，把公司、项目经营好。不是一家人，不进一家门，一个公司如此，一个团队如此，一个行业也是如此，即然大家都对养老有感情，应该多关注正能量的东西，奔着建立共同事业的目标，携手奋斗。

姚雪女士

爱暮家创始人兼总裁

忘年交基金创始人

先后在四通瑞宝、SOHO 中国等公司从事企业管理和运营工作。

2006 年赴美考察、学习，走访了美国几十所养老机构，深入体验美国的国际先进养老服务理念和管理。2008 年回国，将美国先进的管理理念和服务与中国养老事业实情相结合，创立爱暮家，倡导科学的乐龄生活理念，为老年人打造全新的晚年生活方式。爱暮家运营模式和服务理念已成为业界学习和效仿的典型。

张雪梅
中国养老五年谈

（2017 年 8 月 26 日）

题记：小编初涉养老行业时，雪梅总是日企代表，她的养老机构已在业界声明显赫。即使已过去了五年，小编仍清楚记得，第一次去参观他们机构的场景，还有我们聊天的内容。那是小编第一次见识到在中国的“日本养老院”。

2015 年，听说雪梅总回归国内企业，主持国安养老板块的工作，才知道，椿树街道国安银柏养老照料中心原是出自雪梅总的团队。在北京老博会期间，雪梅总接受了小编的专访。五年过去了，再见雪梅总，听她讲述她眼中的国内养老五年，似乎只是一晃眼，又似乎一切都没有变。

融合是发展的助推力

和在日企工作时不同，雪梅总比从前更从容、更放松，人比五年前更显年轻。小编提到，这五年国内养老产业的发展。雪梅总分享道，国内养老产业这五年可谓是爆发式发展，发展速度实在超乎想象，有的模式已然超过了日本。

关于养老业内流传的“外企水土不服、融入滞缓”现象，雪梅总表示，国外企业的优势在于，经过十几年、几十年的发展，他们清楚地知道养老未来的发展方向。问题在于他们不了解中国国情、不了解中国企业体制、不了解中国老年人，他们不清楚他们的养老模式、理念在中国市场如何实施、落地。而国内的企业拥有较多的市场资源、客户资源，拥有快速推进项目、建设发展的实力，但在运营落地、服务细节标准方面缺乏经验，为此国内企业正在不断地调整。

就养老服务而言，国外拥有比较先进的养老理念，他们把对养老的认知、对社会的认知、对人的理解、对人生阅历的理解、对人生的理解，很好地融入服务中，十分值得我们借鉴学习。以日本养老企业为例，日本的介护服务是建立在“以人为本、自立支援”的主导思想指导下，制订护理计划，实施护理服务，在服务中到处都可以感受到以老人自身意愿为核心的服务，从中可以感受到更多的平等、尊重。尽管中日文化不同、两国老年人的生活习惯有差异，一些服务项目有水土不服的可能，但大部分内容都很值得借鉴。

中国老龄化不断加剧，中国老年人的养老需求处于逐步释放的过程，市场空间将会越来越大，当下是养老发展的好时机。国内巨大养老市场势必会吸引更多国外企业进入。政府资源整合、企业资源合作是国外企业在中国市场谋求生存发展的头等大事。对于国内企业而言，积极高效地引入这些服务理念，补齐短板，可以快速地提升企业的品牌内涵，大幅提升养老机构的市场竞争力。未来，外企与国内企业在服务内容的合作必然越来越多，双方企业的高效融合，必能为中国养老产业发展带来巨大的助推力。

精细运营是养老生存的根本

雪梅总的两个代表品牌“礼爱““银柏”，都让养老圈的小伙伴十分羡慕。2015 年椿树街道国安银柏养老照料中心的入市，作为第一批落地的公建民营项目、北京主城区、国企与政策双重加持，便快速吸引了业界的高度关注。大家好奇椿树街道项目的同时，更好奇他们敲开街道办、政府合作大门的秘诀是什么。聊到这里，雪梅总表示，与政府的合作，首先需要了解政府的需求，以及政府希望企业协助政府为老人解决的问题是什么。其次大平台也是很关键的因素，综合来看，平台助力、团队努力是国安养老的两大法宝。

国安作为国企一直坚持履行社会负责，在社会公益方面有定期的投入，多年来累积了许多与政府、街道、社区沟通的经验。在椿树街道项目创办的过程中，就政府关系、企业形象而言，国安平台比较有优势。其次，国安养老的团队非常值得称赞，一方面他们拥有多年的养老经验，有充足的实力保障项目运营；另一方面，他们热情、不惜力、具有极强适应能力，敢于进行新的尝试，获得了政府、客户的一致认可，是项目能够落地发展的决定因素。

雪梅总透露，精细化运营，认真做好服务，是养老企业生存的根本。国安银柏团队每个人都会把自己当作企业的主人、代言人，带着经营的意识去工作，全力创造最温馨服务、让老人感觉家一般的温暖，尽可能承担多的工作、节省成本。专业高效的工作团队有力地优化了银柏项目的运营表现。在国安养老三条产品线中，对比专业机构银彩、旅居品牌银华，社区居家养老银柏并不是实力最强的一个板块，但整体表现却最为突出。目前，国安养老以椿树街道为据点，已经建设了一个照料中心、两个驿站服务社区老年人，设置的床位基本满住，周边的居家养老服务也达到部分覆盖。

居家养老是现下市场的绝对热点，作为最早试水居家服务的企业，对于居家服务推进，国安养老比较有发言权。雪梅总表示，北京市目前有近 300 万高龄、身体不便的老人居住在家中，他们有多种多样的养老需求。现阶段的社区居家市场还不太成熟，服务供应短缺。北京西城区为老年人提供 400 元／月·人的养老补助，期望解决一部分老人的购买力。但相对老年人迫切、多元的养老需求而言，政府给予的支持仍是有限。作为服务供应方，只能精打细算、严格控制成本，才能保障为更多老人提供更优质的居家服务，精细化运营在居家服务业务中的作用则更加重要。小编试图打探更细节的运营内容，雪梅总表示，国安的居家服务业务尚处于探索尝试阶段，目前他们的团队也正在不断调整、尝试的过程中，等此阶段之后、经历多一些的市场洗礼，再向养老小伙伴分享细节。

现在就是最美好的未来

椿树街道国安银柏照料中心在业界影响颇大，同行知晓率极高。雪梅总表示，作为第一批公建民营项目，政府、业界对椿树银柏项目关注度确实比较高。相对地，国安养老很少做公开宣传，投入运营两年间，越来越多的老年人入住银柏，他们在这里体验服务，在这里享受安宁、有尊严的晚年生活。他们的家人见证着银柏的每一步成长，老人们和他们的家属会相互交流，也会向周边人分享。如今再看，优质服务、老年人的认可、家属的认同是银柏最核心的竞争武器。

现今是养老快速扩张发展的时期，“先精耕细作”“先跑马圈地”一直是行业中最热门的讨论。机会难得，小编趁机向雪梅总请教。她表示，养老发展更重要的是顶层设计问题，对于品牌、盈利、持续经营等关键因素的决策，每个公司战略侧重不同。机构运营追求现金平衡，要求企业精减人力，节约成本；企业发展需要储备人才，先期机构就必须承担人才培养、团队孵化的职能，经营数据则很难做到绝对漂亮。企业精耕细作前期项目，积累一定的经营经验，攻克运营难点，前期基础稳固，但又可能错失发展的机会，很难谋求未来的市场份额。企业快速扩速，服务内容、专业人才难以同步，前期省力，后期则会有危机，可能会面临巨大的试错成本。就机构发展而言，从一到五家往往比从一到二、再到三要更难。进入养老行业之前，企业必须根据自身文化、资源情况对内容规划、战略发展进行决策，选择一条最适合企业发展的道路。

雪梅总表示，综合房租、折旧、人工、运营，全盘考虑，为机构进行经营规划，发现问题，解决问题，保障企业生存，才有可能获得长远

发展；悉心做好服务，经营团队，为员工进行正向规划，才有可能建立一支可持续的高效团队。服务刚需老人是当下之需，先深耕或是先发展，可能是企业的选择，也可能是机会的选择。无论选择哪个方向发展养老，养老终究需要回归到经营方面，经营、团队都是不容小觑的关键因素。中国的养老在快速发展，也在剧烈变化，做好当下之事，做好为老服务，才能等到“一切皆有可能”的未来。

张雪梅

国安养老副总经理

1992年留学日本，供职日本养老企业多年，有丰富的养老管理实践经验。2011年受邀回国，担任理爱北京副总经理，筹建北京机构；成功验证了日式养老模式进入中国市场的可行性，开创了日本养老机构落地中国的先河。

2015年加入国安团队，担任副总经理，主持社区养老、居家养老业务板块；带领团队创建椿树街道国安银柏养老照料中心，成为公建民营养老项目的代表，受到业界高度关注。

时间留言： 2011年作为日本公司的代表开始在国内从事养老行业的工作，至今已经8年了。非常有幸亲身经历了中国养老行业的快速发展阶段。希望自己在这条路上能够坚定地走下去，尽快迎来养老行业蓬勃发展的那一天！

何颖
返璞归真是养老的本质

（2017 年 12 月 6 日）

题记：每个人的心里都一个地方，归依情感，常想常新，每每梦回。对小编而言，陕西就是这样的存在，脚步走得再远，心总在那里徘徊。一直惦记着出一期带着家乡气息的养老江湖，荣华养老是陕西乃至西北养老圈里最负盛名的企业，一番策划，小编成功约到了荣华养老的何颖总，于 11 月完成了本次专访。

融入骨髓的“荣华孝”

小编内心十分好奇，在荣华集团众多板块中，何总缘何会接手养老板块。何总没有直接回答这个问题，而是先和小编分享了几个细节。何总表示，到 2017 年，她进入荣华团队有 12 年了，但她在荣华仍算不上老员工，因为荣华创业期的成员还有人在。

把一群老员工长久凝聚在荣华企业中，最重要的原因是荣华企业 DNA 中有很浓厚的孝文化。荣华集团一直在深切地关爱着员工及其家人，比如每年春节董事长都会带领高管慰问骨干员工的父母，并递上红包；比如出资组织优秀员工父母旅游；在建成的小区了解老人所需继续投入运动器材、书吧等；在养老社区修建阳光房、足浴池等。数十年如一日，鼓励员工关爱父母及家人，关怀老年人的员工，“孝文化”与“热情工作”已深深地融入每一个荣华员工的骨髓里。

荣华创始人崔荣华女士一直秉承“以舍为荣，因德而华”的企业理念，

早在十年前，她就写过《让长者有尊严地活着》的政协提案，并开始思考如何实现。她认为荣华必须在解决民生问题、让老人有尊严地活着的问题方面有所作为，要真真切切、长长久久地为老年人提供服务，为解决“养老难”的社会问题尽一份力。

回忆2012年荣华养老创业之初，何总仍能清楚记得，崔总派她前往北师大进修养老健康公益专业MBA时的情景。后来，荣华还相继送派一批荣华人前往台湾、日本学习。经过三年多的准备，项目启动，后与亲和源奚志勇总的团队牵手合作，以半公益的形式，考证荣华养老之路。谈及个人当初选择养老的缘由，何总表示企业发展顺势而为，个人情怀使然。如今五年过去了，何总表示，后半生都将在养老领域工作。

事在人为，善心天佑之

很少有人知道，何总是一位资深的人力资源管理者；和许多陕西人一样，她有一副热心肠，很关注弱势群体，从大学时代就开始，为公益项目写稿捐稿酬。谈及养老产业，何总表示，地产行业通过规划、建设、服务，为民众们带来家居的美好体验感，养老行业通过提供与人生活、健康、精神文化相关的服务，为民众们带来老年生活快乐体验，两个行业的形式大不相同，但本质上都是为人提供服务、为打造更美好的生活提供支持，从某种程度来讲，养老行业为中老年人群打造一系列的特定体验，是可以承载未来的终生事业，也是地产的另一种归属。未来，养老一定会成为地产产业的一个亮点，为地产进行产业升级及优化提供助力。

关于西北养老市场一直是众说纷芸，业界普遍认为，市场发展较晚，行业前景好，但盈利点不清晰。对此，何总有个人独特的见解。她认为，国内的养老市场发展较晚，但与国外养老的大体走势、轨迹都十分相近。相对而言，国内人口基数大，产业发展的速度要更快，商业模式也日渐清晰。同时，政府对养老行业的发展也给予了极大的支持，就陕西而言，相继出台了70岁老人50元／月补贴、大力发展敬老院（农村幸福院）、支持老龄基金，积极培育养老社会组织、社区养老等一系列政策，养老配套、公建民营的进程也在不断加快。相信西北的养老环境必会越来越好。

秦岭北麓、终南山下的荣华清荷园社区是中国文化老年人的精神向往，凤城七路欢乐颂社区养老中心与市政府、西安市中医医院隔路相望，源源不断地吸引着政府、同业、媒体的目光。荣华养老在西安的发展，令业界十分羡慕。谈及此，何总表示，清菏园项目落地后，渼陂湖规划落地推进。荣华欢乐颂选址的康城EE社区，也是建成后市级政府机构与市中医医院才陆续搬迁。如今在外人看来，荣华选址常常是自带光环、天生明星，但真实情况却是荣华养老发心在前，规划助益在后；选址优势只是一层靓丽的外衣，荣华养老的服务内容三大秘书、36项服务都实实在在，是客户可以感知到的真诚；这一切既是偶然，也是必然。如果要找一下理由，只能说是事在人为，善心天佑之。

立足当下，谋划未来

许多企业认为专业就是一些具象的技术，通过一段时间的短培训，就能使员工上手、简单应用。何总认为，想要把服务真正做好，绝不是拉拢一支临时小团队、拼凑一些简单技术那么简单的事。单就护理而言，经过专业学习的老服院校学生与短期培训的技师就存在比较明显的差异；技术可以通过短时间的学习，掌握要领，实施简单操作，但要融会贯通、能灵活应用就需要系统的培训、进行实地操作，经历一两个周期的领悟才有望达成。

陕西是一个有深厚文化底蕴的地方，企业不仅要鼓励员工掌握工作所涉

及的专业知识，主动学习，不断提升；还要对员工进行综合性能力的培养，十三朝古都的历史变迁、三秦大地的人文地理都要有所了解。员工们知道老人们成长的土地、经历的过往、浸润过的文化肌理之后，才能够真正了解他们内心的需求，进而把养老做好。

谈及什么样的人才更适合从事养老行业的话题。何总表示，养老行业发展时间较短，目前从事养老的人有许多来源。其中，地产行业、酒店行业、医疗行业是三个主要输入方向。不同专业背景的人，他们原生的专业或多或少会对他们在养老行业的工作带来一定的影响与改变，初涉养老的阶段，各个专业跨界的优势都十分突出，对工作的助益、影响以积极居多。相对而言，健康管理、康复理疗等专业板块的工作人员则必须要掌握一定的专业技能，这些专业技能是决定养老企业服务质量的重要因素；但归总来讲，养老行业呈现更多的特性是服务业特性，从业者要有爱心、耐心、细心，才能把为老人服务的工作做好。

荣华养老认为，有充足的人才补充是提升养老服务质量、推进养老业务快速发展的基础。很早，荣华养老就将人才培养定为企业养老产业布局的重要方向，在专业人才培训方面进行前期布局，荣华养老教育培训的延伸效用将在未来二至三年后作用于西北养老市场。

何总十分关注社区中的50年代生人，现阶段他们虽不能完全算作养老的准客户，却是未来养老市场的主要服务对象，会影响养老产业未来十年二十年的发展。50年代的老年人将自己的一生精力几乎全部倾注在了子女的身上，并没有形

成提前规划、健康养老的理念。现如今，他们已至初老，是低龄的老年人了。然而，他们的家庭、所在的社区，乃至于整个社会尚未为他们的养老做好准备，未来巨大的市场机会也藏于此。

养老企业应该更多关注这群“50+”的低龄活力老人，从现在开始，以更长远的眼光、更高的战略高度，为他们多做一些努力，为未来的市场进行提前谋划。

返璞归真是养老的本质

现下，对于养老项目定位、养老服务定位，社会中普遍存在争议，做“高端养老”与“大众养老”是一个难以抉择的难题。基于此，小编特别请何总为小伙伴们进行了解答。

何总表示，对于建设品质社会、健康社会而言，解决弱势群体的生活难题是势在必行。现下整个社会的养老需求呈现井喷，仅靠政府兜底、慈善介入、某几家企业助力，是无法缓和养老的供需矛盾的。对于企业而言，做养老的前提是保生存，只有企业活下去，才能够持续提供养老服务。企业没有办法像政府机器一样，做到养老服务的完全普惠。单就做养老服务而言，有实际养老需求的老年人都是弱势群体，不应该以客户的经济情况区分服务的价值。不管是高端，还是中低端，为有需要的老年群体持续地、长久地提供服务，解决他们生活的实际问题，这件事本身的意义远远大于经济价值；要真正解决养老问题，需要更多社会企业加入其中。

荣华作为西北养老企业的代表，以自身企业的业务推进，进行服务展示、老年人生活场景的展示，以真正有说服力的业绩，形成市场引导，吸引更多企业加入其中。每多加入一家企业，养老服务覆盖的社区就会多一点，受益的老年人也会多一些。一群优秀的养老企业，必会形成陕西、西安的良性养老圈，进而影响西北更多的企业加入养老行业，使更多老人的生活难题获得缓解。

和城市深厚的文化背景相映衬，陕西的养老服务业对本土文化呈现更多的兼容和依赖，服务的背景则更为复杂。加之，西北城市农村老人比例要高一些，整体市场培育的周期必会更长一些。想要介入西北养老市场的企业要更有耐心，准备打一场比较长久的养老战斗。各个企业应该以更开放的观念，相互扶持，抱团发展；业界同人们更应该惺惺相惜，多多分享、多多交流。相信来自企业、同行之前的坦诚交流，必能促进西北养老市场的良性发展。

何总认为，对于养老行业而言，返璞归真是一种趋势，越朴实越真实，越接近服务的本质。一个产业的发展，必须得有牺牲、有取舍，更多的企业应该根据自身的资源特色，在“做大做强”“做强做大”的发展战略之间进行决策，选择一条最适合企业的路线，长久坚持。养老产业是一种长久的文化，持续地付出必能形成一股力量，即使不作用于当下，必会在未来发挥效用。

对许多进军养老的企业，何总提出了一些参考建议。她认为，任何产业发展盈利是必然，养老也不例外，但需要时间，需要市场的培育与理念的引导。进入养老市场之前，企业要在长远产业培育与当下生存之间找到业务发展平衡之道，进行一定的取舍和选择，确定启用现在赚钱的方案，抑或选择未来赚钱的方案；业务定调必须要正，不可为了短时间的经济利益、快速获利，舍弃服务的原则，守住养老初心，方能获得长久的发展。

何颖女士

荣华控股集团副总裁
陕西省西安老龄事业发展基金会副理事长
西安市老龄产业协会常务副会长

医学出身、中级人力资源经济师，2005 年加入荣华团队。曾赴北京师范大学、台湾康宁大学、日本广岛大学进修养老、健康、公益等专业。2012 年，接手荣华养老，带领团队创建荣华清荷园、荣华欢乐颂等品牌。

宋剑勇
服务是养老的终极竞争力

（2017 年 4 月 28 日）

题记：小编在做访谈功课的时候，发现宋总有在玩一款“在行”的APP，可以接受别人的时间邀约，服务评份 9.4，约莫有 60 多人愿意付费，正排着队，等待他的接见。见到宋总后，小编发现这位老大，人英俊，性格爽朗，愿意接受新概念，是新媒体运营官们最喜欢的时尚养老人。

非市场化的中国养老

2013 年，作为有医疗背景的运营管理特聘专家，宋总受邀回国，接手了一家大型 CCRC 项目的运营管理工作。在美国生活了 20 年，宋总回到中国，有许多不适应。

宋总表示，与国外相比，中国的养老产业不是市场化产业，常常会受到许多非市场因素的干扰。中国老龄化进程非常快，而准备则相对不足，国家未富先老，老年民众的支付能力十分有限，支付意愿也比较模糊。

在中国，认真、长久投入养老的企业 / 个人，想脱离非市场因素，不受交际关系影响，打破公立养老与私立养老之间不公平竞争的壁垒，通过市场化做养老，展开工作必十分艰巨，面临的困

难也会比较多。

宋总作为市场化做养老的代表之一，早前从事CCRC项目管理，现在与阳光保险集团合作成立阳光颐康（北京）养老服务有限公司，这种感受都十分强烈。宋总认为，随着中国养老产业发展成熟，未来5–10年非市场行为对养老产业的干涉会逐步减弱。现阶段，中国养老产业政策尚不完善，没有形成统一的养老服务标准，还需要政府或第三方组织进行非市场的干预及指导。养老行业的市场化之路，仍需要较长一段时间的准备与等待。

服务是养老的终极竞争力

现下养老市场十分火热，许多巨头纷纷下水。业界会惯性地将目光集中在养老产业发展的速度上，企业推行的养老商业模式、覆盖城市的范围、开设门店的数量成为了决定养老企业在市场中排队站位次序的关键要素。大多数的中国养老企业都在忙着跑马圈地，放眼中国养老市场，人声鼎沸、场面热烈、盛况空前。

宋总认为，养老竞争格局已渐渐形成，待业界冷静一些的时候，大家一定会发现，养老服务的品质才是养老行业的终极竞争力，而高品质的服务必会成为老人及子女进行养老购买决策的决定性依据。

国外养老行业发展比国内早几十年，有许多值得国内养老同行借鉴的经验。前几年，一些国外品牌在对中国市场不尽了解的情况下，进入了中国，加之其对中国市场的预期与客观情况存在较大的差异，他们的商业模式出现了不同程度的水土不服，一些品牌甚至出现了“落地死”现象。基于此现象，小编向宋总求证，“现在，外来和尚念经还管用吗？”

许多人学国外养老，只取表面形式，对于内容的深入十分有限，并没有学到国外养老的本质与真谛。宋总表示，看起来像的，并不是真的像。很少有人能将国外养老的服务理念、服务体系与标准完整地导入中国。而这些恰恰是国内养老所缺少的，是国内养老最应该从国外引进、借鉴学习的精髓所在。

国外养老真正追求是服务第一。在服务过程中，强调包括工作人员、被服务对象、被服务家属三个层面的人的感受。他们认为，在养老服务的过程中，人与人之间的关系是平等、合作的一种存在，服务者与被服务者以达成被服务者的尊严生活为目标，以爱为线索，双方互动，相互合作，共同努力。服务者必须了解人的需求，了解老年人的特性需求，百分百地尊重被服务者的身体、心理、个人信仰、个人尊严、个人隐私等细节方面，以专业的技能、技巧为他们提供标准化的、高品质的服务。

要做到这些方面，服务者上岗之前通常会进行全面的专业培训，使他们具备一定的专业技能、工作的技巧以及与老人沟通交流的方法，并引导他们对养老服务产生正确的认知。服务者拥有了一定的技能、技巧，能交流，会沟通，认可自己所从事的职业，他们通常很自信，为自己的职业而自豪，拥有发自内心的善良以及洋溢在脸上的微笑。

对于老年人而言，养老是一种生活方式，是生活常态。宋总认为，老年人对养老有许多细节需求，希望有一些社交活动、获得被认可的心理满足。养老企业在提供养老服务的过程中，考虑做事结果的同时，必须要顾及到服务者与被服务人员双方的感受。

服务人员拥有专业、技能、技巧，提高工作效率、降低作业风险的同时，他们工作的心理、态度也是十分重要。而做到这些，做好这些，则需要借鉴、引入国外养老服务的原则与体系，深入地学习，取其精华。宋总说，生而为人，我们必须尊重其他人、作为人的尊严与感受，与职业无关，与地位无关，与年龄无关。

品质服务是这样炼成的

基于自身团队的成长，结合宋总国外养老实践的经验，2017 年年初阳光颐康的创始人宋总与李怡然总联合推出了《养老机构运营与管理实战手册》，为养老机构定位、管理运营、市场营销、人力与培训、法律与风控、财务管理、需求与评估、日常护理、特需照护、建筑与餐饮物业管理、信息系统、运营绩效共 13 个重要模块的工作，提供管理作业的指导。此书一经面市，便受到业界的热切追捧。

此前，宋总带领阳光颐康团队为泰山疗养院、商河社会福利服务中心进行实战培训的信息，也被热心网友挖了出来。小编代表小伙伴们打探宋总写书成功、培训广受好评的秘诀。

宋总慷慨为小伙伴们剧透，写书的初衷是期待将自己近 20 年的养老心得、国外养老运营管理的精髓与同行们分享。他本人深信《养老机构运营与管理实战手册》这本书，可以为同行们实际工作带来帮助；为此，他们的团队反复研讨、多次编改，对书的每个细节都进行了精细化处理。如今，获得业界认可，是意料之中的事。

做养老人才培训，他们团队的优势非常明显。他们有国外十几年的实战经验，除了技能、技巧、沟通交流的培训外，他们大胆提出了情景再现、体验式培训的方法。在培训开始之初，要求学员们模拟老人的状况生活八小时，让他们在与老人相近的状况下，体会老人的真切感受后，再进行后续培训。练手成全技能技巧、练脑成全思

考的同时，练心以提升同理心，进行自我尊重、产生自豪感。

宋总认为，情景再现、体验式培训所倡导的“练心、练手、练脑”的培训理念，与国内养老培训的理念有明显的差别。阳光颐康的培训能够将国外养老服务的先进理念充分地落地复制，并进行优化传承，可以对国内养老服务进行显著的提升，未来发展空间十分广阔。

阳光颐康期待与国内外的养老同人进行友好交流，愿意将这些好的经验、好的培训内容与业界分享，帮助大家的事业更一步，兴旺发达。

阳光颐康的养老之路

宋总与阳光保险集团合作，成立了国内首家险资居家养老服务专业公司，提出“居家＋社区＋机构”及互联网四位一体的养老商业模式，承担了阳光保险集团“一身四翼”中“健康阳光”的部分职能。

一年多时间，宋总与阳光颐康团队已在北京、山东两地成功布局了天通苑颐康之家、阳光积善养护中心、山东德州心湖阳光颐养中心、山东德州青龙桥社区综合服务中心、山东德州马市项目共五家门店。其中，山东德州心湖及青龙桥两个项目获得了山东省养老服务创新示范基地的荣誉。

随着项目的陆续落地，阳光颐康的表现令业界侧目。小编和小伙伴们同样好奇，关于宋总与阳光保险的合作、关于阳光颐康赚了多少钱，关于阳光颐康未来发展的计划。

宋总告诉小编，与阳光保险的合作源自双方需求的高度契合。阳光保险计划发展“健康阳光”（健康、养老）业务，计划进军养老服务领域；宋总和他的团队拥有成熟的养老服务体系及理念，想寻找合适的合作伙伴，联手开展业务；双方在合适的时间，做了合适的决定，是市场的选择，也是缘分的结合。

现阶段，阳光保险正在研发阳光长照险，未来有望缓解、化解养老支付问题。到那时，阳光颐康的网点也会更加完善，服务也会更趋成熟。未来阳光颐康定可以为老年人提供更好的养老解决方案。

阳光颐康北京的两个店面正处于业务上升期，目前尚未实现盈利；山东三项目属公建民营项目，表现十分优异。同步有开展的养老机构运营托管、咨询策划、人才培训等业务表现与公司阶段规划基本吻合，公司在 2017 年底可实现盈亏平衡。

宋总表示，目前阳光颐康团队主要的精力集中在服务提升方面，期待将高品质服务的理念植入到每一位工作人员的工作中，将养老服务的细节尽可能地完善，把服务做扎实。现阶段，阳光颐康团队要做的事是好好练内功，好好练团队，为将来品牌扩大发展、企业扩大经营做准备。宋总认为，提高中国养老服务品质的路很长，任重而道远，期待更多的养老同人投入其中，为中国老年人的幸福晚年共同努力。

宋剑勇先生

泰康之家总部任养康事业群副总经理
阳光颐康创始人、董事总经理
美国加州高级护理学院特邀客座教授
世界中医药学联合学会副会长
攀枝花国际康养学院客座教授
山东医养健康协会标准委员会主任委员、健康养老分会会长
国际中华养老产业协会 (ICAIA) 专家顾问
全经联养老住区委员会专家委员

在中国国内三甲医院从事临床多年，1993 年留学、工作海外，拥有美国、加拿大多家大型综合医院、康复医院、护理院、退休老年社区的从业和管理经历。在医养结合服务领域有近 20 年的工作经验，撰有《养老机构运营与管理实战手册》《美国十大养护社区开发运营模式与实例》等著作。

时间留言：为谋求更大的平台更好的发展，宋剑勇于2019年年初来到北京泰康之家总部任养康事业群副总经理，主抓养康业务。泰康之家已完成全国20座一线及二线省会城市的布局，正在开足马力建设医养结合的CCRC养老社区，每个社区都配有二级康复医院，使老人在园区内即可得到全面的照护。泰康之家在北京、上海、广州、成都的园区已经开业运营，受到社会的广泛关注和好评。苏州、武汉的园区也即将在今年年底开业运营。

傅力
像家人一样，拥抱彼此

（2018 年 12 月 12 日）

题记：2016 年小编参观儆堂集西城金融街养老照料中心，古香古色的胡同里，藏着精美的中庭院落，一支“90 后”老服生团队十分抢眼，所到之人都为之深深吸引。从那时起，小编开始关注儆堂集团队。2018 年的冬天，如愿约访到儆堂集管理团队的灵魂人物傅力总，有机会了解这支年轻有活力团队的秘密，小编超级开心！

可爱的“青春养老人”

任谁都知道，青春意味活力、有创意，同时也伴随着大胆、有风险。儆堂集身处在视风险防控为生命线的养老行业，却愿意大量启用“90 后”老服生担任院长。听到消息时，年轻的小伙伴们十之八九觉得有挑战、很刺激。小编却觉得无比震惊。

对此，傅总表示，如今更多 50 年代、60 年代老年人渐渐步入养老服务购买的行列；他们是“新老人”，与传统的福利院时代的“老人”不同，按部就班的服务很难让“新老人”满意。相比职场熟年，“90 后”养老人工作灵活性大，愿意尝试、好折腾，他们身上带着青春的气息，可以快速拉近服务方与老年人的心理距离。在中国文化中，事理与情理往往混淆在一起，老人们更愿意接受青春养老人“隔辈亲”感服务。养老服务的核心是提供适合本土文化、尊重老人的服务，尊重老人不是客客气气做事，而提供让老人觉得舒服的服务。养老企业的主线是提供服务，养老服务的核心竞争力在于人，年轻人更愿意主动干事、善于反思改进，更具服务优势。

而且，“90 后”大都很可爱，只要看准一个东西（文化、平台），他们就会很愿意与公司共同成长，共同进退。谁都有梦想，年轻人追求自我实现、向梦想靠近的心更为迫切，留用“90 后”老服生可以快速凝结一支新型团队，激活养老企业活力，进而推动公司向上发展。公司不要过于担心他们干不好，应该打破固化思维，鼓励他们去折腾。每个年轻人都想把事做好，只要他们愿意干，就应该在大规则之内为他们托底，给予年轻人尝试的机会。

作为中小型企业，儆堂集或许不能给予员工最优渥的薪酬，但会尽可能地为员工开拓一条充满希望、公平公正的晋升通道，希望大家都有很好的发展。每年超过 100 名来自不同院校的实习生与老员工同场 PK，晋升率超过 20%。在儆堂集还有一条不成文的规定，团队成员手中握着管理层去留晋升的重要投票。公平竞争是向上发展的主要通道。晋升成功可以获得更好的岗位，感受优胜带来的愉悦感；晋升失败可以清楚审视到自己的短板，制订下阶段专项提升的计划，在下一轮的竞争中重新争取。

同时，儆堂集为年轻人设置了一条透明公开的晋升通道（护理员—储备组长—护理组长—护理主管—院长—区域总监），在互相帮助、保障工作的前提下，鼓励来自不同院校的新老员工，向上竞争。傅总表示，养老企业想要把年轻人留下来，必须以平等心待之，可以让他们吃一些苦，但一定要给他们一个明确的可以触摸的未来。

像家人一样拥抱彼此

北京社会管理职业学院、北京劳动保障职业学院、山东商业职业技术学院、山东青年政治学院、淄博职业学院、潍坊护理职业学院、大连职业技术学院等 20 余家高校对儆堂集平台都十分认可，每年都有输送学生来到儆堂集实习，此现象在业界甚为少见。傅总表示，对于老服生而言，养老是专业，更是职业。从职业的角度来看，学生们首先要有一个正确的心理姿态，不要做让自己委屈的事，不卑不亢地对待自己的工作。即然选择了养老作为职业，就别摇摆、别徘徊、别后退，留下来，好好干，对老人负责、对自己负责、对未来负责。年轻的毕业生要在养老行业发展，还需要打开眼界；眼界开了，格局会更大；格局大了，事业才能开挂。有眼界、格局、事业选择之后，加入合适的团队，踏踏实实做事，实实在在积累经验，一步一个脚印，理想才可能成为现实。

作为企业，要对学生们进行上岗前的培训，引导他们在情怀之上更深一步认知"养老行业""养老产业""养老服务"，告知他们工作实践中做事的标准与方法，给予他们排解负面情绪、坚持下去的力量，还也要为学生们提供一个可以安心做事、不怕事的兜底后台。企业发展养老事业必须具备人的因素，人与人之间有一条渐进的关系（外人—亲戚—兄弟—自己人）养老服务流线中，公司与项目、项目与员工、员工与老人是解决问题目标之下抱团取暖的内在关系。既然选择在同一段关系中发展，公司、项目、团队就要好好照顾每一位成员，积蓄人的力量。

傅总认为，养老服务是一个团队作业的过程，对外尚有许多困难要克服，对内一定要抱团合力。公司平台中的职能部门（综合 / 财务 / 品牌等）尤其要以一线（项目）为先，真正为一线（项目）服务。每个人都要遵循内心，带着同理心去做事，不能当官门（衙门），不能设置内部门槛；共同打造透明高效的服务型内部组织。所谓的养老企业文化的根本在于聚集一群相同气质的人，打造自下而上的和谐氛围，让大家有持续提供服务的愿想；中小型民企更需要以心换心，用打成一片的诚意携手奋斗。

随着企业的发展，引入外部人才成为必然趋势，团队扩充是一个极具挑战性的事情。对于外部人才引入问题，儆堂集一直秉持开放包容的心态。傅总表示，引入外部人才最重要的是与企业文化融合。为了解决外部人才融合问题，儆堂集在原有体系中特别设置了院长助理一职；在不破坏原有竞争秩序的情况下，在现有项目管理架构中，设置副职，为他们开辟了一个度过融合期的机会窗口，更方便外部人才发挥专长。融入期结束后，外部人才留用权由整个团队、平行项目、公司多方面商议决策。充分保障留用人才拥有一个和谐高效的工作环境。对于每一位加入团队的优秀人才，儆堂集都会像对待每位家人一样，为他们的前途以及职业发展负责。

你好，小微机构！

儆堂集是国内市场中极少数专注小微机构及居家服务的养老服务商，数年下来，他们在小微机构运营及居家上门方面，获得了不错的成绩。小编十分好奇儆堂集团队为什么会选择小微机构及居家作为公司核心发力的板块？

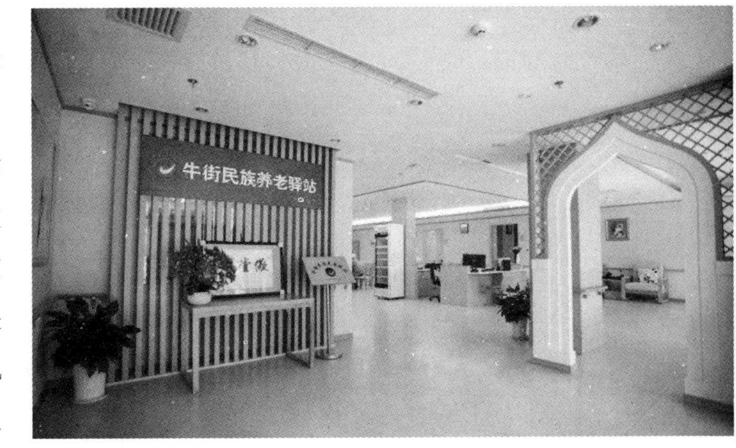

傅总表示，此前，在日本长生集团供职，其间从事养老运营管理及养老工作，发现长生集团以养老机构（小微机构）起家，后续发展了居家业务，但业务稳定之后，机构板块与居家板块的利润几近持平。而养老机构的利润产生需要前期投入

大量的资源，居家虽是机构业务延伸的后发业务，不需要太多投入，但利润却与养老机构几近持平；从投资成效来看，小微机构与居家业务成本小、收入高，利润更大。回国后，从日本养老业态中借鉴经验，初步确定以小微机构为主线，同步发展居家、适老化等延伸业务。

其次，创建品牌初期，进行市场调研，发现城市作为社会资源较为集中的区域，土地物业都十分稀缺，获取大型养老机构的难度极高。一线城市更是市区一床难求、市郊坚决不去；另外，大型养老机构（新建/改造/设备设施）的前期投入巨大，创业团队需要背负极大的“硬成本”，能够投入项目运营的资源相对有限，项目运营空间也会受到极大的限制。对于那些不愿离开奋斗、生活了一辈子的生活圈的老年人而言，离开家意味着情感的失落、被抛弃；他们更愿意选择社区居家养老。与社区居家更贴近的小微机构及与相关服务（如养老巡视、上门送餐、适老化改造等）业务都有比较好的发展空间；选择小微机构及居家是综合考量的决定。

第三，小微机构体量小，常住老人及员工数量也有一定范围内（80–100人以内），服务过程中，老人、家属、员工之间，可以保持较为高频的交流，彼此十分熟悉，说得出来、聊得起来，能进行更有深度、更有温度的情感沟通，易于建立良好情感基础；遭遇不良事件（纠纷事件）时，双方包容理解度高，易于问题的解决。小微机构管理半径呈扁平化，经营升级调整、持续提升十分灵活，去现场视察，发现有不尽如人意的地方，立刻启动整改，短时间便可得到改善。服务体验感好、运营管理便捷是选择小微机构的重要原因。

综合来看，小微机构对解决老人本身问题，缓解老龄化社会压力效用表现较为突出。养老业务开展需要综合多方面因素，政府、社区、家属都需要一个周期的情感和心理准备。小微机构提供的养老服务与卖东西（销售商品）不同，是通过床输出服务，先在核心阵地（机构），进而延伸至老年人家中。儆堂集的核心是提供与人相关的服务，以后不管成就多么大，主轴不会变，初心不会变，坚定为老的立场也不会变。

为了一个必须“握手”的理由

2015 年，儆堂集在机构业务推进比较顺利的情况下，启动上门服务、适老化改造业务，尝试进行小微机构覆盖居家服务的落地；到 2017 年，早期试行店单月提供上门服务超 1500 人次、巡视送餐超过 600 人次。傅总表示，最初员工都愿意在机构里工作，不太愿意上门服务；后来在公司的相关激励影响下，开始尝试做一些巡视、康复的工作。久而久之，大家对上门服务这个事，情感渐渐拉近，员工们对上门工作的看法也发生了改变。目前，儆堂集养老延伸服务如送餐、适老化改造、康复、上门等方面都有比较好的表现；但真正要发展起来，还需要一个周期的培植。

儆堂集对服务过程有细致的管理方法，设置了完善的质检管理制度，公司会不定期派质检小组巡视各项目，检查服务质量、预防不良事件（事故）。面对事故发生之后的应对与处理，设置了事故分层处理制度，清晰地规定了事故的上报流程及处理权限，从多个维度保障所有服务过程都有记录可寻，服务质量有据可查。一方面，防患于未然，减少不良事件、降低投诉率；另一方面，问题处理过程清晰可追溯，客户满足度高。相对服务质量的担忧，管理层更加担忧员工的安全性，毕竟儆堂集团队的员工都比较年轻，虽然经过公司的培训历练，但经验、应变力都很有限，难免发生行事不周的情况。为了尽可能地避免风险，公司会事先投石问路、了解情况，做一轮筛选，再决定是否接单。在服务安全质量的管理上，也出台了相应的规划，比如初期服务双人共行、老带新等，尽可能保障服务质量及安全。

最初，儆堂集以小微机构为圆心，尝试与社区老年人签定上门服务合同，除常规服务外，为不自理老人提供个性化的定制服务。为老服务的过程，信任和情感也在同步增长，一段时间过后，获得了老人及家属的信任。现阶段，儆堂集的居家业务以政府购买为主，口碑流量都有不错的表现，目前上门服务业务仍处于试水阶段，正在大力建设深度服务前的信任关系。傅总认为，相信北京长照险出台后，整个居家服务会迎来市场真正的发展风口。但不管

何种业务，都要早做准备，练好公司内功，待政策来了，才有可能抓住东风。

如今，儆堂集在全国铺设了超过20个网点（运营13个，其中北京地区11个；筹建待运营10+），小编十分好奇，儆堂集是如何解决获客问题的。傅总表示，小微机构是一个展示养老服务的窗口，是聚集客户及服务需求的平台，也是企业与客户沟通感情、建立信任的桥梁。无论推出何种理念、使用何种技巧流程，只要是真心实意地为老人服务，时间会证明一切。如果前期服务为客户所接受，成为大家信任、值得托付的感情所在。给客户一个“让你做”的理由，当老人遇到问题手足无措的时候，他们一定会想起那个为他们晚年兜底的情感所在。业务转化，则是自然而然的事了，儆堂集打造的“小微机构、驿站、居家上门”客户链正好印证了此道理。

小微机构及居家业务，会聚拢大量的客户流量，收集到各方面、各种类型的服务需求。企业需要慎重决策，哪些由企业自身消化，哪些需要引入合作方共同去消化。企业要有立场，明确清楚自己“为什么而做”，设立一条坚决不可逾越的红线，拒绝旁支诱惑（对于儆堂集而言，坚决不做药/保健品就是一条红线），选择价值观相符、志同道合的服务合作方联手，在养老服务的专业范畴内，打造让老人家属放心的好产品，小微机构及居家上门业务发展空间很大，未来必能大有作为。

傅力先生

儆堂集养老服务（北京）有限公司总经理
亚洲开发银行机构养老专家
山东省养老产业职业教育集团常务副理事长
山东商业职业技术学院理事会理事、客座教授

拥有近20年日本养老方面学习工作经历及资深养老机构运营与管理经验，深刻掌握机构养老、居家养老等养老服务运营管理核心要素。曾任日本长生集团医疗福祉学院院长，在中日养老服务运营与管理方面均有着丰富的实操经验。同时担任北京劳动保障学院、北京劲松职业高中、大连职业技术学院、山东商业职业技术学院等多所高校的养老专业委员会委员。

时间留言：又到一年实习生实习结束、入职的时间，儆堂集将会迎来一批新的“青春养老人”，新生力量的加入，和往年一样，2019年约80%的实习生选择留在养老行业、在儆堂集平台发展；新晋力量不断加入，让人看到希望、感到温暖，祝愿养老行业欣欣向荣，为老服务生生不息！

贺晔
聚拢微火，成就养老之光

（2017年12月19日）

题记：二毛照护是养老圈里低调的网红品牌，低调一直在红，低调得越来越红。如今的养老圈里，每遇两个人，必有一个是二毛的好朋友。小编认真地钻研了二毛照护许久，也未能参透其中奥妙。于是，便托朋友找到正主——二毛照护联合创始人贺晔总，认真求教，有了这篇专访。

大家都希望你成功

谈及社区养老领域里的各种品牌起伏，贺总憨厚地笑了。他和小编分享，切入社区居家养老领域的多数企业，商业模式虽不同，但进入的想法大都很真诚；随着时间的推移，对未来产生了许多想象，许许多多的"聪明人"开始思考尝试服务扩展、服务升级。"傻子们"还在原地绕圈搞服务。许多时候，大家都忽略了一点，中国养老行业发展仍在初期，社区居家甚至算不上养老的最前沿板块，但养老行业发生些许风浪时，社区居家每每必有连锁的挫折反应。就整体行业而言，并非是快速业务扩张、服务创新的最佳时机。一部分企业在风浪中坚持着，一部分企业开始观望，那些不太灵光的"傻子企业"一直在小目标的细碎事项中，受到的波及反而少些。二毛照护就是此类企业的代表之一。

关于二毛在养老圈里好友众多的原因，贺总这样分析。第一，社区居家是一个比较长的产业链条，有的企业从康复出发，提供专业服务。有的企业利用专业设备接引入专业服务，但真正专注长照领域里基础生活照料型的供应商相对比较少。二毛照护专注于高龄失能失智老人的基础生活照料服务，业务本身具有比较高的互补性，与辅具经营商、驿站经营者、医养结合机构都能产生很好的合作契合点，业务合作在前，用业务交友是再顺其自然不过的事了。第二，聚焦生活照料的服务商的数量很有限，拥有客户流，又能够做到以开放平和的心态，为客户、服务人员、资源方打开端口，不设中间环节建设联通平台的企业则少之又少。

贺总还特别分享一个真实的二毛服务案例：二毛的个案管理师小崔为王爷爷提供服务的过程中发现，王爷爷是一位残疾人，具备申请残疾人照护津贴的条件；很快，小崔通过二毛平台与残联取得了联系，试着为王爷爷争取残疾人养老补贴；经过一段时间的努力，王爷爷通过了残联的现场审查，获得了残疾人生活补助。像这样的不属于二毛工作范围内的服务案例有许多，通过二毛平台的联系，打通了残联、养老用品、康复医疗等相关资源与老年客户之间的通道，形成了多方合作服务机制，使得老年人、资源方、二毛照护三方都获得了一定的收益。

二毛照护的创业伙伴们大多是互联网出身，心态比较开放，崇尚信息开放，充分相信“社会化的专业分工可以创造更大的社会价值”，愿意结交各种各样的朋友。二毛人认为，业务交友的过程是在企业本身与客户、业务伙

伴之间进行价值传递、产生增值的服务循环流。小编想，二毛照护受业界欢迎的原因必然还有更多，有机会还得再挖掘。

SAY SORRY 的姿态很重要

老人失能后，生活的需求与原先会有比较大的差异，进而会破坏整个家庭原有的生活平衡。合理解决老年人的长照需求，关乎到中国传统孝文化的履行，每位家人的态度都对决策产生不同程度的影响。确定失能老年照护方案对家庭而言是一个相当复杂的决策。这是一个从未遇到的全新问题，他们会从网上探查信息，进行筛选，也会到可以触摸到的线下网点，考察服务人员、过往案例、分析服务态度，试着寻找可以打动他们自己的客观信任。

以 77 岁以上不能自理的客户为例，他们有养老照料的需求，是需求方，他们的子女 60 岁左右，是微信的重度用户，除了在线下养老门店收集信息外，会通过微信平台收集线上的养老信息，对线上线下信息进行比对、核实之后，进行决策。决策之后，不熟悉网络支付的他们，仍需要回到传统网点进行支付。

贺总表示，社区居家必须根据养老业务的实际场景及场景本身进行业务模式设计。社区居家养老既需要 360 度量身定做，提供个性化的服务，满足客户的多种需求，又需要解决家庭决策者的担心，又可提供方便的、可信赖的支付方法方便他们决策支付。线上网点是社区居家服务品牌快速建立信任的重要渠道，对社区养老服务企业而言十分重要。要在线下平台与线下网点之间找到平衡，必须得在取舍之间进行考量，既要有实效的模式，还得坚持初心、俯身做事，二毛也是在边

做边探索。

小编很好奇，在互联网思维见长的二毛照护，客户是否也是由互联网而来？贺总表示，二毛照护是一支无销售人员的团队，70% 以上的客户来自老客户转介。这两年，团队管理层常因为转介量太多、要进行客户取舍而为难。大量的转介客户，已经对二毛的运营产生很大的反向压力。二毛团队希望可以保持二毛品牌创建的初衷，将公司的主要业务聚焦为高龄失能失智老人提供高品质照护方面，对非中心客户进行战略拒绝；宁可对客户说“SORRY，人员短断，不能接单”，也不愿说“SORRY，我没有做好”。面对发展速度的巨大吸引，二毛运营团队相信市场的需求一定会倒逼供给的提升，做好服务是发展的根本，企业不应该因为眼前的压力对服务品质做出妥协，一直以很大的定力，在坚持他们心里的理想国。

聚拢微火，成就养老之光

就整个行业而言，照护员的供应都是十分紧缺的。应对照护员严重短缺的行业现象，二毛一直在倡导分时照护。贺总认为，更多的全天照护旨在为老人提供“一对一”“一对二”式服务，从客户角度去看，需要全天照护的老人家更适合住进长照机构，获得更多的资源支持及照护保障。从企业角度来看，全天照护的效率效能都很低，一方面服务的人员精力有富裕，另一方面他们的收入提升的空间又很小，很难实现养老业务的快速提升。二毛所倡导的“分时照料”是就问题而服务，会将服务人员的时间进行有序的安排，针对有特殊需求的居家老人提供高效率、有针对性的服务，在国外养老行业应用非常广泛。

针对有意向启动分时照护的同行，贺总也提醒，分工时照料与客户片区、客户数量密切相关，相近片区里拥有一定数量的客户时方可启用。二毛启动分时照护早期也是选择高龄老人数量比较集中的北京市东城区、西城区进行前期市场拓展的。目前，虽取得了一定的成果，但仍处于业务孵化及探索期。建议同行们根据企业自身的情况，制定自身发展模式的决策，条件不成熟的情况下，谨慎进入；过于盲目的业务扩大，容易使品牌产生阶段沉没现象。

末时，聊起了今年养老圈跨界品牌推广——《我只记得你》电影联动推广话题。贺总表示，中国失智老人的确诊率不高，除了登记在册的失智老人外，还有更大数量的失智老人在我们不知道的地方，缺乏专业照料，艰难生活。失智老人是最难照护的群体之一，二毛一直很关注失智老人照护。二毛创始人侯荟总是《我只记得你》北京区域的推广发起人之一，发起此场活动，希望更多的养老同行，联合起来向全社会呼吁，关爱失智老人，希望这样的努力，可以改变更多失智老人的生活。来年，二毛还会更多地与社会组织联手，展开全社会范围的养老知识普及，为改变更多老年人的生活而努力。

贺晔先生

二毛照护联合创始人

互联网行业进行养老转型成功的精英代表，曾任慧聪网、中搜网产品运营负责人，九点动力联合创始人。

时间留言： 一晃和养老江湖相识两年多了，二毛照护伴随着行业的发展大潮也在不断前行，我个人也在前行的过程中不断学习和成长。更坚定了我对行业选择的信心。

第三篇

温暖前行的力量

杨慧
做个浪漫的养老人

（2017 年 3 月 10 日）

题记：杨慧是一位特显眼的美女，明明可以靠脸，偏还要和同行、对手们拼实力。她的姿态一直靓，使人过目不忘，再过目，仍旧不能忘，她走到哪，都是聚集目光的焦点。

来去匆匆，有幸与她同事两载，一段时间没有她在身边显摆，小编竟觉得春光失色。3 月 2 日，她晋升全经联养老住区委员会副秘书长的消息不胫而走，在我的朋友圈里实力刷屏。作为老同事、好朋友，小编早料到她在养老圈里必火，却不承想这天来得这样凶猛、这样快！本着负责任的、抢热点的精神，带着小号的采访本上门采访。

在酝酿的养老秘密

见到杨慧本人，大多数人都会改变自己对“美女”的看法，无关其他，她敬业、负责任的处事方式，温和的性格都能使人刮目相看。关于养老，她有自己的见解。在她的眼里，养老行业是一个可以包容一切元素、聚集能量、成就理想的浪漫事业。

近年跨界、融合在养老圈里很热火。许多养老从业者也已经接受了跨界、融合做养老的观念，大家都在努力地链接各种资源。杨慧和我讲，她认为养老企业的跨界融合，除了跨出去、对外输出，更应该强调企业自身基因的改良与更新，比如引入娱乐营销人，换一种思维做养老品牌营销；比如请星级酒店管理人介入养老机构管理，看看客户满意度是不是可以提升一个新层面；再比如引入心理专家，重新设计老年人的社工活动。

杨慧认为，解决基础人才是养老企业生存层面问题，不可谓不紧迫。但对于有野心、准备谋划十年、百年养老事业的实力企业而言，适时地引进一些跨界复合型的人才（金融层面、医养结合层面、管理层面等），优化企业资源，改良养老服务标准、革新养老管理经验，则更为必要。高端人才的流入，往往附带着相当大一部分跨界资源的导入，这些跨界资源可以对企业的发展起到超出想象的促进作用。成就一支未来的养老战队，需要企业的大力投入，也需要时间的孵化。杨慧表示，她会以自己的力量、在可能的范围内，汲取一切有利于行业发展的资源，立足现有的企业平台，不断努力。

搭建三维养老观

谈访过程中，我们提及最多的词是“往长远看”。各大企业纷纷介入养老产业，社区居家、养老机构是最传统的养老模型，在很大程度上限制了行业发展思维。杨慧认为，可以从三个层面思考养老未来。

第一是基础层面的思考，养老企业及机构应该差异化定位，并垂直深化专业服务。现阶段，更多的养老企业、养老机构都把目光集中在服务的层面，千遍一律地强调医养、康养、高端，一大批相近的、几乎同质化的养老项目不断涌现；未来如何在竞争中使企业及品牌保有竞争力，差异化的定位与专业服务水平必成为首要的评判标准。

第二是战略与多元盈利的思考，创建养老产业战略联盟，建立养老需求与第三方链接的纽带，开启养老产业的多元盈利模式。由企业搭建有实体对应的、承载“养老 +”业务与供应商资源的业务平台，建立养老行业、产业中的各方面需求与第三方供应商的纽带，以平台运营的思维模式进行产业融合，以自身为基础、出发点，创建需求与最优服务之间最合适的养老生态链，以最优质的服务体系，覆盖老年人养老方方面面的需求。

第三是未来发展的思考，立足十年后，进行养老产业内容创新。以前瞻眼光看养老，除却社区、居家、机构养老、老年大学、老年旅游、智慧养老等已显现的需求外，养老产业还有很大的空间供企业发掘。现在的“60+”“70+”老年人、我们的祖辈，出生在解放初期，经历过最苦难的阶段，他们的消费观念相对保守。十年二十年后，新中国后第一批劳动力量——50 年代、60 年代生人、我们的父辈们进入老年，他们的养老观念会有大的变革，需要也将更加多元化，如何使他们的老年生活幸福美好，需要我们从现在开始准备、提前规划，同时进行养老内容创新。

做一个浪漫的养老人

22 岁，为了追求美好的爱情、更广阔的天空，杨慧北上来京。不知不觉地，十年过去了，回顾职场之路，杨慧强调：“我希望每个人的人生幸福圆满，不管辗转于大型活动场、还是浪漫的婚礼堂，又或者如今的养老院，我一直在为人生的某个阶段而服务。生活最本真的样子就应该是快乐而美好的，而我所期望的，便是以自己的真诚、阳光、专注的付出，感染身边的每一个人。大家一起幸福，世界才会更温暖。”

聊到开心的时候，她说，以自己的资源、专业，为现有公司平台的产业目标的实现而努力外，她的梦想是建一家最浪漫的主题养老院。我和她一起畅想，如果从现在开始筹办一家主题养老机构，一点点经营，50 年后，我们 80 岁了，自己也住进去，和后辈们一起聊聊如何办长长久久、富有浓浓情意的养老院。

最后，杨慧还不忘狠狠撒一把狗粮。她说，自己是一个幸运的人，这么多年，生活一直很幸福，生活中的亲人、朋友都愿意包容她的小任性、小缺点，陪着她一起浪漫；去年结婚，这种感觉更加明显了，工作、生活都特别

顺利，感觉事业、朋友方方面面都是按自己最喜欢、最想要的样子一层一层地绽放；所谓岁月静好亦不过此了。她认为，生活浪漫最重要的因素是源自婚姻的给予；便时常和先生调侃，“早知道结婚这么好，为什么不早点嫁给你呢！”

看着她，有颜值、有才华、工作蒸蒸日上、生活幸福浪漫、老公帅、宠物乖，小编羡慕不已。回想起平日里、朋友圈中，杨慧晒的厨艺、插花、旅行、球球 & 闹闹 & 圆子，小编越发眼馋了。然而，小编也得客观说一句，杨慧的浪漫、快乐很容易感染到身边的朋友。浪漫需要土壤，作为杨慧美女的粉丝团成员之一，小编和大家一样，都是被杨慧帅真、阳光的个性所吸引，甘愿当她的浪漫土壤。

杨慧说，她相信真诚的付出，必会回馈于自身，化作生活的福报；感谢身边的朋友，陪她共度浪漫的人生路；春天播下一颗浪漫的种子，秋天就会收获十倍的浪漫果实；但愿每一位朋友都能够收获幸福与美满，但愿每一位老人的晚年都可以和乐安康！

杨慧女士

北京幸福颐养医疗投资控股有限公司副总经理

幸福研究院常务副院长

全经联养老住区委员会副秘书长

杨慧有近10年房地产相关行业从业经验，先后在东方园林、保利地产负责品牌建设与市场营销工作。2016年正式加入幸福颐养，主要分管集团战略规划、投融资、品牌建设、幸福研究院及幸福老年大学的工作，先后参与集团三家幸福颐养院、一家幸福颐养护理院、二家幸福老年大学的战略规划及运营商业模式设计的工作。同时主持编写的《老人深度幸福纪——幸福颐养的100个故事》作为中国首部以老人的需求为根本出发点，将养老幸福理论和机构有效结合，进行深度老人幸福体验研究的书籍，由人民出版社出版。

时间留言：自接受第三十六种颜色《养老江湖》人物专栏的采访，已经两年有余，我也从一个刚刚进入养老行业的新兵变成了老兵。很荣幸，伴随着中国养老行业快速发展的阶段，我们个人及所在的企业也被时代发展的浪潮推动，飞速成长。有所获也有困惑，有机遇也有挑战，但是随着对养老行业的深入了解，我们更坚信“造福长者、发展产业、奉献社会”是我们这一代养老人共同肩负的使命和责任。“江湖路远，养老情长”，愿我们一起携手共同描绘中国养老江湖的明天。

王连升
养老"逃兵"启(fù)示(pán)录

(2017年3月14日)

题记: 小编进入星巴克找座,五分钟后,连升到达。访谈开始得神准时,访谈结束得却比预期长了两个小时!非是小编控场技术不好,如今连升不再是养老圈内人,站在局外人的立场回顾过去两年的养老经历,像一位诚挚的朋友,两个熟人见面,林林总总、相聊甚欢。

结识连升,是一起合作办一场养老业界沙龙,他背着黑色的包,像个小编辑一样,在会场跑前跑后、拍照记录、招待来宾。后来,因为双方合作进行了几轮商务对接,提交了好几套方案,合作虽然未达成,小编与这位养老媒体策划总监倒成了关系不错的行业小伙伴。2016年年初,他悄悄告诉我,正在进行工作交接,很快会离岗;并且很仔细地交代了相关事项及后续负责工作的同事等。震惊之余,也很惋惜,又一个养老的伙伴从行业里转了身。

作为行业媒体人,进入养老行业,连升接触过许多老年人及养老行业的企业家,也走访过许多养老院。之前,总在为工作奔忙,少有时间反思沉淀。告别养老圈之后,连升曾告诉小编,他又仔细去剖析过去一段时间在养老圈的种种,进行了复盘与梳理。小编便开始筹划,想找个机会,与连升聊聊,听听他的想法,期待能将他的经验分享给大家,为在圈里打拼的小伙伴们提供一些启示与助益。

火热市场下的养老万象

养老产业异常火热,许多企业、许多人都怀揣一颗滚烫的心,投入其中。

“我希望有朝一日自己老了，能有一个好的养老解决方案。往近了说，我的父母渐渐上了年纪，希望他们能有一家好的养老院可以住。我就想着，关爱老人就是关爱自己的明天，这种关爱必须提前好多年开始积蓄吧。我是一个品牌人，所以就选了养老媒体人这个角色。”作为最早一批的养老媒体人，连升进入养老行业的理由很普通。

入行一段时间后，他便发现了养老行业存在许多问题，而这些很大程度地影响了整个养老产业的发展进步。比如许多养老企业（机构）的操盘手对行业真实状况了解甚少，他们的身旁往往围着一群“很懂”的人士，为他们策划各种方案，因为鲜有人做过，这些建议大多都是一场高风险的对赌，再比如行业中，尚没有一家企业（品牌）已经形成了可持续的养老生态链接。细思之后，连升以媒体人的姿态，对这些现象进行了梳理与铺排。

模式的纠结：一直在寻找对的模式，从未找到过。纵观养老市场，存在许多成功的模式，也有不少参照模式，国内的、国外的。没有进入养老领域的企业（企业家）保持着不断观望的姿态，已经进入养老行业、开始项目筹划的企业（企业家）则在不断地寻找、尝试，试图找到一种最优的模式，对于模式的落地与实践、坚持等方面，关注却很少。

国际养老盲从：偏信外来（外国）范，忽视国内经验及项目落地实施环节。现在养老圈里非常流行国外养老考察团，日本、台湾、美国、加拿大、澳大利亚，应有尽有。去国外学习、取经，对于国内行业发展而言是件好事，但对于许多企业（企业家）而言，自己考察的目的是什么、考察些什么，考察回来后续干些什么，却不十分明确。动辄数十万的考察团没有少参加，中介机构的讲解、资源链接也非常专业，看了，学了，最后落实到企业自身的实际效果，却极难考证。

人脉效用妖魔化：混圈子、买人脉，不能形成商业价值的流转。许多从业者不明确自己的需求，先期就花费大量费用，跻身各种养老圈、拢络行业各方人脉，却很少将精力放在自身企业（机构）的内功及业务方面。同时，又受限于自身企业的修为、知名度，没有形成属于自己的商业价值，缺少外发力量，没法将人脉、资源与企业自身形成商业价值的流转，无法激活手中的养老人脉、更谈不上资源导入的可能性。原来所聚拢的人脉，变成了死的人脉、僵尸人脉、僵尸社群。人是认识的，社群也加入，圈子也入了，自己却还是困在自己的沼泽地里。

不自知的慢性自杀：养老思维模糊，摸黑前行，在不自知的情况，自我实施慢性自杀。众所周知，养老行业投资大、回收周期长，业内有一部分提出养老概念、付诸实施、融资变现、期待未来做大的企业家，还有相当大一部分养老企业（企业家）对于自己要做什么，产品、机构、服务，又或者某个领域的某个细分板块并不清楚，思维也很模糊，几乎是在摸黑前行。

他们并不注重专业的力量，亦不相信"人是创建事业核心生产力"的基本养老逻辑，期望用最少的钱、最不专业的人，成就最大的养老事业。他们不在意产品的观念与客观事实，比较少关注老年人真正的需求，按照自以为的标准建设机构，搭建服务，将大量的钱都花在表面环境的打造中（如房租、装修），在服务和人员方面却极尽可能地压缩成本，期待用最小的空间、最低的成本去圈养老人。于是，便有了许多闲置的养老设施、老人不买单的服务虚设，老人亟须而未被满足的服务空白。以上种种，无知无畏的"慢性自杀"现象，在养老行业比比皆是，令人伤感，又十分无奈。

养老行业的痛点与应对建议

分析养老行业乱象横出的原因，是因为企业与客户之前存在市场距离，养老企业对现阶段老年人的养老实际需求不尽了解；而现阶段老年客群，不管是"50+""60+"的活力老人，还是"70+""80+"的刚需老人，大都受传统观念制约，没有形成成熟的养老消费观念。

有人说，中国的老龄产业存在起跑线迷思，也有人抱怨"养老企业老板不作为，中高层的瞎使劲、执行层的使劲造"。离开养老媒体平台后，连升也曾想，做一些什么改变现今的养老困局，比如成立一家养老品牌联盟，多方受阻，终未成行。连升认为，现在的养老圈比较浮躁、势力，还有点盲从，圈子里的从业者大多很懵懂，需要时间再次成长，客户的观念需要改变，市场还需要再教育，破解迷局的时机尚未成熟。现阶段可以积蓄更多能量，为将来做准备，连升从三方面梳理了自己的建议，分享给大家。

政府层面，加速出台一些少而精、可落地的养老政策，并提供必要的落地支持。

媒介层面，要做到平民化，以专业眼光建立行业标杆。一方面前瞻地倡导新的养老观念，进行市场教育；另一方面，选取一批专业化的、能代表行业发展最高水平的企业（机构），树立行业标杆。

行业层面，选择方向引导，汲于养老企业模式的参考，汲于养老从业者就业选择的引导，汲于老年人群养老生活方式的选择可能与权利。比如，提供多元化企业案例，引导、帮助用人方确认“用人选择标准、职业的细化、岗位职权划分”等核心信息的行业甄别标准；比如，提供多方面的行业案例，引导从业者，确定自己在行业中的专业定位（是小鸟或者老鸟），进行资历的自我审视（从业的条件、职业要求），执行力的自评，下阶段的发展目标以及未来的发展等重要信息的自我决策；再比如，提供充足的信息，引导老年人选择适合自己的养老院、养老服务等。

论养老媒体人的自我修炼

近期，越来越多的主流媒体，开始进军养老领域，纷纷设置养老板块。整个社会都在热切地看养老，媒体的舆论导向作用显得愈发重要了。

社会大众关注政府作为、市场成熟度、老年人养老观念改变与选择的同时，对于专业媒体也给予了很高的期许，期待可以从养老专业媒体的途径，获取养老产业方向的风向标以及发展引导。

事实上，养老媒体自立门户、自成一派的周期不足五年，养老媒体从业者，对老年客户需求的了解程度也是十分有限，加之养老企业品牌的需求也比较模糊，因而很容易陷入“帮企业自圆其说”的套路中。

新兴养老媒体以网络媒体居多，与传统媒体、资深媒介大“V”们比，养老媒体中新兵居多，相对比较年轻，行业经验有限。他们又大多处于一种高频、快节奏的工作状态，因而在与企业交往的过程中，很容易为工作而工作，投其所好，出产许多快餐式方案，稿件与专题常常缺少灵魂，很少能体现自己的专业观点，许多合作也陷入“第一眼”迷局。在专业服务及定制服务实现方面，没有积蓄足够的后发力，后期方案、话题的把握常常流为普通性的表现，分析也仅限于表面。作为已转身的养老媒体先行兵，连升劝诫同行小伙伴们，在工作的过程中，强调服务性、改变工作姿态的同时，提升自己的专业水平同样不容忽视。

连升表示，进入养老媒介圈后，每天保持“3 万 +”的阅读量，通过百度、各类融媒体等渠道获取资讯，确保自己可以及时、精准地掌握当天的主流资迅，不间断地进行自我提升，保持自我更新。他个人十分认可，“搜罗——编排——创新”的媒体逻辑，并深信只有搜罗一万条内容、看懂了世界的玩法，才有资格为客户、为大众编撰出有专业度、有价值、高效用的新内容；而这种坚持，达到一定的累积后，才有条件进行内容的创新。

对养老媒介同人，连升提出了养老媒体人修炼的两点建议：

要用心，摈弃浮躁心、功利心，真正地转变服务姿态。

要专业，许多媒体人自其他板块跨行进入养老领域，必须快速熟悉行业，提升养老专业度。

升级职业素养，以客观、冷静、专业的眼光审视养老，杜绝为了工作而工作，杜绝没有自我的口水推广，为所出每一篇作品、每一份方案负责，为大众负责。

连升说

连升说，他进入养老行业纯属是机缘巧合，但这一段经历是他最认真的一次职业尝试。每每在“强调推广立竿见影的效益”与“品牌提升带来的广泛影响、产生的扩大性效益”之间徘徊；他承认，这么多年，比较自我化，过于坚持品牌的初衷，太想帮企业实现品牌价值，以至于与客户在价值观方面稍有矛盾，不过也都迎刃而解，收获了诸多友情。

现如今，养老市场环境在不断完善，企业环境也在逐步好转，养老行业的春天正一点一点地靠近我们。如果说，养老产业是一棵树，五年内必然会开花，十年必会结果。这期间，会有很多养老人投入其中，也会有人暂时退场。现在，连升兄转战文化行业，工作之余运营着两个微信公号（小资轻奢派、职场狩猎人）。小编问连升，未来可有回归养老的计划？他表示，现在的转身，是为了明天更好的守护、更好的回归。在未来的某一天，“哥会以全新的姿态，杀回养老圈”。

老龄化是一个社会问题，养老产业是广阔的蓝海。每一位养老从业者的付出都是真真实实的存在，感谢连升兄的分享。祝福所有养老人以及曾经的养老人！也祝连升兄诸事顺遂、前程似锦！

王连升先生

“80后”职业经理人，十年品牌运营管理，经历甲乙双方企业，媒体（国内外）资源和政府资源丰富。

十年运营管理，对于顶层股权、经营管理设计，成本（产品、招商、经营等）有独到见解和实战经验。善布局、管理和营销。

个人言论：成本即利润，最优商业模式就是把成本算明白，把利润分享给更多能创造利润的人，创造利润的人越多，价值越大，风险越低。

时间留言：心所记挂的事，总会在某个时刻再次重合，记得当年做养老的初衷不高大上却是心底的声音，兜兜转转再次回归到这个养老的江湖，同样是服务于中老年群体，却不再是那个时期的心境，似乎理解了当初的初衷，愿这一次的建树能帮助更多中老年朋友和老龄产业的同人。

杨晓丹
复合型养老人才成长纪实

（2017 年 4 月 19 日）

题记：和杨总很熟，也很不熟。小编熟悉 5 年养老运营时光中雷厉风行的她，小编不熟悉拥有医疗专业的她，是怎么一步步走到管理岗位，晋升为总监、副总、常务副总，继而主管一个事业部、多条业务线的。

本月，杨总接受了小号的专访请求，小编偷偷地开心了许久！如今，杨总在安平健康平台，带领团队开拓了养老专业人才培训市场。一方面，养老专业人才缺口巨大，小编好奇安平健康如何落实“专业人”的解决方案；另一方面，杨总的经历覆盖了养老行业星星之火发起燎原的全过程，她本人的专业发展正是医疗专业人才向复合型养老人才转变的典型案例，小编很想知道她是如何完成复合型养老人才蜕变的。

不偶然的养老之路

早年，杨总是名护士。从学校毕业，和一群同学进入三甲医院实习，他们欣喜进入大医院的同时，也被魔鬼式的入院集训所折磨。集训结束时，大家惊讶地发现，三甲医院定义的临床操作与学校所学差异竟是如此明显。幸运的是大家顺利通过了集训，基本达到了院方的要求，余下的就是在实际工作中进行强化练习了。

谈及那段经历，杨总表示，她很幸运能够参加三甲医院的系统式集训，那里的经历使她的临床业务能力得到了很好的淬炼，让她受益至今，也让她明白了培训的力量以及培训的意义。

大医院对人才的培养有成熟、完善的体系，所有的新人正式上岗前，都要经历一整套的集训、实训，提升业务操作能力的同时，还会被安排进行一轮很细致的思想疏导。新人达到操作标准、学会协同作业、团队配合的同时，也对他们所从事的工作有客观、清晰的认知。上岗前的这些规定动作，大多会积淀成为新人晋升医务工作者路上、伴随他们整个职业生涯的永久底色。

一年后，面对同工不同酬的体制约束，杨总倔强地离开了三甲医院，进入一家民营专科医院工作，荣幸地参与了院方组建B超科室的全部过程。杨总回忆，那段时间，她学习计算机应用、苦练B超业务，过得很辛苦。B超科室成立后，她惊喜地发现自己比过去成长了许多，第一次体会到了学习的力量。

后期，医院发展转型，成立资产管理公司，杨总开始接手行政、人事工作。她用新一次的学习，使自己再一次成长。杨总在管理岗位坚守一年多时间，受到了公司高层的一致认可，也获得了一众好评。但最终，出于对医疗专业的深厚情感，不想放弃本专业的因素，杨总选择了回归医疗行业，并结识了她的职场引路人段萱女士。

在段萱女士的信任与扶持下，杨总陆续接手了医院的人力资源管理、行政工作，继而跟随段总转战养老行业，从创建品牌、搭建团队、运营管理、标准化体系建设、市场化运作、新机构筹建发展，一步一步从医务工作人员、医疗专业人才、医院管理精英晋升为养老高管，完成了她的专业人才与复合型养老人才的转变之路。

回顾过去，杨总表示，从专业到管理，看似是一个偶然的过程，但每一步的转变与成长都是自我选择的结果，绝不是随波逐流。每次面对新任务、新挑战，勇敢地接受、积极学习，使自己成长，是她成功转型的决定性因素。同时，她也是一个幸运的人，难得地获得了平台给予选择的机会、公司给予宝贵的信任以及职场导师段萱女士给予的鼓励与支持，才能顺利地度过最艰难的日子，坚守至今。

难以自然长成的养老人才

从临床、人力资源、行政管理、进入养老产业，杨总回顾自己的职业历程，她更多的时间都在从事与人打交道、寻找人才的工作。早前的八年时间，是作为职能部门的负责人，站在人力资源的立场，招聘、培训、管理；现在，是作为培训公司高管，站在业务发展的视角，推动养老专业人才培训、输出、服务；其本质是专业回归的一种表现。

在筹备养老机构、养老平台公司的过程中，杨总与老服院校交往颇为频繁，深知他们招生的难处。每年从老服院校毕业的学生中，超过八成会流向其他行业，二成左右选择进入福利院或民政体系，真正从事养老服务行业所剩无几。现实情况则更让人心酸，往往想主动从事养老工作的人，并不合适做这份工作。企业需要的、对口的专业人才，供给又太过匮乏，市场上几乎没有合适的人才可用。

筹建医养结合型机构——和熹会之初，没有到找现成的人才，筹建团队便决定自己培养人才。提前三个月，从长沙民政、北华航天工业学院等院校招聘了 30 多名实习生。考虑到高端机构所提供的医养结合专业服务与传统福利院、敬老院所的服务不同，服务标准、人员素质要求差异较大，机构筹建团队便参照医院培训体系，结合传统养老培训，再增加高级服务培训中礼仪、社交等课程，自编培训教材，对实习生进行岗前培训、岗前实训。这些年轻的、老服专业学生，成为了专业服务的重要执行者，最终形成了和熹会品牌服务一道亮丽的风景线。

养老服务是劳动密集型工作，在养老机构中一项工作常常需要多个岗位，甚至整个团队协同作业；而养老团队工作人员的待遇都十分有限，职业社会认知度又都偏低，因而团队灵魂人物，对团队成员们的正面引导、积极影响就显得尤为重要。一个正能量、有魅力的团队领导，能营造出积极、实干、快乐的工作氛围，对于团队稳固、专业提升都发挥着至关重要的作用。

杨总多次强调，自己非常幸运，遇到了段萱总，还有一群价值观相同的事业伙伴，多年的合作在她们彼此之间凝聚形成了一条无形的感情纽带，彼此牵绊，互相加持。每当工作、事业遇到波折之时，这种伙伴的力量会使大家产生相近的倾向，做出相同的选择。

即使如此，在养老行业坚持，仍是一件十分艰难的事。杨总以自己来举例，她常会因为内心的一点点略不自信，在工作苛求完美、在专业中追求再精进，也因此，在实际的工作推进中遇到过许多挫折，有过一些动摇。在项目合作滞步难行的时候，她也产生过离开养老的念头。每每思及团队的重托、伙伴们的信任，不可辜负、不能放弃，即使再怎么艰难，她依旧在坚持。

然而，有这样的际遇的人毕竟是少数，做这样艰难决定的人也只是一部分，杨总回顾当初从老服院校招聘过来的 30 多个实习生，现下在行业中坚守的已少于 5 人了。现阶段，单单依靠老服专业毕业生的输出、市场养老人才自然生成与流转，根本无法满足养老行业对专业人才的庞大需求。养老人才的短缺已成为制约各养老企业发展，乃至整个养老产业发展的不容回避的客观因素之一。

拓展养老培训的安平之道

杨总认为，从2013年养老元年起算，到2017年，不过五年时间，虽然现在养老成为炙手可热的大产业，企业发展的大环境仍然不成熟，养老同业人员及企业还是需要抱团发展、互相扶持。

对于养老机构而言，不管多小的平台，都需要搭建一支包含照护、社工、营养、餐饮、运营等多专业组合的养老团队，才能保障养老服务运营。每个职能板块、每个岗位都需要具有相应专业素质和专业能力的人员。然而，为了招聘与机构工作需求相匹配的人员，养老机构在支付员工薪酬以外还要承担相应的招聘及培训成本。优护万家培训中心的价值就是在保障人才专业水平、综合素质的前提下，在招聘培训支出方面帮企业节约费用。

优护万家培训中心是由国内著名养老品牌——保利安平·和熹会的初创团队重组而成，自建有教学实训基地，并特聘了一支拥有三甲医院的临床一线经验与养老护理实践经验的医养结合型讲师团队，师资力量非常雄厚。

优护万家培训中心与中国老龄产业协会合作，联合发起了医养结合人才培训项目。与北京大学医学部护理学院、北京劳动职业保障学院和日本介护培训机构形成长期战略合作关系，以实用性为导向，采取能力本位教育培训（CBET）与绩效技术（HPT）相结合的方式，共同研发课程。优护万家培训中心围绕“医养服务”开展，重点推出了医养结合照护师、医养结合康复师、医养结合营养师、医养结合健康指导师、医养结合运营管理师等系列培训课程。课程一经推出，就受到了业界的广泛好评，前几期学员反馈效果极佳，引发一众养老用人企业争相与优护万家培训中心进行合作洽商。

杨总表示，现阶段优护万家培训中心的业务是为企业输送一批养老复合型人才。这些人才有一定的专业基础，了解养老服务的流程与管理，他们对养老行业有清晰的认知，在完成本职工作的同时，可以影响团队中的其他人，提升专业、积极进取，未来会成为团队的骨干力量。

下阶段，优护万家培训中心即将与德州职业学院等多家开设老服专业的院校合作，以企业实际用人需求为出发点，将养老职业培训扩展至学历教育阶段，展开联合教育（如实操短训班、实地实习）、定单班等多种形式的培训业务，为院校、企业、学生提供多向服务。杨总表示，优护万家培训中心正在尝试将养老政策、行业前景、养老服务的理念、养老服务的客观认知提前植入到学生的观念中，引导他们进入养老行业，力争在学生走出校门时就具有一定的工作成熟度。

优护万家培训中心在开展企业内训、人才派遣、人事代理、专项技能实训班、学习班等业务的同时，还计划整合各个专业线人才，根据一线企业实际运营的需求，进行团队协作训练，达到专业人才与运营体系同时输出的标准，未来对现有养老培训模式进行全方位的升级。

杨总表示，虽然现在养老培训市场很火热，不断有新的培训品牌投入竞争，但能够同时拥有养老运营实践、了解养老项目实操流程与需要、拥有强大师资条件、良好教学硬件环境四大条件的对标品牌少之又少。优护万家培训中心作为实力品牌的代表之一，有责任也有义务为养老企业、为养老从业者多做一些事，多做一些努力。杨总和她的团队会朝着这个方向继续努力！

小编表示佩服的同时，真诚祝愿杨总和优护万家培训中心发展得越来越好，事业昌盛兴旺！

杨晓丹女士

北京优护万家养老服务集团有限公司常务副总
德州优护人力资源服务有限公司总经理

拥有临床护理及人力资源管理双重专业背景；3年临床护理工作经验、8年医疗机构人力资源管理及6年养老项目策划及医养结合机构运营管理经验。参与保利安平·和熹会的筹建及运营管理，先后任保利安平人力资源经理、和熹会院长助理、保利安平机构运营部负责人，对于医疗资源在养老项目中的应用有较深入的理解，熟悉医疗和养老机构市场化运作模式，擅长医疗及养老项目的前期策划，以及新建养老机构运营管理体系搭建。

时间留言：距离上次的采访已经整整两年的时间了，优护万家实现了与德州职业技术学院的合作落地，开设的老年服务与管理专业今年即将迎来第三届学生，学生总数已达300余人。其间开展的短期培训1000余人，优护万家培训中心也正式升级为优护人才学院。今后，优护人才学院将持续为养老服务业输出综合素质好、专业技能强、职业化程度高的应用型人才！

曹卓君
参股合营，养老服务进入 3.0 时代

（2017 年 4 月 21 日）

题记：要说小编和曹总的关系，还真挺复杂。小编在养老圈的第一次站台演讲，奉献给了曹总与她的养老 BAR。从那以后，小编在养老自媒体圈正式出道，踏上了放飞自我的不归之路。

2014 年年底，亚洲最大咨询公司——和君成立了健康养老事业部。两年来，和君健康事业部累计推出近 20 本健康养老产业系列丛书、年度报告、热点报告、专题报告，积累了超过 30 项深度案例，“细说养老产业”“小宝说养老”等养老小节目陪伴着养老小伙伴们消磨了许多烦闷的灰时间。

这些报告、丛书、分享、沙龙公开课，几乎都是和君健康养老事业部的免费分享。小编也没有想明白，和君健康养老事业部将耗资不菲的产出成果进行免费分享，曹总一定亏很大啊！借专访之名，小编得细细打探一番。

养老 BAR 的 26 期沙龙

2014 年年底，养老产业刚刚萌芽、信息匮乏、从业者迷茫，急需对产业有清晰的认识和明确的思路。对和君也是一样，不如从最基础的研究工作开始，一个猛子扎下去。曹总带着几个对口专业的研究生，琢磨如何展开健康养老业务。很快他们即确定了以养老研究为基本，先进行研究及行业耕耘，再逐步开展咨询、运营、培训等业务的原则。

曹总回顾创业初期表示，养老对和君而言，是一个新的领域。中国养老市场正处于起步阶段，养老企业大多是新生企业、初建品牌、新组建的团队，大家在各自领域中探索、迷茫，都不成熟。和君一直倡导水的精神，愿意积小成大、乐于和行业融合、促成同行们的相互加裹与相互合作。曹总认为，只要同行们不改变自己的本质，保持前行的动力，大家慢慢地积蓄能量，最终一定会冲破国外养老与中国养老的壁垒，找到中国养老产业发展的方向。

2015 年 3 月，和君健康养老发起了“养老 BAR 沙龙”，邀请养老同行、业界代表定期聚会，探讨中国养老发展的话题。从第一期养老产业大势观澜开始，“养老 +”模式探讨、大健康、社群经济、养老地产、特色小镇、社区居家、智慧社区、养老旅游、智慧养老、互助养老、老年心理、失智照护、中日交流、养老刚需、养老创新、养老品牌、运营管理、股权设计、资本动态、投资机会等 26 个专题沙龙一一落地。

小编好奇地问曹总，和君团队如何做到两年时间月月坚持、从不间断的呢？曹总惊讶地表示，时间过得太快了，似乎昨天刚做完第一期沙龙，沙龙坚持二十几期最根本的原因是行业朋友们长久以来的支持与监督。

曹总分享，最早期参加沙龙企业代表和熹会、健租宝、云宝科技、司邦适、老有所乐、樱途盛等，到现在仍在支持和参与养老 BAR 沙龙。他们有时候是嘉宾，有时候是听众，如今的养老 BAR 是真正属于大家 BAR 了。参

加BAR的伙伴们还自发成立了一个叫“和宝宝”的社群，除沙龙活动外，定期自发聚会交流；常常和宝宝们讲，“朋友”二字的意思就是两月一聚、又添一人，于是就又会多了一分力量。

基于这样的情感，养老BAR沙龙一期一期仍在继续，很快，养老BAR沙龙就要升级为养老BAR公开课了。在这个过程中，和君团队做得更多的是提供场地、做现场服务，陪伴大家一起度过美好的、快乐的聚会时光。曹总说，这样的坚持很快乐，很有意义，和君团队未来会将养老BAR发扬光大，期待为更多养老朋友提供帮助，为大家建立一个快乐、积极、多维度、能广泛传播的行业交流平台。

小编想到了和君的另一个子品牌——和君商学，他们坚持做了近十年的公益教育课程，接收过超过33000人的入学申请，共开办了124个班，录取学员3200多名。再回味和君企业文化中的“人生如莲”“三度修炼”，小编有种醍醐灌顶的感觉，这家企业的DNA与文化气质，已深深植入到每一条业务线、每个管理者的理念里、每个员工的执行中。和君健康如此，曹总如此，和小宝团队也是如此。

从做事，到做成事

在与曹总的对话中，小编获知和君健康养老事业部成立后，大约有半年左右时间是没有对外签单的。小编很好奇，那段时间曹总和她的团队在忙些什么呢？曹总回答了三个字：“做准备！”

曹总本人出身情报学专业，在央企工作过，有大学任教经历，为数十家央企提供过企业文化咨询服务。加盟和君之后，在企业文化咨询方面，单项目平均值接近100万，很快达到业务的峰值。企业文化咨询往往没有行业之分，常常需要在各个行业中切换，进行大跨度作业，难以深入。

一年后，曹总开始考虑寻找一个行业，进行深耕。她站在未来发展的视角，大势观澜，发现老龄化社会会是未来大机遇。曹总就自己的想法，与和君事业合伙人张卢锋先生进行沟通，成功地获取了张卢峰先生的支持，进而获得了和君集团的认可。2014 年年底，和君集团批准健康养老事业部成立。

虽然有和君大品牌背书，但和君健康养老团队对养老行业的了解并不多。曹总决心用 3–6 个月的时间研究市场、练内功。同时，对可以合作的养老市场资源进行梳理，筛选最合适的合作方。她认为，使团队了解养老市场、提升专业能力，与挑选志同道合、价值观趋同的合作方同样重要。

次年 3 月，和君健康养老事业部作为中国健康养老联盟研究中心，带着 40 万字的行业报告，出现在公众视野中。这本国内首部对国家养老政策、地方养老政策进行系统梳理的《全国养老服务业政策汇编》立即吸引了业界高度关注。和君团队用他们对养老的认真与诚意，打动了养老业界，成功敲开了养老行业合作的大门。

随后，和君团队频繁受邀出席国内各种养老活动、论坛。他们在推广和君健康养老品牌、进行业务站台的同时，以成本价格销售重达一箱的《全国养老服务业政策汇编报告》，以报告销售为门槛，进行市场合作的筛选，在业界捕捉合作伙伴的气息。机会往往是为奋斗者而准备，各方面的合作接踵而至，提供专业咨询报告的和君健康养老服务 1.0 时代正式开启了。

本着和君人“有目标，沉住气，踏实干”的传承，和君健康团队开展服务项目的同时，对养老市场研究观察亦没有松懈。他们相继推出了《中国特色养老模式研究报告》《中国养老产业资本专题研究报告》《社区居家养老专题研究报告》《机构开办筹备流程》等成果报告。

随着和君团队对养老项目的服务一步步深入，以写报告、出规划方案为主要服务内容的 1.0 时代的养老服务模式，弊端渐渐显现而出。许多项目因为资源匮乏、运营能力弱、资金补给不及时、政府政策不明朗等原因，推进滞缓，甚至于被流产。曹总发现，如果服务只停留在以专业立场帮甲方做事的层面，未来的路会越来越难、越来越行不通。

曹总对和君集团、和君健康养老、二十几期的养老 BAR 积累的资源进行梳理与试盘活，发现和君健康养老已然拥有了一大批可撬动、可流转的，能覆盖养老产业链条各个环节的资源。她决心，在提供专业养老咨询服务外，为甲方导入项目实施过程中所需要的关键资源，将服务的价值从“帮甲方做事”，演化为“帮甲方做成事”，把服务模式革新升级至2.0模式。此举一出，立刻受到合作方们的一致认可、热情追捧，各项目工作又有了快速的推进。

参股合营，养老服务进入3.0时代

2016年下半年，养老产业引起了资本市场的高度关注，作为“中国私募股权投资机构（本土）”50强之一的和君资本亦有此意。随着各项目服务的不断深入，曹总渐渐意识到2.0时代的服务模式是脱离实体运营的养老服务，缺少后发力，深入度也十分有限。

曹总创新提出养老服务3.0模式——深度合作、赋能式投资、参股合营的养老合作模式。首先，在已服务的客户中，选取彼此价值观认同、有成长潜力的黑马，与其更紧密地捆绑在一起，合资成立养老运营主体公司，企业投入资金，和君健康养老事业部投入咨询能力、管理团队和产业资源，能力互补、协同做事，以达成经营目标为目标，与甲方形成利益共生体，共担风险、共享价值倍增。此举最大幅席地降低了甲方的前期投入，同时孵化出一个全国性的、可以相互支持、流转的健康养老轻资产公司。于是，她开始筹建和君自有的养老运营品牌——和伊养老。目前，和伊养老已与一些已经进阶的合作伙伴达成合作，参股合营的各项工作均已排上了日程，进展非常顺利。下一步和伊养老即将进驻西安、广州等城市。

其次是在参股合营的前提下，展开资源闭环流转的深度合作。曹总认为，能撬动的资源才是有效资源，能实现流转的资源才称得上是优质资源。在3.0时代的服务模式中，在合作立场上将撬动原来和君较为松散的资源群，进行重新整合。以和君为线索，参股企业与优质资源已经完成了信任、质量、发展的验证，在流转过程中形成资源流转环。资源环所表现出的能量会统一地呈现正向、低风险的特征，未来发展一定会稳健上升。在这个过程中，参股企业与当地项目供应需求方及使用客户、和君资源环中的各个资源方进行服务的输出，会形成合作流转的闭环，实现优质资源的相互流转、相互加持。

养老服务 3.0 时代的服务模式，不只是“产业咨询 + 带资源型产业咨询 + 实体运营”这样的简单组合，更多内容会体现在深度合作、资源流转方面。曹总表示，现在养老产业可谓是站在风口上，各个企业可以以客观需求、合作共赢为出发点，加入资源环，进行深度合作，将企业、品牌发展、盈利进行彼此绑定，实现良性运转。即使有一天，风过了，对于深度合作的资源环中的各方，仍会保留一份属于自己的肥沃庄稼地；有彼此的支持与依靠，企业必能沿着正向轨道前进发展。此后岁月，山高水长，与风无关。

在和君进军健康养老领域时，曹总与她的团队用了半年时间，研究政策与养老市场；与一线企业合作，以实际运营需求为导向，梳理服务的内容；站在全国的维度整理中国特色养老模式，研究案例，探索未来养老服务的可能性与扩展空间。在服务之前，基于现在、基于未来做了多手准备，这是一种客观的服务姿态。此前，业界对养老咨询并不看好。“十个没有做过养老的人指挥一群正在干养老的人干活”之类的观点频频流传，小编听了曹总对和君健康养老业务模式的分享，对养老咨询行业有了更进一步的体会。

曹总认为，但凡是服务必须得有不可替代的核心价值，这个价值需要与时俱进；应对不断变化的养老环境，服务本身也需要进行不断的升级与革新，以适应企业的持续变化的服务需求。

和君系列报告的出台，服务模式的三次革新，引起了政府相关部门的高度关注。和君曾被邀请成为政府研究院的第三方、大后台，作为民间智库，制定行业标准的细则与补充内容，为地方政府及养老企业提供后期服务。和君坚持将尽可能多的报告，以分享共赢的姿态，与同行无偿分享，期待更多的同行融入和君大平台，联手合作，为老服务，实现共同发展，共同盈利。

曹卓君女士

和君咨询业务合伙人，国际注册管理咨询师（CMC），担任和君健康养老事业部副主任、和伊咨询副总经理

受聘担任清华总裁发展促进会养老产业联盟顾问与客座讲师

中国养老金融 50 人论坛特邀研究员

民政部居家和社区养老服务改革试点评审专家

多年来始终聚焦大健康及养老产业的专业咨询与运营管理，服务中国养老产业诸多全国连锁企业与上市公司 40 余家，走访项目 500 余个，覆盖京津冀、长三角、珠三角、成渝等康养产业战略高地。持续参与企业的健康养老产业战略规划、大型康养地产 / 社区 / 综合体的项目规划与实施、康养人才团队搭建及培训体系建设，帮助企业成功落地产业实践基地、示范基地若干。

擅长基于产业思维开展不同平台和企业之间的资源整合、渠道开拓、投融资服务，目前担任多家养老服务企业的外部战略及商业模式专家，提供项目制和常年服务制的综合服务。致力于打造中国健康领域具有卓越影响力的产业纵深服务生态平台与研究智库。

时间留言：伴随着行业的成熟，我们努力满足客户日趋多元化的需求，打通了从定位规划到筹开辅导直至运营托管的一体化整合智力服务，以定位引领运营，以运营优化定位，深耕赋能式咨询。

万勇
e伴，为孝心减重

（2017年5月3日）

题记：这是一篇插了队的专访。4月清华论坛中，万勇总的演讲中，有一句话直戳人心。他说："爸妈知道我们在惦念他们吗？e伴，就是要做这么一件事，用一只核桃般大的设备，让老人们把子女的牵挂戴在腰上。"现场顿时寂静了，小编的眼泪不可抑制地涌了出来。当下，小编决定必须访他，一刻也不能再等。

做访谈前功课时，小编发现了最近超火的一篇文章《长大后，我们为何成了白眼狼》竟然出自万总的公号"万勇说"。小编仍记得，文末的一段话："如果只是停留在道德说教的层面，不能实实在在帮子女找到跟爸妈沟通的理由，白眼狼一定会越来越多！"

再对比清华论坛中万总演讲的内容，似乎他已经找到了子女与爸妈沟通的充分理由。小编带着任务前往亦伴公司，开始了对万总专场访谈。

亦伴，六年磨一剑

从2009年开始，亦伴团队研发产品，几度改良，百轮调试，最初预算100万−200万元，后来追了100万−200万元，后来又追加了100万−200万元。到2016年有e伴1.0版产品面世时，耗时已超六年，总投入超过千万，是最初预算的5倍左右。

听万总风轻云淡地讲，亦伴团队用6年时间做研发，第7年拓展市场，主推e伴的智慧养老巡视功能，在北京的400个社区，推行"产品赠送、服

务终身免费"政策，疯狂铺货的4000台，只为试水市场，让客户体验服务效果。小编认为亦伴团队肯定是疯了。

据万总分享，e伴产品2016年创造了378万小时的巡视时长、13万次子女与老人的互动、8156小时的子女累积巡视时长的市场好成绩。社区方面反馈，e伴是花小钱办大事的好产品，很大程度提升了社区老人服务工作的安全性，提高了社区工作的效率。老人们说，e伴是一条无形的线索，让他们的生活更具安全感，同时让他们在子女那里找到了存在感；子女们认为，e伴是一条纽带，时刻提醒他们，要更多、更主动地关注父母的生活，他们与父母的沟通更为密切了。小编似乎明白了，亦伴人追求的，除了产品的成功，还有更多、更深、更远的规划。

万总表示，六年的研发是出于对产品的质量、性能、服务负责的态度；启用"产品赠送、服务终身免费"市场推广策略是源自对产品及服务本身的自信。前期面对投入一增再增的局面，亦伴团队从未想过要放弃。他们相信，能进行智慧养老巡视服务的e伴是一个好产品，有趣、好玩，对自己有用，对别人有用，对社会有用。研发它、使它的概念落地、成为现实，是一件有意义的事。这样好的事一定要有人去做，亦伴团队在开心工作、享受事业的状态下，全身心投入了进去。只是，不经意地过了6-7年时间而已。万总说，e伴是中国最早的可穿戴智能设备，每每想到这一点，他和他的团队就倍感荣光。

e伴，为孝心减重

万总表示，创办亦伴品牌的初衷，是源自寻找可以缓解子女对父母惦念之情的解决方案。亦伴创始人张杰总、万总的家中均有独居的长辈。他们最初是想寻找一种产品，试图解决他们家庭养老的实际问题；然而，久寻未果。想到自身有需求，更多人也有同样的需求，他们便发念，研发一款适合的电子产品。

❷ e伴智能手机应用

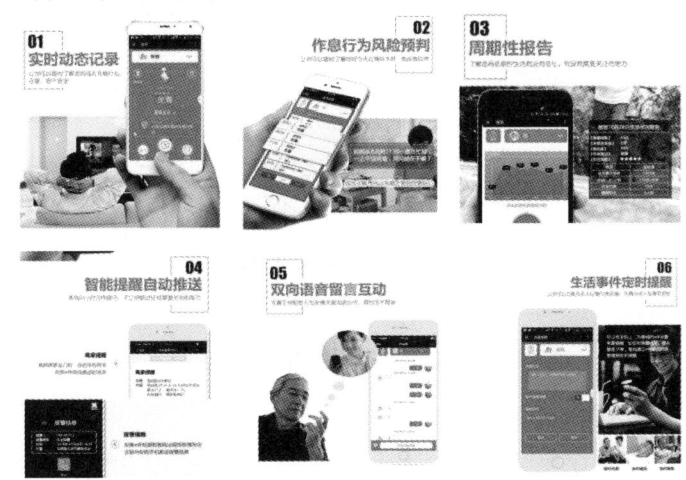

他们期待这一款产品，能够从服务子女的立场出发，营造一种轻松、自然的相处模式，借助智慧设备及互联网数据分析技术，帮助子女成功避开来自长辈们善意的谎言，了解老人的真实生活状态，随时随地掌握老人的健康及需求变化，及时与老人沟通，表达对老人的关心，为他们提供帮助。

使用 e 伴产品，子女可以放下孝心中沉重的那些部分，找到能够解决后顾之忧的、可持续提供温情的、轻松的孝心方式。在子女的高密巡视环境中，老人任何数据发生异常，都可以第一时间收到来自亲人、社区的问询及关心，老人通过 e 伴产品，找到了久违的存在感，除了健康安全之外，还获得了一份精神的愉悦感。

万总认为，通过精准的数据分析、多维的线上线下服务，营造出老人健康安全的实时巡视环境，使关爱变得更加轻松、自然，让老人随时随地感受到来自子女的惦念，为子女的孝心减重，使亲情变得更加密切，是 e 伴商业逻辑中的核心内容。

万总表示，快节奏、高压力的生存环境，催生了许多被动的“白眼狼”，每个子女对老人都有一份源自血脉传承的爱与孝，在残酷的现实面前，这份爱与孝常常无处安放。如何孝敬父母，让他们了解到、感受到子女对他们的爱与惦念，是现代都市年轻人急需解决的需求。对老人而言，寂莫比死更可怕；对子女而言，现实比亲情更煎熬。e 伴想做的，就是让老人不再寂莫，让子女少一些煎熬。

在许多人看来，从服务子女角度做产品，有点个性、有点怪。万总和亦伴团队却是怀着这样一份朴素的初心，一点一点坚持，一点一点努力，从无到有，从幕后到台前。看到喧嚣浮华的商业时代，还有这样一群简单、真实、可爱的人，因为孝与惦念而坚持着，小编十分感动。

认真做一件小事

e 伴从 2015 年年底启动市场拓展，规划先拓展 c 端市场，设备网络售价为 1099 元 / 台，服务费 365 元 / 年。为了尽早获得使用客群的产品反馈，亦伴团队全员拓展市场，一家一家跑社区，发资料，派传单，扫街、地推，向每个社区、街道、主管部门以及老年人介绍 e 伴产品、智慧养老巡视，推荐他们试用 e 伴产品。

第一月，亦伴团队跑了几百家社区，一无所获；次月，第一家社区答应试用 e 伴产品，随后一个一个社区开始蔓延，渐渐地有街道办开始集中推广 e 伴产品，渐渐地 e 伴现象惊动了区县民政局，市场雪花似的铺开了。

万总向小编分享，他印象最深刻的一件事：一次周会上，销售经理讲：“本周我最开心的事，不是新拓了多少家社区，而是早上接到了一个电话，早前推荐产品时，曾让我‘滚’的一个社区主任来电，向我们提出合作邀请。”会议现场，掌声雷动。亦伴团队通过给社区赠送的少量产品，大大降低了社区养老巡视的成本，如今 95% 的社区巡视工作已无须人工进行，e 伴终于凭借产品硬实力和服务赢得了市场以及用户的认可。e 伴目前发展模式是政府采购为主，现在已为 400 个社区、4000 多位老人提供服务。未来 12 个月，e

伴产品将覆盖10万个用户家庭，服务空巢独居高龄老人，为更多社区、街道、区县提供智慧巡视服务。

万总认为，养老产业十分火热，资本市场更是蠢蠢欲动，但e伴产品目前还处于投入状态，是验证产品的重要关口，粗暴的融资合作、“跑马圈地”式业务发展并不适合亦伴。现阶段，他希望亦伴团队集中精力升级产品、强化服务，认真把“智慧巡视”这件小事做好，借助政府资源，在北京市场稳扎稳打、夯实地基。获得区域成功后，再进行全国复制。

每个认真的人，都值得我们尊重；肯用心做小事的人，未来必有大成就。小编还有许多问题（比如社区关系怎么打开？政府资源如何攻陷？）没有问出口，但听了万总一席话之后，小编认为已没有必要再相问了。产品即是硬道理，认真即是真秘诀，不服不行！不管你服不服，反正小编是服了！

万勇先生

亦伴（北京）信息科技有限公司联合创始人，首席运营官兼执行副总裁

清华校友生命科学与医疗健康协会理事

曾任青岛海尔海外市场销售经理、泰康人寿团险客服高级经理、中英人寿团险客服总监、九号健康运营总监。

雷啸光　邱威
夜路同行，有你真好

（2017 年 5 月 31 日）

题记：艾草的香味还在隐隐飘荡，五月走到了最后一天！距离小编访谈雷少（雷啸光）与邱威已近一个月，这中间发生了许多事。小编一直在消化，当天小会议室中，他们讨论的内容，比如那句"夜路同行，幸好有你"，比如那句"听得进去，处理得了，心沉方静"，再比如那句"专业的价值不等于成绩，更不等于钱"。

同行相惜，握手言和

要说养老的缘分确实神奇，对于雷少和邱威而言，尤为神奇！他们都是养老圈里人，同为知学学院的特聘讲师，在同一期培训中，都讲养老设计，彼此格外关注。据说，那天雷少讲课，邱威记了四页笔记；邱威讲课，雷少认真拍了每一页 PPT。只有一面缘，还带点新换名片的矜持，在他们心里已然产生了设计同行、惺惺相惜的情愫。

不久的一次竞标现场，雷少与邱威作为两个投标方，再次相遇。简单寒暄之后，开始吐槽。他们发现，彼此对养老现象的理解惊人的相似，对于彼此的设计理念都相互认同。现场短暂的探讨中，他们居然找到了专业的共鸣。邱威擅长中大型机构的设计，雷少做了许多小型机构项目，在养老设计领域中，他们技术互补，价值观趋同。于是，他们相约回京再叙。

在建筑设计的大河中，养老设计是极小的分支，更像是小众的合力。雷少与邱威认为在养老设计的范围内相互竞争，不如抱团发展。一番认真的筹谋之后，借北大谢红教授养老环境系统化研究的机会，由物境建筑设计事务所、北京维拓时代建筑设计股份有限公司、谢红养老研究室发起创办了养老环境系统化研究与实践中心。雷少与邸威开始了携手并肩共同奋战养老的征程。

物境建筑设计事务所　养老环境系统化研究与实践中心

关于他们的合作，邸威的感触比较感性，他告诉小编，现阶段中国养老行业初起步，同行们都是在漫长而漆黑的道路中默默前行，遇到了对的人，就好比在潮湿阴冷的夜路中，一伸手，发现身边有一个人和你一样负重同行。

雷少的想法则更理性一些，他认为，遇到了一个志趣相投、量级相等的对手、朋友，以专业进行交流和给予，除了事业上的相互扶持，更重要是精神方面的相互鼓舞，他常常会发自内心地感到喜悦，幸好有你，幸好遇见。

带着脚镣跳芭蕾

设计师对于专业的坚持，常常近乎疯狂地执着。这些年，雷少与邸威接触了许多形形色色的养老项目和业主方。他们和小编分享，养老项目的设计与住宅、公建不同，是针对特定群体而准备，有特定的使用对象，设计师需均衡来自投资方、运营方、使用方等不同角度的需求，尽可能地使三方都受益。因而，养老项目可以最大化地体现专业的价值，而设计的意义也变得格外的不同。

许多时候，他们会改造一栋建筑，使其变身，重新焕发生机。设计开始之前，他们会静下心来，认真地听取客户的需求，仔细考量来自多层次、多方位的细节内容，进行换位思考。多年来，雷少与邸威一直坚持"路径选择——技术评估在先，技术选择在后"的工作方法。

在动笔画图之前，他们会对项目进行充分评估，考虑到对环境的影响、应用的细节，深化应用的种种可能。他们认为，设计师不是绘图员，有责任，有义务为每个项目定制专属的解决方案。

深知每个细节都会对使用者、业主方产生重大的影响，细节甚至可以决定项目的成败，雷少、邸威和他们的团队一直保持专业的执着，常常会为了某个细节而较真，走廊的宽度、开窗的位置、采光的时长都要讨论数轮。以最敬畏之心，找到最妥帖的解决方法，才肯罢休。

雷少与邸威认为，每一个投身做养老的业主方都值得尊重。然而，养老项目不是仅仅某个人实现理想的载体，设计师是第三方，更像是一种中间的力量，要找到一个平衡点，用专业的力量，支援与引导项目多做一些对社会有益的内容。

设计师要客观地对待项目，在业主利益、社会负责、专业底线的夹缝之间坚守自我。好比是带着脚镣跳芭蕾，在规范的约束下，在有限的条件下，为项目寻找最合适的解决方案。这个过程，是由专业人为不专业人进行的服务过程，是彼此合作、成就项目的共同经历。

功课在项目之外

现在雷少与邸威常常会收到来自业主的许多项目推荐。这些被介绍上门的项目往往都是难啃的骨头，十分棘手。雷少与邸威认为设计费、图纸不等于工作，成绩、钱不等于专业的价值，因而经验的累积、项目的成就，对于他们而言更加重要。于是，他们减少了许多主动参与投标的工作，决定先啃这些硬骨头，做项目的同时进行专业积累。

为此，他们规定“一周至少见一面，至少开一次例会”，期待以最平和的态度，沉下心，沉住气，静心听，静心讲，与业主进行充分的沟通，以保证每个受委托项目都可以找到最合适的解决方案。

雷少和邸威一直坚持对每个建成的项目进行回访，从老人到员工，从基层人员到管理层都进行细致的沟通，并认真记录项目投入运营后的各种反馈。如今，整理之前的项目经验，进行案例分析，建立知识库，已成为他们团队的前（课题）功课。

再回顾那些项目变身的过程，不像是工作，更接近艺术，是一场愿意的实践，过去的经历变得更好玩、更有趣。而每个项目一步步实现理念的过程，是一次次的经验积累与不断的自我准备，使他们更加理解了规范制定的原因，知其然，并知其所以然；能够可以很好地开拓他们的设计思路，帮他们规避未来可能发生的错误。

最后，雷少和邸威笑着调侃，“听得进去，处理得了”是设计师的心胸与技术；而比这个更难的是找到实力相当又合作得来的事业伙伴；在养老的路上，能够遇到彼此，携手合作，他们很幸运。

小编想到了许多人，接受小号访谈的养老江湖人、“80 后”养老事业联盟的小伙伴们、刘老师沙龙的好朋友们、给予过小编帮助的同事、领导和平台公司，一起吐槽共同抱团的殷毅、辽哥、曹姐姐、杨大慧……

在此，小编也想借雷少、邸威的艺术腔调，对大家说一声：“夜路同行，有你真好！”

雷啸光

养老环境系统化研究与实践中心联合创办人

国内首家专项从事养老事业的建筑设计事务所——物境建筑设计事务所（北京）有限公司创始人、总建筑师

北京维拓时代建筑设计股份有限公司医疗养老事业部高级技术总监

五四青年奖章获得者

新疆生产建设兵团养老协会专家顾问

邸威

北京维拓时代建筑设计股份有限公司医疗养老事业部总经理

近10年持续致力于养生设施设计与研究工作。近年主持或参与了30余项涉老项目的规划设计，同时获得多项行业奖项。在项目实践过程中，对养老政策、产业发展、为老服务、项目运营等方面进行广泛和深入的的研究，发表相关论文近10篇。带领团队参与或主持了多项老年建筑规划设计相关标准及规范的编制工作。

时间留言：专注于养老是为今天的父母，也为明天的自己。随着年龄的增长，这种想法就越清晰、越急迫。希望未来能和更多的人一起继续探索实践，让心中的理想变得更真切。

熊晓明
养老品牌是张什么牌

（2017 年 8 月 29 日）

题记：两年前，小编曾写过一篇和熹故事汇——“有求必应的晓明哥，同事、朋友、公寓里的爷爷奶奶争相转发、奔走相告。如今，但凡品牌推进遇阻，小编便会在内心反复回响“有求必应的晓明哥”。

不得不承认，养老业界确实存在平面设计、摄影摄像、修片排版、剪辑视频、制作跟进、老人沟通等十项全能手。晓明哥很好地证明了这种存在。小编思考再三，要拆开养老品牌这个谜，必须从养老品牌最外层的品牌设计说起，必须从晓明哥说起。

必须是个全能手

曾经和晓明哥共事两年，小编知道他的技能很强大，能完成品牌画册和一切平面工作，能干产品拍摄、活动随拍、长者写真，能做宣传片拍摄、后期剪辑，能搞定设计 H5、长图、编辑微信稿，还能帮公寓里的爷爷奶奶输入手稿、编辑院刊，偶尔还能帮小编改改文案。小编时常想，晓明哥是养老品牌人的特例还是个案？小编问晓明哥，他这个全能手是怎样练成的？晓明哥笑了，和小编分享自己的养老之路。晓明哥的正经专业是影视剪辑，在影视公司工作，继而在外企做影视工作，后来被发掘在搭建网站、平面设计方面技术更出色。久而久之，人们再介绍他时，称他“设计”！听完，小编顿悟。

关于成为全能手缘由，晓明哥表示：养老行业是微利行业，服务老人的一线人员往往会身兼数职，机构“品牌设计”工作的主要目的是丰富老年人生活，其次是展示企业发展，工作涉及面比较广，从业者必须具备综合的技能，摄影摄像、音频处理、视频剪辑、VI 设计、项目包装、品牌推广、印刷品排版、物料制作等，不一定每项都十分擅长，但基本使用必须要掌握。

现在养老行业发展迅速，每天都有新品牌入市，品牌推广的形式更是日新月异、快速更迭。所谓文字式微、读图渐弱、小视频普及，要做好养老品牌推广，需要融合文字、音频、视频等多种元素有机组合，才能达到最佳的推广效果。虽然养老品牌工作通常由一个团队共同完成，并非是由“设计”一个人承担，但作为品牌团队中的技术代表，“设计”需要熟练掌握各种技能，能够将其进行组合应用。因而，“全能手”型人才是养老品牌工作的基础需要，也是保障品牌推广效果的必要条件。

设计感与辨识度的均衡

如今，养老品牌推广存在两个极端：一类高大上，展现奢华环境、高级服务感，像商务会所，缺乏温度，比较冰冷；一类接地气，人声鼎沸，花绿柳绿，直接粗暴，像乡镇敬老院，缺乏质感，比较低端。小编很迷惑，究竟什么样的品牌形象才是养老项目的真相？晓明哥表示，市场中的品牌推广，

或多或少都会挟裹着养老企业管理层的审美和价值观，客观来讲品牌执行层对推广成品没有决策权，但作为创意的发起者，设计师的原创思想会对企业决策产生关键性的影响。

品牌推广的初衷是与老人沟通、向他们传递企业的理念，养老品牌团队进行创意时，需要遵循这一点。工作开始之前，品牌团队要充分了解老年人的生活习惯、阅读习惯、思维习惯，知晓老年人身体状况及心理特征，比如他们更青睐暖色调，比如他们更依靠中文标识，比如他们喜欢纸质阅读、思维比较固化不愿改变。品牌团队要像个老年人一样去思考，设计表现要充分照顾他们的感受，不能一味追求完美，在设计感与辨识度之间，寻找平衡，尽量用他们熟悉的、具有生活气息的方式和他们沟通；制作方面，需要在高级感与亲和感之间进行决策，注意控制成本，节约资源。

推广呈现方面，尽可能地用符合企业真实服务环境的图片，真实的场景、真实的人物，真实的拍摄，还原养老机构/场馆的真实情形，更可信。对比虚拟的图片，实景素材中藏着可以打动人心的情感，更温馨、更具温度，更容易感染阅读者。另外，获取图文素材的过程也比较有意思，一方面，拍摄实景照片，可以记录养老机构/场馆的真实服务场景、客户反馈；另一方面，请老人家当模特，摆拍照片、录制视频，为他们的生活营造一种新鲜的娱乐方式，给他们的生活添加一道另类风景，还可以成为养老机构/场馆精神服务的一种表现，可谓是一举多得。具体操作会涉及个人隐私，在工作开始之前，品牌团队需要与老人及其家属进行充分沟通，征得同意、达成一致，再行落地实施。

养老品牌人的自我修炼

最近有许多朋友托小编找可以承担养老品牌工作的专业人才。为此，小编认真地梳理了从事养老品牌工作的经历，希望从中探索养老品牌人到底是什么样的人才。然而，小编却没有找到答案。听晓明哥一番话，小编收获良多。感叹优秀养老品牌人可遇不可求的同时，也替想进入这个领域的小伙伴打听，如何才能修炼成为一名合适的养老品牌人?

晓明哥思索片刻,向小编分享:做养老品牌,第一得去养老机构/场馆中,多和老年人接触,体验他们的真实生活;和一线工作人员接触,感受服务到达老人的每个过程、每个细节;体验过,了解过,才能将感情融入到工作中。第二,每个企业/品牌的定位不同,搭建品牌体系之初必会确定VI的线路与调性,后期所有环节中,必须要保持统一的调性、统一的风格,在"红线"上完善、坚持专业判断,在不走样的前题下,改进优化,框定养老品牌工作的方向。第三点,及时了解国际最新推广技术、方法、趋势,不断进行自我学习、自我刷新,保持养老品牌人的活力。

晓明哥感慨,作为养老品牌团队中的技术骨干,工作状态常常是还没忙完这一阵,就已开始下一阵忙。就企业品牌建设工作而言,或者招聘一位熟悉养老行业的全能手,承担工作;薪水适合的人才,技术往往比较普通,很难满足公司需求;技术过硬的人才,薪水往往比较高,一般公司较难承受。或者寻找广告公司、网络推广公司、视频公司等一系列合作方助力完成品牌工作,大公司报价较高,小公司又存在多种危机。相对而言,招聘硬技术人才是最理想的选择,但实施难度也是最大。

养老行业发展周期较短,行业中的人才、资源方积累比较少,无论是自行招聘,还是外包合作,想找到熟悉养老行业、了解公司特质的、性价比合适的解决方案都有一定的难度。因而,对于内部人才培养、合作方磨合,养老企业都应给予一定幅度、一定周期的宽容空间。进入养老行业之前,专业人才要深入了解行业、快速提升自己、全面掌握品牌技术,熟悉可能发生的所有环节,才能适应未来的工作,赢得发展的空间。养老领域的服务商需要让团队做养老功课,了解养老企业、老年人群,方能在未来的竞争环境中立足、发展。

小编不仅想起,一同打拼过的品牌战友、一起前进的合作伙伴;每份成果的背后都有一个团队、一群为之付出的品牌人。小编为自己是一个养老品牌人感到骄傲,更为有这样一群努力工作、积极上进的同业者感到骄傲。最后,代表养老圈的小伙伴,感谢晓明哥的分享。

熊晓明

养老品牌设计师、幸福颐养设计总监

1982年生人，自幼酷爱并学习绘画，艺术设计专业出身，擅长艺术摄影、视频剪辑、平面设计、网站搭建、VI体系构建、品牌推广以及机构软装规划设计。从2013年开始，先后担任保利和熹会、优护万家、瑞龄旅居、幸福颐养等养老品牌的品牌总监。

时间留言：目前在幸福颐养集团担任设计总监，负责集团品牌设计工作。随着工作的深入，逐渐发现养老服务机构软装设计在品牌传播及长者体验等方面的重要作用，开始涉足并负责集团旗下社区健康驿站、养老机构和护理院的软装设计。

申林茂
从使用者角度做智慧养老

（2017 年 9 月 13 日）

题记：早前听说申总是二代创业，小编也曾在心里无数次地念叨：“土豪，我们做朋友吧！”后来与医家通品牌和他们的团队、申林茂总熟识，小编对“土豪企业”“创业二代”的认知被他们成功刷新了。

小编不禁感慨，这个世界上，比你有钱、比你起点高、比你优秀的人，都在努力拼搏。于是，小编决定第三次改掉拖稿的毛病，从今天开始奋进。

智慧养老是什么？

智慧养老是热门词，从事智慧养老业务的公司、准备进军智慧养老领域的公司，寻找智慧养老解决方案的需求方，多不胜数。然而，小编却比较迷茫，智慧养老似乎是一套网络管理体系，似乎是一些有点物联网调调的智能穿戴设备，又似乎是 APP、穿戴设备、管理系统的组合。好像很清楚，却又看不明白。

小编特意向申总请教，想听听他对智慧养老的看法。申总表示，智慧养老是中国养老产业发展的一个重要方向，其关键并不在于应用多少智能设备、采用多么炫酷技术，而是以技术为工具汇聚人、物、信息及各类社会服务资源，满足老年人的生活、安全、医疗、康复、娱乐等需求。但目前市场所定位的智慧养老与国家倡导的智慧养老还存在比较大的距离，真正的智慧养老应该是应用经验的积累与转化，实用易用，流程简洁通畅、有完善的第三方确认板块。

养老业界接触的智慧养老以管理系统、可穿戴式设备和养老 APP 三个大板块为主，在实施过程中智慧养老的确面临多重挑战。市场中所谓的“互联网 +”与养老行业之间，还有比较大的沟通障碍和技术难点，比如老年人不善于应用新技术产品、设备存在比较高的误报率、医疗服务方与养老服务商信息无法并轨、养老操作人员难以应用、软件流程与实际作业情况差异较大、可穿戴产品很难超过“三个充电周期”使用时间等。总之，智慧养老是新生领域，未来需要完善的模块还有许多。

从使用者角度做智慧养老

医家通的智慧养老之路，中间过程并非一帆风顺。2015 年，移动医疗、慢病管理初起步，申总在母公司华卫天和集团的支持下，成立了华卫迪特团队，进军该领域，开启了创业历程。

半年后，“APP+ 可穿戴式设备 + 在线医疗问诊”的移动医疗模式已趋于成熟。然而，中老年人智能手机普及率低、不会操作 APP、可穿戴设备使用频率不高等问题却始终无法突破。风口尚未过去，行业却已危机四伏，一些公司悄悄地取消了该项业务。预感到行业存在危机，申总决意重新筹划公司的未来发展。

养老热潮令人心动，考虑团队拥有医疗资源和软件基础，综合母公司的产业优势，申总判断未来一段时期，能够革新传统养老的医养运营管理系统、与智能终端链接的服务支持软件（APP）、智慧应用产品必会有广阔的发展前景，有可能是下一个风口。2016 年年初，申总带领华卫迪特团队，转战智慧养老领域。医家通，就这样诞生了。

医家通认为，智慧养老服务产品，需要与养老机构、使用者的实际工作亲密配合，只有与一线机构、养老运营者联合联发、优化系统，才能打造出最适用的硬件配套方案，做到真正地提升产品使用便利性、配合流畅度。在此方面，医家通不惜成本重点投入，特别聘请了数位资深机构管理者、院长，并联合多家知名养老机构从使用者视角，针对大型机构、连锁化运营的管理

系统，进行联合开发，并对可穿戴设备进行实用筛选。申总表示，待系统再成熟一些，医家通会正式发布这套实用系统、优质配套方案，与养老同人分享。

很长一段时间，小编被朋友圈中的医家通交流沙龙所吸引，被医家通行业交流的执着所感动。同时，小编也很好奇，在智慧养老竞争越来越透明化、白热化的状况下，医家通如何保持品牌的生命力与竞争优势呢？对此，申总这样回应。现下，养老业界交流活动比较多，交流内容也比较丰富，作为一家服务型企业，一方面，作为智慧养老公司，产品设计、流程规划，需要有一线养老工作者参与，以他们的实际需要、工作习惯为依据，不断地进行产品改良；另一方面，借助沙龙的力量，组建具有医家通特色的交流平台，广泛征求需求方、同行对医家通发展的意见。交流沙龙将医家通推送到市场中，接收用户反馈，接受同行人士监督，对于医家通未来发展有着很大的推进作用。

智慧"50–70"大计划

智慧养老行发展迅速，每个公司都进行创新，寻找新的方案。对于未来发展，申总的想法非常超前。他认为，现在大多数的智慧养老体系都是将老年人划分为笼统的服务集群，但其实老年人与老年人不同，因为身体情况、文化程度、特长喜好、家庭状况等不同，所形成的不同细分老年人群的特性差异比较大，需求也是千差万别。未来，为细分老年人群定制个性服务套餐，提供适合他们的养老服务是个趋势。

社区中，50−70 岁的低龄活动老年人数量比较多，存在许多细分客群，各个小集群都有特别的需求。这些细分集群对应的服务，也会比较多样化，能够涵盖生活、健康、文化、娱乐等诸多层面，能保障服务质量的综合性智慧服务解决方案一定会渐次出现。

申总认为，如今针对 70 岁以上刚需老人的服务模式比较清晰，未来 5 年，智慧养老前期市场教育的收获逐步呈现。随着智能手机的普及，老年人对智慧产品的接受度也会同比增长，他们对生活品质的需求、对于消费的需求也渐渐显化。互联网已经让年轻人的生活产生翻天覆地的变化，智慧养老一定可以串联文娱、旅游、养生保健等多元化、高质量老年人生活的需求的服务体系，形成链接老人与这个新世界的桥梁，将他们与这个伟大时代联系在一起。

医家通团队已经开始着手细分老人服务领域的调研工作，未来会打造适合 50−70 岁的老年人的智慧服务解决方案。不久的将来，医家通会为市场奉献出一批优秀的产品集群、服务体系。申总表示，进入智慧养老以来，最具成就感的事是建立了华卫迪特团队，从移动医疗、慢病管理领域，转战智慧养老，整个团队努力精进，不离不弃。因为有这支团队，即使面对更加激烈的竞争，他都觉得特别踏实，对未来充满信心。

分享到最后，申总再三强调，现在智慧养老领域竞争非常激烈，医家通正在不断地更新服务，在未来的竞争中立命与发展；针对 50−70 岁的低龄老人、普通老人的智慧化服务设计是公司对未来业务的设想，距离实施落地尚有距离，还需要经历一段很艰难的付出过程，这是一个大胆的设想，是一个养老团队的事业理想，未来一定可以改变中国老年人的生活方式，乃至养老方式。关于养老的梦想谁都要有，不管未来还有多大的困难，医家通团队都会坚定地走下去，即使来路荆棘满地，也必须勇往直前。

申林茂

医家通创始人

北京华卫迪特健康科技有限公司总经理

武汉大学学士、雪城大学经济 & 金融双硕士；现任中国社区发展协会社区驿站工作委员会副主任，移动医疗和智慧养老的连续创业者。

时间留言： 医家通智慧养老平台的使用客户数量，由采访时（2017 年）13 个省的 100 余家扩展到了 24 个省的 300 多家，智慧平台产品也在不断深化居家、机构平台的同时，扩展了旅居、连锁机构、政府监管平台的多条产品线。

姚琪
家是养老的归处

（2017 年 10 月 30 日）

题记：在京东搜专业书时，发现有一本书《家·养老》作者是姚琪，特意查了一下微信朋友列表，此姚琪确实是小编的好朋友姚琪总。近期关注适老化改造的朋友不少，小编和小伙伴们一直觉得如雾里看花，似懂非懂。

和姚琪总约了三四次，总因事推延，未能成行，终于在 9 月见面聊了。因小编连续出差 20 余天，稿子又拖至了 10 月末，所幸结局圆满，没有辜负小伙伴们的嘱托。

适老化改造的最后得分

市场中的适老化改造，有很高端系列的学院派，也有十分接地气的包工头样式，许多公司都在默默地介入，已经有一些代表品牌服务商树立了这个领域的基本法则。在从事专业装修近 20 年的姚总看来，适老化改造是一个服务链，从设计方案、适老用品采买，到改造施工、验收工程，每个环节都有很多细节；如何妥善地处理这

些细节是见证一项工程完成度、品质化的判别标准。

就现在的市场而言，适老化改造公司发展时间有限，大多呈现单项优势，比如一户一议的专案设计，比如性价优越的适老用品供应，比如精细优质的施工管理，比如全方位把控的品质检收，极少数公司能达到两三项优势，还有一批公司没有任何优势。未来，适老化改造供应商一定会归纳本业务的优势，以各自的优势资源为切入点，形成产业合作联盟；以战略合作思维，分工合作，各司其职，发挥所长，以最高效、最优质的方式保障工程的完成度，加速各自发展，促进行业进步。

随着时间的推进，适老化改造的设计必会日趋完善、适老化改造的工艺也将变得更加标准、规范。姚总认为，一户一议方案实施过程中，涉及水、电、墙、防水等诸多技术的准备、标准作业的细节，决定着方案的完成度；三五年之后，技术将不再是适老化改造的核心难点，保障适老化改造方案最终呈现的施工环节将会成为检验各个适老化改造企业的业务水平关键看点，拥有一支国际化、规范化、懂适老化的施工队伍及管理团队必能为适老化改造企业增彩加分。

专业适老化改造施工合作商

意识到施工对于未来适老化改造的重要性，姚总随后将宜居康和从适老化改造的 C 端板块调整至 B 端，将宜居康和的品牌定义圈定在专业适老化改造施工合作商的范围中，针对适老化改造企业提供适老施工服务。在小编看来，宜居康和的这次战略调整，是放弃了一片大好的森林，有点得不偿失。

姚总并不认同小编的看法，他认为：适老化改造在国人眼中尚属于新理念，民众观念还需要进一步教育，市场正在逐步接受适老化改造的过程中，还得经历三五年的培育期，目前称不上是大森林。老年人的家庭状况不同、身体情况不同，对适老化改造需求的内容、迫切程度差异较大，适老化改造不属于他们生活的硬需求，常常缺少做决策的动力。所以，社区地推、健康讲座、微信营销等常规营销手段，对于适老化改造而言收效甚微，想要进入社区、获得有需求、有支付能力的客户，要撬动一定的资源，大部分适老改造企业只能借助政府购买艰难生存，获客渠道有限，获客成本居高不下，C端市场开发难度较大，市场的客观状况对规模普通的适老化改造公司业务发展十分不利。

目前，进入适老化改造领域公司的资源配比大多比较单一，不管是产品优势、技术优势，或是客户优势、施工优势，仅凭一家企业之力，想要打破困局、撼动适老市场，几乎没有可能。那么，放下身段、相互合作就成为现阶段适老化改造企业发展的最好途径。宜居康和愿意成为适老化改造大森林中的一棵树，与同业们一起联手，开拓属于适老化改造的大森林。

家是养老的归处

作为进入适老化改造领域的专业施工企业，宜居康和聚集了一群年轻的、有梦想、有野心的技术工人、项目经理，拥有良好的施工基因。宜居康和的团队并不满足于传统装修行业的康乐美好，他们追求着更广阔的天空，是最富有活力的事业合伙伴。2015 年，他们转战适老化改造领域；2016 年，宜居康和出版了养老领域内第一本适老化改造专业书籍《家养老——居家养老住宅适老化改造》，从居家养老的视角，对适老化改造过程中的养老设计、装修改造、康复医疗等重点问题进行了深入探索，得到业界人士的高度认可。

姚总表示，《家养老——居家养老住宅适老化改造》是宜居康和面对全行业进行的专业经验分享，彰显企业实力的同时，也是向业界伙伴们传达宜居康和最真切的合作诚意。2017 年，是宜居康和

定位适老化改造施工合作商的标志之年，也是宜居康和业务拓展、布局之年。目前，宜居康和已与颐佳养老、红寿堂、老顽童、二毛照护、龙振、金太阳、新华养老、沃讯智联、燕山石化等多家业界知名企业在战略发展与项目合作（项目管理、管理输出）等多个层次、多个方面达成合作。

北京是国内技术革新、业务创新的风向标，引领着适老化改造发展的潮流。在中国更多的二三线城市中，生活着庞大数量的老年人，他们的生活环境更为艰辛，他们对居家安全、适老化改造的需求更为迫切，具有广阔的市场拓展空间，值得业界人士更多的关注。2018 年，宜居康和会以北京为启发点，依托中国建筑装饰协会适老产业委员会，与战略合作伙伴一道，向二三线城市发力，重点拓展二三线城市的业务。姚总表示：未来，宜居康和会继续坚持分享精神，与合作伙伴们共同探索适老化改造施工和技术标准，进行技术摸底，定期整理适老化改造施工的经验与业界分享，和业界同人共同推进适老化改造领域的业务发展。

姚琪

中国建筑装饰协会适老产业委员会专家
中国老年保健协会老年人健康环境专业委员会委员
北京宜居康和养老服务有限公司董事长
中装云创（北京）科技有限公司董事长

二十年以上的建筑装饰装修项目管理经验，最早投入适老环境研究。

2016 年编著养老领域内第一本专业书籍《家养老——居家养老住宅适老化改造》（该书获评国家新闻出版广电总局、全国老龄委评选的 2017 年向全国老年人推荐优秀出版物）。

2017年开发养老领域内首个环境评估系统《居家适老环境评估系统》。

2018年开发《适老评估系统》，该系统荣获中国建筑装饰协会年度推荐软件；参与编制《中国适老环境评价标准》，该标准为中国适老环境评价提供理论指导和评价依据。

时间留言：将装饰装修与医疗护理相结合，创造性地提出了“人与环境，融合为家”这一核心发展理念。

将适老化改造流程体系进一步完善，提出评估环节，与设计、施工、验收形成完整闭环，同时研发出国内首款适老评估软件。依据闭环操作流程，完成多个住宅适老化改造项目及养老机构的新建、改建、扩建项目。

张冬梅
培训是养老发展的原动力

（2017 年 12 月 13 日）

题记：养老的路上，难免有迷茫，大家都期待遇一大 V，拨开云雾、指条明路。小编内心困顿的时候，幸运地遇到了瑞健国际张冬梅老师。她的一番话，犹如醍醐灌顶，在小编内心掀起了无数的浪花。当下，前方一片清明，小编只想说："9 月到 12 月、从秋天等到冬天，等值了！"

院长的"基本规则"

不想当院长的养老兵不是好兵。小编也想当院长，久未如愿，常觉心有不甘，没当上院长的小伙伴一定有同感。见到冬梅老师的第一时间，小编便迫不及待说出了心中的疑问。

关于"什么样的人能当院长"的问题，冬梅老师给了最直接的答案。她表示：院长也分不同等级，存在大院长、小院长之分；大院长们管理 100 张床以上的大机构，小院长们管理 30–50 张床的小微机构，不同的院长定位不同、要求也不同。

大院长侧重部门管理，进行有梯队的整体管理，精通选人、用人。带团队是大院长的硬性要求。企业往往通过个人、专业、知识等多个维度去评判大院长的人选。用一句话解释，就是综合素质高。综合素质对领导力的要求很高，具体的表现有养老行业认知深入、队伍建设实力强、管理组织经验丰富、与人相处能力高等。

小院长更多需要直接对一线员工，承担多一些的基础管理工作，管理压力相对要轻一些。小院长要懂得进行岗位分工设计，进而形成一支包含各种角色的、有目标、有规划的团队，能够带动团队形成整体作业能力，进行不断的能力提升，具备能够获得上级领导认可、对下获取团队支持的能力。

总之，院长是具备把员工转换成为人才、形成高效作业机构的人。任何的人升华认知、提高能力都需要经历一系列的历练积累经验。有能力胜任院长的人，往往都需要经历更长时间、更为艰苦的磨炼与修行。

养老人才的选用标尺

就养老企业基层服务选人用人而言，有两种选择：一种选择是老服专业的毕业生，知识层次高，天性热情、富有激情，可塑性强，易于进行管理沟通，可以进行本土化、企业化转变，是养老行业培训人才的上上之选。他们大多对平台有一定要求，对薪酬体系、发展空间都有一定的诉求；启用年轻养老人，好比是培育雏鹰，前期需要相当大的投入。另一选择是启用 40-50 岁的从业者，他们大多初中毕业，经过基础方面的培训之后，可以胜任养老的日常工作，比较容易接受养老行业的客观环境，往往比较认可自己在团队中的定位，在服务中发挥着重要的作用，相对来讲稳定性较强。

往往小机构因为规模，更方便选择人员，大机构愿意培养具有自己企业特色、符合自有业务发展的本土化、企业化人才。但大小机构都需要建设有机的、包容多种角色的团队模式，专业团队、机构余力、外围团队要搭配作业，将所有可用之人组成一支复合型的服务队伍，才能形成高效的机构运转。

很多时候，从事养老行业，光有爱心是远远不够的。对于养老行业人才选用而言，排在第一序位的是责任心，其次是良好的工作态度，第三是个人能力。就处理工作而言，能一次性完美地完成任务是工作能力的表现。在工作过程中，不断自我回查，查漏补缺，进行主动更正，愿意自发提交二次优化方案是责任心与工作态度的表现。前者强调的是个人能力，后者则展现了责任担当与工作态度。卓越的工作能力可以获得上级的欣赏，负责任的处事方式、良好的工作态度却可以获得整个团队的全面信任。

管理层对待员工要有一定的宽容度，但宽容的同时，不能忘记对风险与安全的把控。信任与责任之间存在很大的差异空间，管理层要信任员工，但不能给予他们超出个人能力的责任。赋予了员工能力范围之外的责任，就会出现管理失控。不同岗位的责任心，体现在不同的方面。对于营销人而言，责任心表现在实干、业绩的硬性标准方面；对于护理人员而言，责任心体现在良好的工作态度、认真负责把工作做好的护理服务方面。所有岗位的养老人都必须具有高度的责任心。要保持高度责任心、持久良好的工作态度往往需要更长时间的历练与培训。

培训是养老发展的原动力

作为介入养老培训最早的企业之一，瑞健国际一直在研究中国市场及企业，试图寻找他们最想听的、最需要听的内容；希望从实战实用角度出发，打造能够符合养老行业需求、适应中国养老企业发展的培训服务产品。瑞健国际很早就将北欧最优秀的养老资源引入到国内，期待借助欧州更具内涵、能够进行本土转化的养老内容，为国内的养老企业打造一站式人才解决方案。

2012 年，瑞健国际获得了瑞典皇家护理学校的独家授权，启动了中瑞老年失能失智症照护与管理联合培训项目；同年，瑞健国际还积极参与了政府、行业组织的养老公开课、护理人员内训、社区养老培训等工作，输出了数十期的培训服务，获得了养老业界的一致认可。

冬梅老师认为，养老服务是有温度的工作，可以用标准化数据来衡量养老服务的内容，但养老服务涉及老人沟通、个性化需求的灵活空间却无法预设程序。老年人满足的生活状态是对服务最好的判断标准。优质的养老服务必须在全面护理与个性化服务之间找到融合切面，持续地提供服务。若要能够持续提供优质的服务，必须对团队进行持续的培训。

优质的培训可以赋予培训对象职业的热情与工作的经验，帮助他们确立未来的目标及职业规划，能够高效可持续地为企业客户提供解决实际问题的方案。归拢一批可用的人才，搭建一支复合型团队，是每个养老企业的终极梦想。以此为目标，瑞健国际一直在努力。

张冬梅女士

北京瑞健国际健康管理有限公司总经理

瑞典皇家护理学院中国区讲师、健康管理师

北京汇佳职业学院老年服务与管理专业客座教授、养老护理技师、养老培训师。

临床医生多年，2002 年开始从事养老机构运营管理、项目咨询与护理培训工作。

2013 年任职十三陵温馨老年公寓执行总经理。

2015加入瑞健国际护理团队，任职总经理，负责养老业务板块，带领团队进行国内业务和国际合作的发展推动，在业内获得良好的口碑。

时间留言：进入养老行业以来，一直致力于养老服务运营管理与养老人才教育培养，时光流逝，近20年来，体会其中，生命与发展，责任与使命，为老服务追求无悔。

龚增良
养老产业新时代的探讨

（2017 年 12 月 14 日）

题记：龚总是养老朋友圈推荐的嘉宾，人帅、脾气好、背景硬气、想法犀利，非常符合小编选嘉宾的要求。龚总分享的内容，大胆、新鲜，成功激起了小编对未来养老市场的向往。话不多说，进入正题。

外国和尚也念“养老经”

从 2013 年开始，许多国外的养老品牌陆续进入了中国。之后的四五年时间，这些外来的品牌、企业、理念对中国养老市场产生了许多许多的影响。由于一直负责国际合作对接工作，龚总对国外养老理念感受比较深刻。

日本、美国、澳大利亚是国内市场中三个最典型的外资养老运营商组团。据龚总介绍，在其过往工作经验中，曾经面临从美国和日本两国的合作方中选择的问题。相比于日本养老企业，欧美（包括澳大利亚）企业合作方式和语言上有更大优势。日本企业更多希望品牌和技术输出，不愿意共同投资；而且日语不像英语普及程度高，在沟通上体系导入效率

会受限制。所以美国、澳大利亚的养老模式，似乎受到中国市场的青睐多一些。

根据个人的体会，龚总认为美国和澳大利亚的养老模式更突出生活方式和服务品质，而日本模式可能会突出效率。他说，一种可能的解释是，中国、美国和澳大利亚都是大陆国家，似乎有一种相似的性格或审美，甚至消费习惯。比如这三个国家的人都会喜欢开大车。具体地，相对强调简约、舒适的美式养老服务而言，强调酒店式管理、个性化服务的澳大利亚养老服务体系，具有更优的细节内容，更符合中国中高端养老家庭的需求。

从侧面看养老服务

随后，龚总和小编分享了自己考察澳大利亚高端品牌蓝宝石旗下机构的几点感受。比如，澳大利亚养老机构非常注重 lifestyle（生活方式）的打造，lifestyle 人员的配比非常高，达到了每 25 位老人配置一位 lifestyle 工作人员的高标准。他们尤其是擅长打造长期、大型的活动和个性化的活动。例如，在蓝宝石的机构里，他们成立了一个铁路模型小组，一群老先生用了一年多的时间，策划和制作了精巧的铁路模型，并成功参加了当地的展览。此外，在澳大利亚的养老院中，通常会配置很专业的洗衣设备，清洗、消毒和烘干都有专用的机器，机构中还会设置专业的洗衣团队，完成从收洗、熨烫、配送的全部环节，提供酒店级的洗衣服务。又如，几乎每个养老机构都会聘用机构专属的主厨，为老人们提供高品质、有调性的餐食。与国内养老机构多功能厅式的餐厅不同，澳大利亚的机构往往比较强调用餐的仪式感，设专门的用餐区、提前摆好台，安排身着餐厅服务员服务装的工作人员为老人提供点餐服务。听完之后，小编也是为之惊叹。

龚总认为，随着时代的发展，越来越多的科技应用、智能产品将融入养老服务中，对应的评估体系、效率及质量管控、评价体系将不再是问题；未来的养老行业应该大力推行个性化的元素，强调生活的感受与个人的体验，避免将品牌局限在护理、基础服务层面的过度标准化。

对于现在市场上铺天盖地的适老标准化主张，龚总有自己独特的看法。他认为，国内很多项目都存在过度适老化的现象，处处装扶手、处处设缓坡，试图为老人营造绝对安全的生活环境。但也恰恰是这些全方位适老化的内容，时时刻刻地向老人们传递“你不行了”的信息，会持续对他们的心理进行负面暗示。事实上，住在养老机构中、愿意在公区活动的老人，要么推着助行器、要么坐着轮椅，公共区域的扶手使用频率并不高。

在所谓的适老化上，相比一些国内同行，澳大利亚养老运营商在做减法。在澳大利亚新建养老机构中，除卫生间或特殊功能间外，在公共区域和卧室均不设置扶手，也不会在走廊和入户门上设置呼叫显示屏 / 灯。所有的床都不允许设置护栏，如果住户有坠床风险，就将电动床降低至地面。相反，他们更加注重打造居家的氛围和品质感，高度关注老人们作为人的情感体验，尊重和鼓励他们在力所能及的范围内追求精神的愉悦与快乐的享受。

优质养老服务一定是更关注老人的体验与情感，从方方面面表达对他们的尊重，而不只是停留在身体照护层面；对于高端养老服务品牌而言，提供优质护理服务只是最基础的表现，提供好的生活体验、好的服务内容、好的服务表达，才是吸引老人和家属的核心所在。

养老产业新时代的探讨

早些年，许多养老企业因为快速进入市场并形成品牌和运营能力的战略需要，选择了以租赁改造的模式。这些租赁改造类项目，由于装修改造成本非常高，租期只有 15 或 20 年，加上前 2–3 年的市场培育期等因素，项目本身的财务效益其实比较差。但真正的价值在于运营平台和品牌。

未来投资商和运营商分离是必然趋势。因为单一品牌、单一项目的模式是不经济的。一个有品质的、有效率的运营平台（运营商），大概需要10个项目来分摊其管理成本。反过来运营商一旦形成品牌和平台运营能力，可以利用其品牌和规模优势，实现快速扩张，无论是采用项目并购模式还是管理输出。

从这个角度，当前养老产业风起云涌，各路诸侯都纷纷投资养老项目，这对有志于打造运营商平台的企业来讲是好事，是战略机遇，因为这些项目就会变成他们未来投资或管理输出的标的。当前投资养老项目的各个企业，在几年之后或许会发现养老项目运营并不如想象的那么容易，或者不再有志于打造自己的运营商平台。对他们来讲，最有利的办法是将项目交给市场上成熟的运营平台来管理，自己后退一步成为单纯的投资商。

龚总表示，自己目前不太关注竞争。他认为，尽管行业发展比较快，但国内的养老市场仍处于初期，市场发展空间很大。社会对养老行业投入正在持续增多，养老产业影响正在不断扩大。然而，品牌的差异化打造并未完成，待品牌差异化明晰之后，竞争会在项目的范围内进行。养老项目带有一定地产的属性，其客源往往主要来自5–10公里的社区范围内，养老企业应该更关注周边的项目。养老品牌的实践需要时间与承诺，需要经历漫长的市场考验。对于养老企业自身而言，坚持市场化运营，能够持续优质服务至关重要。

龚总和团队以提供最具市场竞争性的优质高级护理型服务为目标，进行不断的探索与尝试。星健和澳大利亚蓝宝石（Sapphire）创建的合资品牌“星健Sapphire”立意为高端家庭解决养老需求，第一个项目已选址北京香山，目前，该项目已完成了基本建设，计划在2018年正式进入市场。小编偷偷瞄了瞄，星健香山项目内在外在的条件都十分优越。它的入市必会为北方养老市场带来一抹亮丽的色彩。总之，令人好期待呀！最后，特别想替小伙伴们问一句：“组团去参观，接受不？”

龚增良先生

北京星健养老服务有限公司副总经理

北京师范大学心理学本科，中国科学院研究生院硕士。接受过美国和澳大利亚系统化的养老体系培训，熟悉国际养老学界前沿知识与资讯，并具有本土化落地实践经验。

曾参与组建了北京首家中外合资养老机构，成功导入了系统的国际化养老照护体系，参与北京首个失智照护专区管理。

杨汪宝
陆家嘴，没有秘密

（2018 年 1 月 23 日）

题记：在微信中认识杨总，一直默默地关注着朋友圈里的“杨汪宝游学行程”，会议感想、PPT 分享、项目考察、工作纪要。2017 年第二届陆家嘴峰会之后，几乎整个业界都为“杨总”而沸腾，圈里的朋友们越来越多地启用了颐讯软件。和小伙伴们一样，小编很好奇，一个老板天天背包走天涯，小报记者似的，公司业务怎么还能噌噌上涨？多次相邀，终于完成了本次访谈。

会红是因为熬得久

许多小伙伴反映颐讯软件比较好用，许多小伙伴认为颐讯好用，小编没有真正地使用过养老管理软件，但被常常告知“得抽空学习一下颐讯，好好了解一下养老运营的细节”。在一众管理软件中，这样的现象比较少见。久而久之，小编也开始留心颐讯这家公司和杨总这个人。

关于此，杨总这样说，近二三年集中开业了许多中高端机构，从业者素质的提升非常显著，企业更多地开始关注效率提升问题，应用养老管理软件无疑是个很好的手段。然而，中国养老环境与国外不同，没有形成固定的规矩，几乎每个公司都有一套专属的管理标准，差异非常大。想找一款简洁好用、实用、实效的养老管理软件比较难。

颐讯团队从 2008 年开始探索养老软件，到 2018 年，经历了 27 个省市自治区、500 多个项目，一直实施售后 24 小时客户服务制度，在近万次的和客户沟通商议的过程中，颐讯团队不断地向客户学习，增加对养老的理解，持续进行产品优化升级，希望找到最好的解决方案。之所以受到业界与企业越来越多的认可，是因为颐讯人熬得比较久、折腾得比较狠。

杨总还分享一些有意思的小趣事儿，比如养老管理软件不是大额业务，做起来却好难、好磨人；比如香港股东要求颐讯只能专注做养老管理软件这块小蛋糕，别的业务再赚钱也不可分心。比如许多客户变成了老朋友，常常叮嘱颐讯不能放弃事业、中止服务；比如那些家住惠州的“广深”IT 人，在颐讯工作，兼顾事业与家庭，幸福指数很高；比如坚持市场化运作、坚持管理软件不免费、掏钱的客户对养老管理软件更重视，用得更好，满意度更高，偶尔还会指点一下软件优化工作。

据杨总分享，颐讯最核心的竞争力是颐讯超级稳定的团队以及团队成员们对养老的理解。小编没有听太懂，转念想了想，能在养老的苦海中煎熬九年、金身不坏，“颐讯”必是有些真本事的，似乎许多谜团渐渐变得清晰了一些。

陆家嘴，没有秘密

2017 年 3 月陆家嘴论坛震惊了整个养老圈。大家纷纷琢磨，杨汪宝是不是有超能力加持，人品大爆发！小编曾悄悄翻过杨总此前的专访，发现“论坛由来”“忽悠与被忽悠的历程”“纯民间、务实派、非商业非公益”“上海交通说”“不直播、保障现场分享大胆说”“拒绝关系门嘉宾与观众”“下届不再搞了”等观点都有点怪、有点装。现场访谈后，见识了闲聊状况的杨总，小编对以上观点有了不一样的理解。

所谓“从忽悠朋友去别人家的论坛帮忙站台，到拉场子请人组局，办论坛做分享，因别的论坛而发起陆家嘴论坛”，其实是一个热心肠 IT 技术男一时兴起与下不来台的结果。所谓“纯民间、务实派”是一群养老熟人线下群聊，一不留神上纲上线的结果，谈话内容也没有多大变化，仍是有啥说啥，想啥就聊啥，是一堆好朋友对话，不藏私、不遮丑，互通有无、直中要害，不设聊天指标，纯粹是因为想交流，相互倾诉。至于和谁聊、啥时候再聊是个随机题，关键看起哄的人多不多，那段时间心情好不好。

小编和杨总聊完，得出一个结论：作为一名标准的技术男，杨总的想法，普通人最好别猜。任你说遍陆家嘴峰论坛的一千种好处、聚合行业资源推动业务发展的一万种光明前景，他都只认颐讯软件的一亩三分地，其他的、再多的，不想听，亦懒得听。据小编推测，杨总之所以纠结几个月办不办，最后决定出手办第三届论坛，是因为通讯录里 2000 多号朋友劝呼声太大，不胜其烦，万般无奈，才出手的。

杨总表示，认同分享的力量，有时候你力所能及、举手之劳的分享，会在很大程度上影响到别人，帮助到他人；业内人之间没有保留、坦荡的交流更厉害，能为老伙伴们带来启发，教会小伙伴许多内容。想认真学习的大有人在，时间允许、精力允许，大家都应该积极分享，多多交流，共同成长。陆家嘴峰会坚持用“付费参会”原则，严格筛选参会听众。搜索养老业界最新鲜的力量及血液，更换大半嘉宾，以避免论坛僵化，哪怕要承担大换血产生观众流量损失的风险。

2018年，第三届

杨总表示，第三届中国养老行业陆家嘴峰会仍由惠州颐讯与上海国展合作联合主办，对养老圈资源下手十分狠辣，嘉宾几乎全是新鲜面孔，内容绝对层层把关，保证很好玩，不让听众打瞌睡。

小编追问今年峰会的新玩法，杨总几番思考，分享了几点他认为的亮点，近40位嘉宾，全部是实干靠谱、拥有一手经验的业界实干精英，无负面，有被行业所认可、可核实的业绩，经得起验证，增设了养老项目筹建、认知症专题、优质运营专题板块，革新了社区居家板块，所分享内容全为干货，朴素不张扬，但营养价值丰富，添加了“多线路、一对一”式的参论环节，加大了互动交流环节，扩大了场地以升级服务。以上内容，小编仍觉“变化不多、亮点不亮”，杨总思索良久，表示没有想再多啦！

他认为，观众觉得好的才是亮点，每个人感受的亮点都不一样，会还没有召开，谈亮点为时过早，也不精准。陆家嘴峰会组委会坚持实用主义，一直在向同类活动学习，多听多看，希望能与时俱进，会尽量把每个环节做至完美，尽力而为，诚意作为。陆家嘴峰会的特点就是以内容取胜，峰会的方向及内容的把控是整个业界同人合力共为的结果，结果没有太大的悬念。峰会前期不做大范围宣传，希望给业界同人营造一次快乐学习、愉悦交流的大聚会，把认真工作当作是最好的宣传；至于会议具体如何，后期参会的人自有评价，前期就进行自我包装啦！

不是每个人都有“啥也不讲”的勇气，也不是每个人都有“不问前程、一头闷干”的实力。访谈结束，小编对杨总的佩服又多了几分，对第三届陆家嘴峰会的期待也是增了许多。杨总的“不说”激起了小编更大的兴趣，下面必须组织小伙伴，一同围观，看看“2018年，陆家嘴”是不是名不虚传。

杨汪宝先生

惠州颐讯信息技术有限公司董事总经理
广东省养老服务业协会副会长

养老机构信息技术管理行家，被誉为“用脚步丈量中国养老业的第一人”，他所在的公司正为全国600多家养老机构提供运营管理软件，客户已经遍布全国28个省市自治区，曾经和朋友们策划组织了四届中国养老行业陆家嘴峰会。

时间留言：做养老是跑马拉松，这么短的时间只是多跑了一段路而已，我们就是多做了一些客户，产品也迭代更新了十多次。

李子辰
一个养老人的前世今生

（2018 年 3 月 19 日）

题记：“养老行者 1988——李子辰”的大名，早已传遍了养老圈；他是小编同事们的前同事，转个弯，有点牵强，也算前同事吧。小编躲在暗处，悄悄地模仿着他走过的路，一直未得其要，为了有朝一日有向他看齐的可能，于是向子辰发出访谈邀约，正式讨教一下。

养老，未来已来，你来不来

做功课时，小编认真地翻阅了“养老行者 1988”在博客时代发布的 48 篇博文，从 2012 年至 2016 年，有长有短，有感悟，有总结，有分享。字里行间，小编能清晰地感受到李子辰从莽撞青涩的“新手”，一步一步蜕变成一名逻辑缜密、见解独道的“青年养老人”的全部过程。以他过往的积累与努力，后来推出“未来已来，养老杂谈 2018”“告别 2017，迎接 2018，这是养老最好的时代”大火圈里，实在是情理之中、无意外啊！

对此，李子辰表示，养老不仅仅是一份工作，更是一份终身事业，决定在这个行业中长久发展之后，对于养老的心境也就不同了。日日相见的人与事，每每经手的项目与服务，都变得生动起来。工作之余的闲暇时间，写东西是一种习惯，梳理写作是从多个方面、不同的视角，重新思考成功与失败，进行更深层的自我沉淀、形成作品的过程。从博客时代开始，每发表一篇文章都有吸引多一些人的围观；看着自己文章的阅读量，几十、几百、几千不断上涨的曲线，就私欲来讲，这极大地满足了个人对成就感的渴求。就发展而言，读者们贡献阅读量点数的同时，还会给予作者相当大的鼓励，促进作者勤勉前行，久而久之，作者也更感责任重大，前行、坚持成了唯一、且必需的方向。能在工作的同时，沉淀一些有用的东西，收获一份发自内心的快乐，干养老绝对是人生最美好的选择了。

李子辰表示自己进入养老领域同样也是一种巧合的机缘，特别感谢养老行业，让首都经济贸易大学信息管理系毕业的他在典型码农之外，人生有了新的选择。再回顾，能成为“IT界比较擅长养老”“养老圈里跨界科技”的特别人才，与大学习期间练就的良好的综合素质息息相关。毕业之初，从事EPR开发设计及推广工作，因为工作需要，必须做很多沟通前功课，主动了解各家养老院的情况，掌握养老院实际运营过程中的各个细节，以便在沟通中，能厘清问题，找到处理的方向，说得明白，管得对位。和小伙伴们白天满北京城跑养老院，晚上亦是住在养老院中，认真研究每家养老院的工作流程、运营特色及方方面面细小的内容，一步一步地革新产品，尝试打造更为完善的信息管理系统。那段时间，和许多养老院院长谈运营、讲内容，实实在在地考察了北京近百家养老机构，不断地思考、沉淀，从市场的角度反观运营，渐渐地对养老市场有了更为全面的了解。

李子辰发现信息化管理系统的前提是标准化，养老院想提升效率，更快发展，实施标准化建设势在必行。而对民办养老而言，标准化建设需要在政府框架内，结合养老运营工作的实际要求，梳理形成实用于企业的标准化体系文件，并获得质检部旗下标协的认可，一星二星的标准化尚有难度，要突破困难冲刺三星，可谓是难上加难。随后，李子辰加入了公司的标准化小组，深入一线观摩运营实践中的问题，梳理寻找改良的方法，仔细研磨各个板块之间的关联关系。经过一年半艰苦卓绝的努力，完成公司（千禾）的标准化文件，获得了标协的认可，千禾成功晋级成为三星级养老院。

回想那段时间，李子辰表示，全面了解市场之后，再回归一线，重新审视运营，感受大不相同，收获亦是事半功倍；当初沉淀下来的体系化内容，在后来更长的一段时间中，对他的工作产生了巨大的帮助。2015 年，有幸与领导一起创业，在京津两地寻找项目，落地经营，都只是后话了。

奋力工作就是最好的励志

大部分人都能看见“养老行者 1988”在博客、在养老智库中的表现，却很少有人知道，在“养老行者 1988”的背面，李子辰亦是一线养老企业的宠儿，千禾、保利、万科、龙湖一路走来，令人羡慕。创业、开养老院、受邀重归职场，从来都是切换自如。小编羡慕他的同时，也想问问，在大企业、小企业、创业之前流转一圈是不是超级爽快！李子辰表示，对个人而言，选择大企业意味着稳步发展，是职业正向上升的不二之选，但大企业对人的综合要求也往往比较高；选择小企业有一定的尝试空间，允许你有各种折腾的想象，有利于自我成长，即使自身条件有限，小企业也愿意给予一定的包容。但更多时候，选择是以终为始的思考，不管在哪里，在什么样的公司，善于学习、奋力上进的人都愿意承担更多一些，乐于做多一些，若能跳出公司围墙看看外面的世界，发展必会更上一层。

哪个地方都好，哪个领导都好，看你自己如何选择，怎么适应。是否曾经实践过差异很大，当过院长的、在一线工作过的与没有经历过的人差异更是巨大，公司环境对员工的影响也是巨大。公司赋予员工的空间是一件很难把握的事，若小不利员工晋升发展、不易留人，若大可能超越界限，造成工作失控，公司与团队可能承受更大的损失。客观地讲，员工选择公司与团队的同时，公司亦在选人。许多时候，员工们需要领导团队一个带你的理由；在基础条件之上，还需要准备多一些的东西，才能在竞争中胜出。

如今的养老市场中，“德才兼备”与“唯才是举”同样难以决策，伯乐与千里马除了最初的相遇，还需要经历后面漫长的相处。对企业而言，有万物初创，亦有和平渐至；有最初的抓大放小，也有其后的严格把控，飞速发展的行业中，工作环境的变化是常态。对个人而言，会经历最初相亲相爱、全身心的给予，也得面临业界成熟之后管理制度的各种制肘、种种约束，对于不断成熟发展的行业，这些经历也属正常。所有一切皆有因果，伯乐遇到千里马，一程山水一程风雨，有始有终，有相遇亦有分别，如同花开花落一样绚烂。

就个人与公司、与团队而言，做好自己，负责当下是最及时应当的事；任何时间的工作决策，都会有不同重点的不同界定，是养老行业发展选择的不同岔路口。只要在养老这个行业中，认真努力、积极奋进，就不算辜负初心。“知行合一”中的“知”更应该强调“良知”，人必须尊循内心最真实的心理状态，不要勉强，不要硬撑。在一起，全力以赴，若必须分开，也应做个美好的告别，也好再见于江湖。

经历了几家公司、创业再回归的李子辰看起来十分随性，言辞间流出青春少年一样的真实与恳切。他说，当初进入养老领域，是追求一种积极的状态，憧憬着理想的养老院遍布中国；如今，这个心愿仍然在，只是不同的阶段，人生有不同的呈现方式而已。只要每一段、每一天都认真努力、全心打拼，上天必定看得见，未来也从不会辜负曾经的努力，只是时机迟早而已。同时，李子辰认为现下的养老市场，话语权很少在实干者手中，关于实践的真实披露还太少，最不应间断就是与同行们真诚的分享与交流，从前写博客是如此，如今在养老智库发文亦是如此，这一点，他会长久坚持下去。

期待更美的陆家嘴

近日，李子辰正在准备第三届陆家嘴养老峰会的分享内容。据小编所知，

他在第一届陆家嘴峰会亦有很精彩的分享，今年属于返场演讲。想来能成功突围杨汪宝总挑剔的眼光，李子辰今年的分享内容必有十分过人之处。

历经两届后，陆家嘴养老峰会在业界是盛名远播，获得了养老企业、业界同人的高度认可，能再次接到陆家嘴的邀请，李子辰表示很荣幸。他认为，在中国目前少有的几场大型养老论坛中，陆家嘴是来自民间的养老盛会，是真诚声音的代表，讲的人很真诚，听的人更是如此。

就养老实践而言，养老模式、养老模型落地与收获实效之间有较长的距离，过程中选对方向、用对方法很重要，执行的人更重要。执行人用什么样的态度、为什么而做都会对结果产生至关重要的影响。中国养老行业发展飞速，行业形势更是日新月异，执行人们想掌握实时信息、获得最具借鉴的经验，更是难上加难；同行们各自为营、孤军奋战的同时，特别需要交流分享、相互促进的机会。而这些，都需要一个自带能量、可以卸下防备的平台，陆家嘴正是这样的存在。

虽然，组委会一直强调，不建群，不搞聚会，但实际上通过峰会，已然形成了以陆家嘴为中心线索的养老虚拟社群，转化、落地是迟早的事。李子辰认为，陆家嘴能助推中国养老业界资源流转以及行业发展，有非常广阔的商业价值与社会价值，未来发展空间不可估量。前两届杨汪宝总与合作方均为阶段合作，作为千人级行业峰会，筹办陆家嘴峰会的工作量之大、工作之辛苦可见一斑。真诚建议，组委会能成立固定团队，专司陆家嘴峰会及相关产品的运营及开发，将陆家嘴峰会升级为国内养老界交流合作的顶级平台。

小编也曾向杨汪宝总大胆进言，这种想法小编有、李子辰有，相信许许多多的小伙伴们都有。在此，特别 @ 杨汪宝总，人民群众的心声不能不听，人民群众的意愿不可置之不理！第三届陆家嘴养老峰会已然倒计时了，今年的玩法更多、阵容更胜往年，一众大咖、各地代表均已前往。小编代表养老小伙伴及养老江湖的嘉宾们预祝愿峰会红红火火！

不多聊了，小编亦要打包行囊，火速奔现场啦！

愿各位朋友所愿即所得，收获多多，欢乐多多！

李子辰先生

国家标准化研究院养老课题组专家成员

养老自媒体公众号“养老智库”创始成员、“养老有话说”创始人

第一届、第三届上海陆家嘴养老峰会演讲嘉宾

2018 年中国老年产业商业创新大会演讲嘉宾

多家养老运营、养老咨询公司长期顾问、《神州养老》特约作者

养老从业 9 年，曾就职于保利、万科、邻里家等地产背景养老公司，负责养老项目从 0 到 1 的筹建过程，深度参与了选址、测算、设计、建造、筹开、运营、营销等全体系，有极为丰富的实战经验。

2010 年始，以笔名“养老行者 1988”发表多篇原创性专业养老文章，涉及养老产业发展、商业模式、运营体系、服务模式、营销模式研究，是养老圈最早的自媒体人。个人代表作《2018，中国养老的下半场》《以养老思维做养老》《从选址到运营，打造可盈利的养老机构》《产品是 1，营销是 0》《中高端养老机构生存启示录》《万科幸福家：即使离去，依然美好》等。

时间留言：距离采访转眼已一年有余，我们看到养老产业已变得更丰富、更多彩，除了传统养老机构以外，老年大学、老年旅游、老年金融、老年社交、老年消费品等细分领域正在崛起，我坚信我们所做的一切，一定会融入到每个老人，每个家庭的生活，创造更多的感动与幸福。

朱健
我的未来不是梦

（2018 年 4 月 17 日）

题记：第一眼看，朱健是一位帅哥，带着上海青年的阳光气质。听说他之前是足球运动员，偶尔去酒店驻唱，如今却"委身"养老行业，小编十分诧异。作为一名上海"土（tǔ）著（háo）"，明明可以靠颜值，偏偏要靠才华，在两年内生生"卖"了"星堡 100 套"，让自己华丽转型。小编对这位帅哥，相当感兴趣。

我的未来不是梦

2005 年，朱健 18 岁。告别申花青少年队，决定终止他作为职业足球运动员的发展，想得并不多。后来，在各俱乐部之间辗转，试训、选秀，对生活有了更为深刻的理解，有些迷茫、不知方向。生活还得继续，渐渐地他也开始尝试在业余球队踢些比赛，有了一些收入，顺利安抚一下有点失落的足球梦。

在与爱好贴边的领域打拼，时间过得飞快，一转眼三年过去了。梦想还在那里，生活却是一片零乱，朱健发现自

己除了踢球，什么也不会做。也曾尝试着用音乐突围，去酒吧驻唱，参加唱歌选秀，把足球青春中的余力挥霍殆尽，崭获了一些成绩，反而觉得在生活、未来面前，过往显得更加苍白、微薄。

多番思考，朱健终于愿意让自己站出来，直面不再踢球的事实，同时将音乐作为最小的自留地收藏，开始真正社会化人生之路。在品牌店当店员，销售服装；在世博会园区当客服，搞接待；在订餐公司当客服，接听电话、处理投诉；在婴幼儿奶粉公司做销售，卖奶粉；差不多十年时间里，生活一直冷冷地继续着。白天在各个岗位中扮演指定角色，晚上去酒店以唱歌祭奠梦想。朱健说，唯一让他觉得温暖的是爸爸与女友的陪伴，因为他们，为了他们，无数次地告诉自己“坚持，不能倒下”，让自己相信希望就在前方。

“星堡 100 套”逆袭

2013 年年中，一位转型做养老的朋友，看朱健“热情、有耐心、孝敬爸爸”，劝他尝试做养老。他心动了，找朋友借了套西装去面试，被面试官以“形象不佳、不适合”的理由拒绝了。多年来，一直以为自己是当明星的料子，足球明星也好，音乐明星也罢，人才、颜值绝对是妥妥的；第一次被质疑形象不佳，使他深受打击。尽管现实惨淡，但仍不想社会化，不甘心就此放弃明星梦，他和朋友约定，再给自己两年时间，两年之后再复试。

2015 年，朋友如约，邀他复试。彼时再见，朋友已成功晋升养老项目销售经理，带战队工作了。朱健突然意识到，告别梦想已近十年，对于 27 岁的他而言，选择一个行业、沉下心、踏实工作已晚了许多，这次或许是他进入职场的最后机会了。30 岁之前，必须像个勇士一样为自己冲刺一回。于是，他当机立断，剪了头发，从内到外，彻彻底底地整理了一下自己，用全新的状态，去争取这次机会。再面试，看到朱健的改变，老板也觉得惊讶，期待他在养老行业的进一步表现，决定给他一次机会。9 月，朱健作为养老生活顾问，正式加入上海星堡浦江养老社区团队。

进入星堡之后，朱健很快明白了一个事实，所谓的"五星级酒店工作环境"是实打实的存在，但想要完成销售业绩、争取更好的成绩，也必须实打实地走出去，进行艰苦的客户开荒。他不想折介绍人的面子，更想向公司、向社会证明自己不是一无是处，决定咬牙拼一把。夏天顶着三十八九度的高温，在社区发传单，冬天在迎着上海瑟瑟的冬雨，一家一家走访街道、拜访老人；这种没有积累、希望渺茫的原始拓客，朱健坚持了 10 个月；在第 11 个月，有了突破，成交了 5 单。听朱健讲三十八九度户外拓客的时候，看到这个上海本土男生竟然能对自己下如此"狠手"，小编十分震惊。

回顾那 10 个月的客户开荒，朱健很平静。他说，进入养老行业之初，并没有觉得这是多么严重的事，随着工作时间的增长，渐渐意识到养老行业、养老销售需要慢慢地积累，只有你付出的努力积攒到一定的程度，形成资源的时候，才会有变化，才能有业绩。最初 10 个月的拓客确实很辛苦，但也很庆幸自己没有放弃；第 11 个月成交的那 5 单，对自己人生的意义非同小可，是离开足球 10 年后、社会对自己的第一次认可，从那时候开始，他的天空真的变亮了。再后面的 100 单，都是时间积累的结果。在这个过程中，他学会解读老人，能触碰到他们内心最深层的需求，渐渐意识到用自己的工作能帮他们解决问题、改变他们的生活，是一件非常有价值的事情。与许多高层次的老人打交道，更是受益匪浅。想到获得了这么多老人的认可，就觉得成就感爆棚。这样的工作，令人觉得很满足、很幸福。

邂逅未来的"小确幸"

朱健表示，从事养老三年时间，带给自己很多变化。养老给予了自己第二次职业生命的意义，在足球、音乐之外，让他看到了一条新的成名大道，只要心还在，只要热度还在，相信未来会以另一种形式完成自己的梦想；最重要的是在与老人相处的过程上，他发现了一个新的自己，逻辑清晰、有条理、有热情，爱生活、爱家人。因为养老，他更能理解父亲。会每天花十分钟陪父亲聊天、交流，不让他觉得孤独；会带父亲回申花基地踢球，像小时候父亲陪他踢球一样，还愿曾经温暖、安宁的美好。

有 3 年时间、100 单的积累，如今朱健可以精准地把握住养老客户的需求，不管资源情况如何，都可以进行定向转化。朱健表示，签约才是服务的开始，之前的成绩，只是入行的第一步，自己正在向一名成熟的养老营销人晋级，特别愿意将自己的经验分享给同行与朋友，未来期待可以晋级销售管理层，创建一支优秀的养老营销队伍，在快速发展的行业中，助力项目取得更好的成绩。

朱健先生

上海星堡浦江养老社区资深养老生活顾问

1988 年生人，专业运动员出身，13 岁入选上海申花足球俱乐部青少年队。酷爱音乐，定期在酒吧驻场，曾参加上海东方卫视《K 歌全民星》综艺节目斩获佳绩。

2015 年 9 月，加入星堡（上海）团队，负责上海星堡浦江养老社区销售及客户接待工作，擅长与老人沟通交流，能与老人的家属保持朋友式的良好关系，业务突出，长期居于“星堡销冠”之位，有“星堡 100 套”之称。

时间留言：回顾过去几年的发展，有辛苦，有不易，但很好的是养老行业前景好，个人必须持续奋斗，直到光荣退休。

郎银华
十年养老的三两事

（2018 年 11 月 5 日）

题记：养老行业中，有许多人都在细致的经营里、与老人相处的点滴里、每天细碎的事项中默默地耕耘着；他们就是养老服务力建设最真实的写照。过去的十年时间里，郎银华老师和许许多多一线院长一样，服务老人、培养员工、经营机构，用一言一行、一举一动，为年轻的养老人树立榜样。

从实践角度，剖析"院长"

作为一名养老从业者，小编一直想知道院长这个岗位，有什么样的要求。当了十年院长的郎老师告诉小编：院长看似是一个职位称呼，但却有许多内容。

最基础的条件，第一是要专业。所谓专业，并非专指有医护的专业背景，更重要是与员工客户打交道过程中的点滴细节；有爱心，懂一些简单的医疗知识，能够快速判断老人身体的大致状况，具备与人打交道的技能；在与员工、家属沟通中，做到换位思考、言之有物、举止有度。比如，看到驼背、罗圈腿的现象，要能立即反映出老人可能患有骨关节炎、脊椎侧弯等信息；再比如，入住评估看到老人有"三高"，就要同步关注一下老人家族中的"三高"病史，询问老人子女有无"三高"遗传疾病，快速获得老人及家属的认同、拉近彼此之间的距离。

院长是机构对内、对外的代言人、大管家，要有经营思维，管得了家。

作为院长，于外，对企业文化、机构的硬 / 软件、服务的方方面面，要了如指掌；对内，餐食、护理、营销、财务（利润亏损），了然于胸。作为机构的代言人、官方出口，院长必须对自家的产品如数家珍。作为机构的管理者、操盘手，得对经营处处留心，把控成本收入，算好账，保障机构良性运转，持续经营。比如，建立良好的行业关系，借用多方资源，进行企业宣传；比如，规范采购渠道，保证老人伙食安全、营养、高标准，并减少中间环节，降低成本；再比如，定期调研市场价格、折扣活动，保障采购性价比最优。

第三，院长是机构运营风险的布防官。关注所有的制度流程、成文列表，强化技能培训、指导操作规范，监控团队执行与服务品质，杜绝因意外、不良事件等风险因素引发的亏损。老人初入住养老机构，都需要接受自己已退出原有社交关系（工作 / 朋友）、离开熟悉家庭环境的状况；面对新环境、新生活，即使没有失能失智，许多老人都会表现出老小孩的一面，服务团队要多多关注老人的入住感受，关心老人内心关于快乐、尊严的情感诉求，关注服务环境、医护照顾、生活服务（就餐、安全、文化、娱乐）的同时，多花一些时间，用心去哄老人，给予老人积极面对的情感支持，鼓励老人向前迈一步、融入养老机构的小社会环境。

郎老师表示，如果服务做得好，老人在院生活充实，心情会发生改变；心情改变了，身体也会发生相应的变化，老人的整体状况就会趋于稳定，甚至好转。具体哄法方面，郎老师最常用到的是“补水、阳光浴、音乐、运动”服务四法，许多老人的病情在不同程度得到改善，得到老人及家属的高度认可。经过多年实践，“服务四法”已成功让许多机构及老人受益，为同行所称赞，是行之有效的好方法。小伙伴们拿走不谢哦！

新竞争环境下的“养老服务”升级

近些年，许多有儿女的离退休老人已真正入场了，不同于过去的五保户，现在的老人的经济条件更为优越，生活更有追求，在吃住合适之上，还希望晚年生活有质量。同时，还有许多失独家庭的老人也渐次入场了，吃饱穿暖之上，他们需要心理关怀。现在的养老机构与传统的敬老院不同，养老服务的客户已经改变了，市场对养老服务的要求也不同了。

从某种意义上来讲，没有心理辅导服务的养老服务缺少灵魂，是不完整的服务；好的养老院都应该聘请心理咨询师，对老人进行心理辅导、对员工进行减压疏导，用专业进行沟通，减少矛盾，稳定团队，提升服务。作为管理者的院长要懂一些心理学知识，能及时了解在住老人的心理状况，制订与之匹配的社工方案，从细节着手，用文化活动带动老人对生活的热情，鼓励老人们相互交流、快乐社交。比如，针对有文化追求的入住老人，定向性设置琴棋书画等提升精神趣味的服务内容；再比如，针对失独家庭老人，强化心理慰藉、应对抑郁等促进安详养老的服务内容。同时，关注养老服务的参与者（员工、家属、义工等），提升他们对养老的认知，定期为他们减压，调动他们的积极性，维系和谐阳光的服务周边关系。

人才短断是养老行业的普遍问题，也是制约养老行业发展的最大因素。郎老师表示，员工选择企业的因素有很多，大企业、好平台会对他们产生很大的影响；但收入稳定、工作体面、能够施展拳脚、体现自我价值、有上升空间才是促使他们下决心留在企业长期发展的核心因素。

在郎老师看来，公司的培训体系，关注员工技能的同时；还要提升员工对养老、服务的认知，呵护员工的情感归属以及对未来发展的诉求。对于员工的培训要多元化；设置岗前培训、岗中循环强化培训、定期考核等方法，提升员工技能的同时，可以考虑增设跳舞、手工、沟通互动等养老周边内容，让员工在养老服务中体验快乐，在完成工作内容的同时，变成更好（多才多艺）的自己；也可以考虑增加不定期的轮岗学习，让员工有了解养老不同岗位、多个层面专业内容的机会，给予员工全面提升的可能；在有可能的情况下，为员工争取外出培训的机会，让员工站在市场的高度上刷新自己对专业及行业的认知，展望上升发展的蓝图。企业要不断地完善企业文化及福利体系，给予员工独当一面的实力，也要为他们设置施展才华、向上晋升的通道。企业做到了，员工自然也会做到；福利做到了，员工自然会留下。

郎老师表示，老人的流动性、员工的流动性以及老人的状况是判断一家养老机构服务的重要标准；在现下行业竞争中生存，养老机构硬件要好、服务内容要健全，工作人员的专业度要更好。养老行业发展至今，服务内容已渐渐完善，对于不同板块服务设置方面，各个机构均有自己的特色；是否拥有稳定、专业的服务团队，才是判断养老服务的重要看点。

“郎院朗读”，悦人悦己

对于员工、老人、家属而言，院长是最亲密的、最信任的人；对于公司高层而言，院长是制度的执行者、任务的承担人。双重角色，双重标准，很难平衡。一方面，要在体制之内、制度之下，尽可能为老人、员工着想、争取；另一方面，不同企业的环境里，管理机制赋予院长的空间不同，可运作的余地亦是有限，即便是八面玲珑、殚精竭虑，也总有力所不能及，很难做到面面俱到、处处妥帖。郎老师表示：每家企业都有长远的规划与安排，不同层级的视角与立场也不相同；作为基层管理者，服从企业总体战略的同时，用心做事、尽力向好的方面争取即可。

和许多小伙伴一样，小编经常听"郎院朗读"，每天几分钟，一首诗或一篇散文，心里暖暖的。提到"郎院朗读"，郎老师表示，这些年接触到许多年轻的从业者、老人及家属，他们都喜欢将自己创作的书法作品、喜欢的诗歌或文章发给郎老师。后来，郎老师为他们成立一个创作群，每天从中筛选内容，用朗读的方式生产精神食粮，送给群友们听。几年坚持下来，朗读不仅使自己心情变好，通过社交 APP 发布出去的"郎院朗读"作品，对周边人也产生了积极的影响，甚至改变他们的生活。

朗读作品有很好的舒缓心情、解压的作用，更像是非药物干预生活的一种有效方式。做养老挺不容易的，坚持为老人服务更是不易，希望"郎院朗读"每天一点儿的付出，为大家送去温暖；也祝福所有的老人、从业者，天天愉悦，事事顺心！

郎银华女士

首厚康健（北京）养老有限公司品控主任
华北石油卫生学院临床检验专业
中石油医院检验师
北京师范大学经营管理专业

有多年医学专业和临床工作经验，从事养老机构运营管理近十年，先后担任北京翠湖敬老院、北京金宇敬老院、北京纳兰园敬老院、北京家泰养老院等机构院长。重细节、讲实干，精通养老服务全流程管理，管理业绩斐然；培养出多位优秀的养老院院长及主管；多次接受央视、BTV 等电视台采访。

时间留言：时间飞快，转眼就在养老服务工作了 11 年，服务的近千人不只有内地老人，还有台湾老人及海外华侨。他们中有享受国家津贴的老人、企业离退休人员，每个人的生活经历都是一本书。在他们身上我们读懂了美好生活来之不易；珍惜每一天善待自己；不管以前是否辉煌或者坎坷，要学会和懂得放下。

嘉宾寄语

《养老人说养老》是中国第一部通过人物访谈录浅析理论研究，集案例分析及操作实务于一体的养老运营与管理专业著作；也是中国第一部汇集金融界、地产界及养老产业界专业人士最新专业思想成果而编撰的养老投资模式与养老机构运营管理的著作。本书通过每一位被采访者的亲自陈述，全面反映了中国当下养老产业经济的发展历史与现状，真实地展现了养老行业面临的机遇与挑战、政策执行与缺失、商业模式与创新、服务内容与管理。几乎每一个被采访者都经过了本书编著者的深度沟通与交流。许多都是一手资料，内容翔实可靠，无论从研究价值上，还是实操参考价值上都十分珍贵。养老产业是中国今后的一个新兴产业，其问题比世界上许多国家都要严峻，这带给我们很多挑战。希望能够有更多的人参与研究。此书的出版，对于参与或即将参与养老产业的社会各界应该有很好的启示。

——陈宏

《养老人说养老》这本书内容丰富，汇集了当前养老行业各领域专家的实践经验及最新观点，阅读后对行业发展将有一个更立体的了解。养老行业中各方资源如何更好地协同发展，是大家需要共同关注的话题，本书将为大家带来新的启发和思考。

——周燕珉

一个年轻的“80 后”在工作之余，用别人打游戏、吃喝玩乐的时间，埋头伏案，用心去采写养老领域中各方面的领军人物，宣传怎样更好地服务于中国老龄社会工作，善念具足、正能量满满，是一件了不起的事情。我对这本书寄予厚望，这本书值得推荐！

——刘巧玲

筱珊是我的小同事，我看着她一步一步，从养老一线员工，变成为一个养老自媒体人，坚持用笔记录养老行业中的人和事，挺好的。《养老人说养老》要集结出书了，为她高兴；祝愿她的事业越来越好，图书入市大卖！

——徐国英

推往知来，方知势之所在；合道求真，正当顺势而为。感谢《养老人说养老》记录我们在养老这条路上坚守与奋斗的瞬间，生命不息，精进不止！

——曹苏娟

江湖的本意是指广阔的江河湖泊，后衍生出“天下”“社会”之意，在中国文化中有多重引申含义。“养老人说养老”，顾名思义就是在中国养老作为产业发展的探索期，沉浮于其中的人和事。

江湖险恶，却又有无限的可能。此书之中，定会找到属于中国养老人的情怀、执着和发展轨迹，成为中国养老产业的江湖美景！

——赵晓征

做媒体需要良心，做养老需要爱心。希望筱珊用心书写这个老龄化时代的人和故事！

——陆松涛

身为养老服务行业从业人员，敬佩筱珊汇集这么多同人的感悟付出的心血！养老行业能够得以发展，正是因为有了这么多同人敞开心扉分享自己的从业经历。预祝养老的江湖成为汇聚养老服务人才的江湖！

——韩纪江

我自风情万种，与世无争！我自江湖笑傲，洒脱逍遥！

做好自己最重要！

——藏少敏

“这是一个最好的时代，也是一个最坏的时代。”当前中国养老界充满生机、充满机会，同时也是充满迷茫、充满陷阱的时期，这个时期在养老界搏杀的都是强者。20 年后再回首，努力之后我必无悔！

——张劲松

感谢第六十三种颜色在《养老人说养老》投入的心力，用心的编者，是第六十三种颜色应得的赞誉！

希望第六十三种颜色越办越好，走出一条独特的“养老”之路！

——于贵红

很高兴听到《养老人说养老》的编者能够将前面众多养老大咖们的经典集结成册出书，实在是养老界的大事；在编者的努力下汇集了若干知名品牌、标准案例、成功经验，也着实给产业带来一个便捷学习取经的快速通道，我们乐见其成。恭祝《养老人说养老》在市场受到热烈的欢迎。

——张华正

如果你想了解养老行业，这本书一定要看哦，因为，几乎所有的大咖都被筱珊采访过了。

——张坤昱

江湖上说，养老元年始于 2013 年。六年了，我们看到筱珊把江湖游历盘点了一番，因为有大家各自做出来的成绩，江湖丰富多彩。在那里，中国的养老事业适应不同的地区、不同的人群，每位老人的生活都能够幸福，流光溢彩！

——刘淑琴

首先祝贺筱珊的《养老人说养老》能够冲出养老圈走向全社会！为你的坚持和努力点赞！期待《养老人说养老》能够持续不断地吸纳更多的“养老侠士”，大家一起谈经论道、相互切磋、合作共赢，一起携手笑傲养老江湖！

——段萱

读一本有颜色的书，过一种色彩斑斓的生活。

——张文革

江湖之外羡慕江湖快意，养老行业之外羡慕养老市场巨大，然不知初入养老江湖，要经历“夜雨十年灯”的独行和坚守。这是很多养老人的故事，他们不断地尝试和摸索，最后才有幸能在《养老人说养老》中与大家见面，告诉大家做养老这些年的事。

——黄小蓉

相信这本书将以其与众不同的视角和洞见带给业界一个惊喜，将成为养老行业必读宝典！帮助业界探寻养老行业更多值得让人惊叹的启示，实现属于我们共同的梦想。

——丁勇

2013 年，刚进入养老行业的时候就认识了小编。作为养老行业为数不多又非常接地气的自媒体，一直保持着高度关注。很高兴那些养老行业一线的嘉宾专访有机会集结成册，让更多的养老行业从业人员有机会学习他们的经验。也衷心地希望更多的养老人能够成为“养老江湖”的一员，共同推动行业的发展。

——周琤瀛

筚路蓝缕一路前行，养老江湖，这么多同行人，在养老的路上需要踏实的你、肯干的你、执着的你，让我们起而行之，为了尊严老去的你我！

——王艳蕊

中国的养老行业正处在发展期，希望每个先行者的故事能给到大家一些启发。

——周素娟

新时代的养老产业需要创新的思维，更需要多元化的人才，《养老人说养老》用独特的视角，展现新时代养老人的实践和风采！

——张帅一

养老产业有自己的江湖世界，筱珊投入了大量的精力采访和整理，汇编成册，首先感谢点赞。在未来希望筱珊更坚持、更深入，把《养老人说养老》做成养老武林秘籍，养老江湖的武林高手们能把自己的养老武功分享，让大家能从这里读到经验、读到教训、读到市场机遇，共同把养老这个江湖海做大做蓝！

——张子维

这个世界有人的地方就有江湖，江湖一直在那里，只是你是否身在其中。我相信在筱珊的《养老人说养老》里，一定有人读到了勇气，有人闻到了焦躁，有人找到了秘籍，有人欲评论高低，有人却嗤之以鼻。若问江湖上哪位功夫更强，除了市场，没有人能够回答……

——张昊岩

《养老人说养老》，记录了国内老龄产业的开拓者，承载了无数养老人的梦想，见证了国内老龄产业的发展。一路走来，佩服她的毅智，赞美她的文采，顺应潮流，大势所趋！我们作为被记录者，由衷感谢她，她的认真、她的细节、她的责任，再次祝福她，也相信她的记录能为中国老龄产业做出典范和标杆。

——李锦全

我认识的筱珊是一位勤奋而且睿智的“80后”，利用自己的业余时间一直坚持不懈地参与中国的养老事业，对这个行业的优秀企业和突出人才予以翔实报道，妙笔生花，积极传播，对推动行业发展做出了自己的贡献，难能可贵。

——李文捷

中国养老产业是一片蓝海，水很深，但水很浑。养老江湖，良知险恶交错，梦想和陷阱并存！期待本书的出版，为在艰难养老路上奔跑的养老人，提供一个可以争论的平台和探讨的机会，祝“养老江湖”不“江湖”！

——汝才良

中国养老产业，犹如铅色的时光之路，在漫长的延伸中隐入未来的茫茫迷雾中。本书的出版，也许不是破除这迷雾的最终门径，但它是一盏养老时代下的烛火，为每一位值得尊敬的养老人燃烧。在这绽放的光晕中，万谦养老的身影永远不会消失，跳出养老思维的禁锢，坚定人生不老的信念。正所谓：养老路漫，万谦聚热血；江湖行走，浑然身自由。再次恭喜本书出版！

——黄涫

能够作为养老行业的一员接受人物访谈倍感荣幸。特别是从笔者每一篇访谈里，都能够感受到这些同业者的鲜活个性和坚韧不拔的意志。这些有血有肉的人物的展现，给更多的人带来的是勇气和希望。期待未来能够看到更多的养老同业者，一起分享快乐、成功，也能够一起分担委屈与痛苦。

——金恩京

如果人生是一场修行，那么做养老就是最好的道场，希望大家透过筱珊的书可以看到一群怀揣梦想的人如何面对生命中的种种馈赠。

——姚雪

认识筱珊算起来也有六七年了。从一开始认识就发现她是个认真执着的年轻人。每一次接触都被她的真诚热情所打动，每一次交谈都被她的亲切积极所感染！衷心祝贺新书出版！

——张雪梅

第一次结识筱珊已是几年前的事了。记得是一个阳光明媚的上午，她如约来到我办公室，热情洋溢地介绍着她的伟大梦想：作为一名自媒体人，她要通过她的公众号采访很多普通养老工作者，真实地记录下他们的奋斗历程，见证中国进入老龄化社会这个重大转变时代。我被她的热情所感染，建议她待作品累积到一定数量后集结成册，公开出版发行。果然一语成真，这本册子终于要面向大众了。热烈祝贺筱珊，我们的第六十三种颜色，因为你的记录，我们才能更好地了解到养老人世界的绚丽色彩。

——宋剑勇

希望本书能把养老人的喜怒哀乐，最真实的一面展示给读者，让养老事业能够蓬勃发展。

——傅力

这是一个最坏的时代，也是一个最好的时代；这是一个怀疑的时期，也是一个信任的时期；这是失望之冬，这是希望之春；愿《养老人说养老》发掘的智慧之光，为澎湃年代的行业拓荒者提供一抹亮光，温暖彼此的内心。

——贺晔

“养老江湖”记录了中国养老人及养老企业发展的心路历程，感谢第六十三种颜色主编贾筱珊女士的辛苦付出，她是一位非常有才华、对养老行业有自己独特观点和深刻思考的媒体观察者，在她笔下每位养老江湖人物的故事都非常鲜活、丰富、立体。

——杨慧

与“养老江湖”专栏作者贾老师相识缘于项目合作，后来接受贾老师邀请做访，真的很激动，心想终于有人愿意为养老江湖做媒体推动了，经历三年的打磨和付出，贾老师今日出书，真心为她点赞。记得跟很多朋友说像贾老师坚持这么久为养老圈子服务真的很伟大，值得信赖和尊重。最后对贾老师说一句：“谢谢你的坚持，为你的坚持和努力点赞，愿养老江湖越办越红火，为圈子朋友带来更多精彩内容。”

——王连升

认识筱珊四年多的时间，见证了她的快速成长和努力做好一件事的坚持，感叹于她在与人短暂的沟通交流中提炼亮点的能力！她是养老江湖的缔造者，更是养老信息的传播者，成功不是一蹴而就，江湖需要更多人参与，筱珊，加油！

——杨晓丹

当筱珊给我看《养老人说养老》的时候，第一眼我笑了，养老行业门派林立，各家秘籍独领风骚，称其为江湖实乃一件趣事；第二眼我沉默了，江湖的善恶忠奸、浑水摸鱼、滥竽充数，养老这个江湖背负了太多的负重；第三眼我释怀了，行业环境铅华洗尽，各路好手合纵连横，风云变幻，大浪淘沙……江湖，最终只会属于我们这些真正的养老人。

——曹卓君

所有养老路上的探索与实践、成功与失败、经验与教训，都是对实现未来每一位老人福祉的有益探索。愿此书能够给所有同路人意志与力量，以砥砺前行。

——雷啸光 & 邸威

养老是一个巨大的命题，中国的养老产业既蓬勃发展却也涉世未深，没有既定的成熟模式，所以深入养老这个江湖的每一个人都在摸索中前进。在养老的不同侧面，新的思考、新的创意、新的模式层出不穷，江湖诸君不吝分享，编著者笔耕不辍，愿后来者从中汲取养分，共创精彩养老江湖。

——熊晓明

有人的地方就有江湖。这里没有江湖的刀光剑影、血雨腥风，只有 50 多位养老人的肝胆相照、侠骨柔情。愿今后从养老江湖中走出更多的养老侠，愿筱珊的笔铭记更多的养老故事。

——申林茂

愿和诸位业内同人共同探索适老化改造产业，共筑适老宜居生活！

——姚琪

感谢《养老人说养老》，平台聚焦话养老人，这里风景独好……

——张冬梅

很敬佩第六十三种颜色能在这么短的时间内对 50 多位养老行业的嘉宾进行专访，祝愿本书大卖成为中国养老行业的经典书籍之一。

——杨汪宝

中国养老事业的推动离不开一个个活生生的人，他们背后的故事既是江湖，更是中国养老史。

——李子辰

非常感谢筱珊让我成为她养老江湖中的一员。把我的养老之路呈现给了大家。期待《养老人说养老》的出版，为奋斗在这条路上的所有人点赞。

——朱健

养老是这个时代不老的话题，您可能耳濡目染，但您未必真正了解养老，那就请您进来和我们一起分享，和养老路上的我们共同努力！

——郎银华